游泳实用教程

纪昌飞　主编

华南理工大学出版社
SOUTH CHINA UNIVERSITY OF TECHNOLOGY PRESS
·广州·

图书在版编目（CIP）数据

游泳实用教程/纪昌飞主编. —广州：华南理工大学出版社，2023.2（2025.1重印）

ISBN 978－7－5623－7236－3

Ⅰ.①游… Ⅱ.①纪… Ⅲ.①游泳－教材 Ⅳ.①G861.1

中国版本图书馆 CIP 数据核字（2022）第 248547 号

Youyong Shiyong Jiaocheng

游泳实用教程

纪昌飞 主编

出 版 人： 房俊东

出版发行： 华南理工大学出版社

（广州五山华南理工大学 17 号楼，邮编 510640）

http://hg.cb.scut.edu.cn E-mail: scutc13@scut.edu.cn

营销部电话：020－87113487 87111048（传真）

策划编辑： 毛润政

责任编辑： 叶 晴 毛润政

责任校对： 陈哲菲

印 刷 者： 广州小明数码印刷有限公司

开 本： 787mm×1092mm 1/16 **印张：** 15.25 **字数：** 326 千

版 次： 2023 年 2 月第 1 版 **印次：** 2025 年 1 月第 2 次印刷

定 价： 49.00 元

《游泳实用教程》
编写委员会

主　编：纪昌飞

副主编：王思明　吴军强

参　编：王晓明　宋占孔　陈海雄　董　超

前 言

游泳是一项从婴幼儿到老年人均可参加的终身体育活动，是一项人类生活生存的技能，是集健身、娱乐、竞赛、挑战极限于一体的运动。随着人民生活水平和健康意识的提高以及城市化建设的发展，游泳备受人们青睐。

本教材参考了近几年国内外游泳运动各方面的最新成果，吸收国内外同类教材的优点，在保证教材科学性、系统性的基础上，重视内容的实用性，根据体育职业技术院校的教学特点，在篇章结构和内容上进行调整和增减，内容安排由易到难、由浅入深、由点到面、循序渐进，满足体育职业技术院校不同学生的需求。本教材可作为体育职业技术院校游泳课程用书，也可作为社会游泳体育指导员、游泳爱好者的参考用书。

本教材由纪昌飞担任主编，王思明、吴军强担任副主编，参编人员均为长期从事游泳和救生教学与训练、参与国家职业技能资格培训等相关工作，且具有丰富经验的高校教师。具体参与编写的人员为：广州体育职业技术学院宋占孔（第一、四章），王思明（第二、十二章），纪昌飞（第三、七、十章），董超（第五、六章）；广东体育职业技术学院陈海雄（第八、九章）；广州体育学院王晓明（第十一章）；广州游泳运动管理中心高级教练吴军强对教材部分章节提出了修改意见；全书由纪昌飞定稿。

本教材在编写、整理过程中，得到了广州体育学院资深教授以及华南理工大学出版社的大力支持和指导；参考、引用了国内外有关资料的部分研究成果；陆上动作示范拍摄由广州体育职业技术学院学生张后乾协助完成。在此一并对所有参编人员、支持单位和参考文献作者表示衷心的感谢。

由于编写人员水平、经验及时间所限，本教材若有错漏之处，敬请广大专家、读者提出宝贵意见和建议，以期进一步完善。

主 编

2022 年 1 月

目 录

第一章　游泳运动及其相关职业

学习导航：

本章主要阐述游泳运动的起源与发展、游泳的分类与意义、游泳竞赛的观赏以及游泳相关职业，旨在让学生能够对游泳项目具有较为全面的认识，对游泳项目的学习具有一定的导向性作用。

游泳是一种个体凭借自身肢体动作与水的相互作用，使身体在水中活动的技能活动。游泳是有意识的一种活动，是人类在长期适应自然的过程中产生并发展起来的，在人们的生活、生产上都有广泛的应用。随着人类社会的发展，游泳逐渐成为一项人们喜爱的体育运动项目。

游泳形式多样、内容丰富，对增强体质、丰富生活、促进身心健康全面发展具有良好的作用。游泳是高等学校体育专业的一门重要专业课程。掌握游泳的基本知识和基本技能，以“够用”的理论知识对实践教学与训练进行指导，并坚持游泳锻炼，对保障生命安全、增进身心健康，成为国家和社会需要的合格高等人才，推进我国游泳运动的普及与兴盛具有重要的意义。

第一节　游泳运动概述

一、游泳运动的起源、发展

人类的游泳活动源远流长。从地球上出现人类开始，为了生存，人类要在水中洗浴、捕捞食物，以及躲避猛兽的袭击和洪涝灾害的侵袭，这就免不了跋山涉水，与水做斗争。游泳就是人类在与大自然斗争的过程中，作为一种生存技能产生和发展的。可见，游泳是人类最古老的一种生存手段。起初，人类只是模仿水栖动物的姿势和动作，逐渐学会了在水中漂浮、游动、潜水等各种活动技能，后来才逐步产生了各种游泳姿势和多元化的功能。

据有关史料记载，五千多年前的中国古代陶器上雕刻着人类潜入水中猎取水鸟及类似现代爬泳的图案。四千多年前，关于大禹治水的记载中表明，当时人们在与洪水灾害的斗争中已掌握不少泅水方法。随着生产力的发展、阶级的产生和战争的出现，游泳又逐步成为一种军事技能。我国古代兵书《六韬》中论述：

“奇技者，所以越深水渡江河也。”可见当时的人将泅渡江河作为一项特殊的军事技能列为军事训练的主要项目。隋唐时期，宫廷中设立可供在水中进行跳水、游泳、抛水球等项目的“水殿”。这表明在游泳活动的发展过程中，游泳本身的娱乐功能也是重要因素。北宋苏东坡在《日喻》中叙述：“南方多没人，日与水居也，七岁而能涉，十岁而能浮，十五而能浮没矣。夫没者，岂苟然哉，必将有得于水之道者。日与水居，则十五而得其道；生不识水，则虽壮，见舟而畏之。”可见当时临水而居的人多熟悉水性并能掌握较高的泅水之道。

根据史料考证，古人从江河沐浴开始，为了适应生存环境，在与大自然长期的搏斗中，学会了涉（水中行走）、浮（水中漂浮）、没（水下潜泳）等多形式的泅水方法，最早的游泳形式逐步形成。随着人类社会的不断进步与发展，人们又创造和发展了很多泅水方法和游泳技能，如狗爬式、扁担浮（踩水）、扎猛子（潜水）、大爬式等，这些方法至今仍在民间广泛流传。从1896年游泳被列入现代奥运会竞赛项目至今，游泳运动发展迅速，技术要求不断提高。世界竞技游泳水平不断提高的同时，游泳运动也成为人们喜爱的健身活动。

（一）世界游泳运动的发展

现代游泳运动起源于英国。17世纪60年代，英国不少地区的游泳运动开展得相当活跃。19世纪中叶，游泳随着西方文化传入各英国殖民地而传遍全世界。1828年，英国在利物浦乔治码头修造了第一个室内游泳池。1837年，在英国伦敦成立了第一个游泳组织，举办了英国最早的游泳比赛。

现代竞技游泳运动的发展，是以奥运会比赛作为其显著标志的。1896年，在希腊雅典举行的第一届现代奥林匹克运动会（以下简称“奥运会”）就把游泳列为正式比赛项目。当时只有100米、500米和1200米3个男子自由泳项目的比赛。1900年在法国巴黎举行的第二届奥运会增加了仰泳比赛项目。1904年在美国圣路易斯举行的第三届奥运会增加了蛙泳比赛的项目。1908年在英国伦敦举行的第四届奥运会成立国际业余游泳联合会（简称国际泳联），并审定了各项游泳世界纪录，制定了国际游泳竞赛规则。1912年的瑞典斯德哥尔第五届奥运会正式增设了女子游泳比赛项目，这也使游泳成为奥运会上最早设置女子比赛的项目。在1952年第十五届奥运会后，国际泳联决定把蛙泳和蝶泳分成两个独立项目进行比赛。至此，现代竞技游泳的泳式演化基本完成，形成了以爬泳、仰泳、蛙泳、蝶泳4种泳式为基本技术的游泳竞赛项目群。至1996年第二十六届奥运会，游泳比赛项目达到32项，游泳成为奥运会比赛金牌数仅次于田径的大项。

第二次世界大战后，从第十四届奥运会到第十八届奥运会，游泳比赛的项目和参加比赛的运动员都逐届增多。这一阶段，各项技术发展很快，出现许多技术流派，训练方法借鉴了田径项目中成功的间歇训练法，训练手段越来越丰富。澳大利亚异军突起，成为世界泳坛的一支劲旅，与美国进行奥运会金牌的争夺。

从第十九届奥运会到第二十四届奥运会的这一时期是世界竞技游泳运动全面

发展、游泳训练逐渐走上科学化道路的阶段。美国仍占很大优势，而民主德国则崛起，在男子游泳项目上与美国形成各占“半壁江山”的局面，直至德国统一。

从第二十五届奥运会到第三十一届奥运会，游泳项目的金牌之争愈演愈烈。世界泳坛格局发生重大变化，出现“多极化”趋势，少数几个国家垄断金牌的局面开始为较多国家共同争夺金牌的局面所取代。美国队称霸世界泳坛多年，一直以来都没有队伍能与之抗衡。在第三十一届里约奥运会上，美国队凭借16金8银9铜的强大实力再次巩固了自己在游泳项目上的强势地位，澳大利亚以3金4银3铜的成绩列第二，匈牙利以3金2银2铜的成绩名列第三，中国、英国、荷兰、日本等多个国家均有所收获。

世界竞技游泳运动水平迅速提高，各项游泳世界纪录不断被刷新，这得益于现代科学理论和科学技术在游泳项目选材、训练、竞赛等方面的广泛应用，提高训练的科技含量，使游泳动作技术与训练方法更趋合理与完善，加快了游泳运动训练科学化发展的进程。

（二）我国游泳运动的发展

1. 我国群众性游泳活动的发展

自古以来，游泳是我国广大人民群众喜爱的运动项目之一。我国有18000多千米长的大陆海岸线，有5万多条江河、86000多个湖泊和水库，陆地上江、河、湖、库面积达20万平方千米，这些地理条件有利于我国广大城乡群众参与游泳活动。

20世纪30年代，中国共产党在自己领导下的苏区和解放区里，即使在炮火连天的岁月，也十分重视开展群众性游泳活动，延安体育会经常组织游泳辅导活动，许多机关、学校和部队也经常组织各种形式的游泳比赛。在1942年举行的“九一”扩大运动会上，除了自由泳、蛙泳项目外，还有骑兵武装渡河、步兵武装渡河、水中寻物、水中救人、潜水、跳水等表演活动。

中华人民共和国成立后，游泳运动受到党和政府的高度重视。20世纪60年代初，毛主席不仅向全国人民发出“游泳是同大自然斗争的一种运动，应该到大江大海中去锻炼”的号召，而且还身体力行，多次横渡长江，极大地激发了全国人民参与游泳运动的热情。

20世纪90年代以后，随着《全民健身计划纲要》的颁布和实施，我国掀起了全民健身、参与体育活动的高潮。1997年以后，我国相继成立了各级游泳运动管理中心及其下属专业组织，如游泳救生协会、冬泳委员会等，对群众性游泳活动的开展起到很好的推动和指导作用。1998年，国家体育总局面向全体国民颁发的《全民健身游泳锻炼标准》，以及各级体育部门不定期举办各种层次的“游泳教员培训班”“游泳救生员培训班”等培训活动和依托社会力量定期举办的“成人分龄游泳比赛”“冬泳比赛”等大众化的比赛活动，这一系列的措施都有效地激发了广大游泳爱好者参与锻炼的热情，进一步推动了我国群众性游泳运动的发展，进而提高了我国人民群众的整体运动素质。

2. 我国竞技游泳运动的发展

我国的竞技游泳运动在19世纪中后期随着他国侵略而首先开始于香港、广州等地，尔后逐渐在福州、上海、青岛、大连等沿海城市开展起来并扩展到内陆地区。1887年，广州沙面修建了中国第一个室内游泳池，并开始举办游泳竞赛活动。

1913年，我国参加了在菲律宾马尼拉举行的第一届远东运动会，这是我国参加国际游泳竞赛活动的开端。

1920年，国内的游泳比赛开始增设女子项目。随着游泳运动的逐步发展，一些游泳团体（如域多利泳会、华人游泳会、南华水体会、东山水体会）相继成立。“中国游泳研究会”也于1924年成立。之后，各地区的竞技游泳活动逐渐兴起。

中华民国共举办7届全国运动会。从1924年第三届中华民国全国运动会起开始设立游泳比赛项目。

中华人民共和国成立后，党和人民政府十分重视游泳运动的发展，将游泳列为全国重点运动项目，促进全国群众性游泳运动蓬勃发展。与此同时，各级训练网和竞赛制度逐步建立和完善起来，我国游泳运动水平迅速得到提升。

1953年，在莫斯科举行的第一届世界青年友谊运动会游泳比赛中，我国优秀运动员吴传玉获得男子100米仰泳冠军，这是中华人民共和国成立后五星红旗第一次在国际赛场上空飘扬。1956—1960年间，著名运动员戚烈云、穆祥雄、莫国雄3人先后5次打破男子100米蛙泳世界纪录。

1980年，我国在国际泳联中的合法席位得到恢复后，与国际游泳界的交往迅速扩大，训练理论与方法得到更新，不断推进训练科学化。在1982年的第九届亚运会上，我国游泳运动员首次夺得3枚金牌，实现亚运会游泳金牌“零”的突破。

20世纪80年代后，我国游泳水平显著提高，尤其是女子短距离项目，多次有运动员在世界大赛中夺得冠军。

20世纪90年代以来，我国游泳运动员取得的成绩震撼了世界泳坛，令世界刮目相看。在1992年巴塞罗那奥运会游泳比赛中，中国获得4金5银并打破两项世界纪录，实现了奥运会游泳金牌“零”的突破，庄泳成为我国获奥运会游泳金牌第一人。1994年罗马世锦赛中，中国获得12金，又破5项世界纪录，女子团体项目位居第一。在1998年第八届世锦赛中获得3金2银3铜的不俗成绩，在曾启亮（男子100米蛙泳亚军）成为在世界锦标赛上第一位获得奖牌的中国男选手。

进入21世纪后，我国游泳运动员在国内外赛事中都表现出良好的竞技状态，并不断创造和刷新世界纪录，我国竞技游泳运动水平发展迅速。其中我国竞技游泳运动发展过程中具有里程碑意义的赛事人物有：

2008 年北京奥运会，张琳获得400 米自由泳银牌，为中国男子游泳在奥运会上实现了奖牌“零”的突破，成为中国男子游泳奥运奖牌第一人。刘子歌在女子 200 米蝶泳决赛中以打破世界纪录的成绩获得金牌。

2009 年第十三届世界游泳锦标赛，张琳在男子 800 米自由泳比赛中以破世界纪录的成绩获得金牌，成为我国男子在世界游泳大赛上夺得金牌的第一人。继 20 世纪 50 年代我国运动员破男子蛙泳世界纪录后，相隔 50 多年我国游泳运动员在世界大赛上再破世界纪录。从此，我国游泳项目身单力薄的局面得以改变。

2011 年上海世锦赛，孙杨以 14 分 34 秒 14 的成绩打破了 1500 米自由泳项目沉积十年之久的世界纪录并获得金牌，这是继张琳后我国男子游泳运动员的再次突破。

2012 年伦敦奥运会，孙杨获得 400 米自由泳冠军，成为中国首位男子游泳奥运冠军。

2015 年，宁泽涛在喀山世界游泳锦标赛勇摘金牌（47 秒 84)，成首位问鼎百米自由泳项目的亚洲人，改写世锦赛 42 年来无亚洲选手在此项目上夺金的历史。

2016 年里约奥运会，史婧琳夺得了女子 200 米蛙泳铜牌，是中国在该项目上的第一枚奥运奖牌。徐嘉余以 52 秒 31 夺得男子 100 米仰泳银牌，这是中国男子仰泳在奥运会上奖牌“零”的突破。在男子 200 米混合泳决赛中，汪顺在最后 50 米逆势反超，以 1 分 57 秒 05 的成绩夺得铜牌。

在 2021 年东京奥运会中，汪顺以新亚洲记录 1 分 55 秒的成绩获得男子 200 米混合泳金牌。张雨霏以 2 分 3 秒 86 的成绩夺得女了 200 米蝶泳项目冠军，也成为继钱红、刘子歌、焦刘洋之后的中国新一代“蝶后”。张雨霏、杨浚瑄、汤慕涵和李冰洁在女子 4×200 米自由泳接力比赛上以打破世界纪录的成绩获得冠军，也是中国游泳接力项目在奥运会史上的首枚金牌，突破意义重大。

经过我国教练员、运动员、科研人员、管理人员几十年的努力，目前我国竞技游泳已经取得了长足的进步，成为世界泳坛上一支不可忽视的劲旅。

二、游泳运动的分类

在现代奥运会游泳比赛和世界游泳锦标赛中，比赛项目设有游泳、跳水、水球和花样游泳四大项。随着各运动项目的发展，四大项早已发展成为独立的竞赛项目，并有各自的理论方法体系。本教材所介绍的游泳（或游泳运动）是指单纯的游泳，不包括跳水、水球和花样游泳。

游泳活动一直与人类的生存、生活、生产相联系，并在长期发展过程中形成和衍生出多个种类。但其最本质的特征体现在：它是人类水上活动的基本技能，直接运用于军事、救生、娱乐、竞赛、健身和体疗等方面；间接运用于冲浪、帆板、滑水、漂流等现代水上运动。根据游泳活动的目的和功能来分，游泳运动可分为竞技游泳、实用游泳和大众游泳三类（图1－1）。

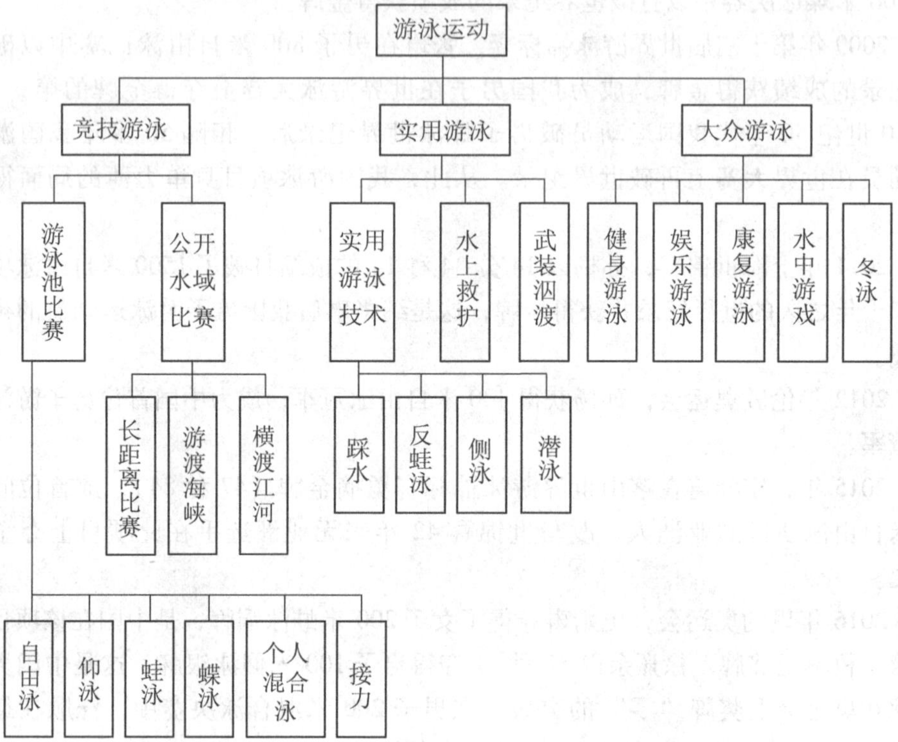

图1－1　游泳运动分类

（一）竞技游泳

竞技游泳是指具有特定的技术要求，并按游泳竞赛规则进行比赛的游泳运动项目。竞技游泳有4种基本姿势，即蝶泳、蛙泳、仰泳和爬泳。由这四种姿势通过距离、组合方式的改变形成了不同的比赛项目。

世界性游泳大赛有奥运会游泳比赛、世界游泳锦标赛、世界杯短池游泳系列赛等。竞技游泳分游泳池比赛和公开水域比赛两大类。游泳池比赛分25米短池和50米长池的比赛。世界游泳锦标赛游泳池比赛共设41项（为50米长池的比赛，其中男女混合接力项目从2015年喀山世锦赛开始设立）。奥运会游泳比赛在50米长池进行，设有35项（其中，男子800米自由泳、女子1500米自由泳和4×100米混合泳男女混合接力均从2021年东京奥运会开始设立）（表1－1）。公开水域10公里马拉松游泳比赛从2008年北京奥运会开始正式列为奥运会游泳比赛项目。游泳是竞技体育的一大项目，其发展水平对一个国家在世界体坛上的地位具有举足轻重的影响。

表 1－1　世界游泳锦标赛（长池）和奥运会游泳比赛项目表　　单位：米

项目	世界游泳锦标赛（长池）	奥运会游泳比赛
自由泳	50、100、200、400、800、1500	50、100、200、400、800、1500
仰泳	50、100、200	100、200
蛙泳	50、100、200	100、200
蝶泳	50、100、200	100、200
个人混合泳	200、400	200、400
自由泳接力	4×100、4×200	4×100、4×200
混合泳接力	4×100（男子、女子、男女混合）	4×100（男子、女子、男女混合）

（二）实用游泳

实用游泳是指直接为生活、生产或军事服务的游泳活动。

实用游泳伴随着人类生存、生活和生产等各种实际需求而产生，是人类生存的基本技能之一。当前的实用游泳主要包括踩水、反蛙泳、侧泳、潜泳和救生等，在泅渡、水下作业、水上救生、水中科学考察等方面有着广泛的应用。蛙泳、爬泳等竞技游泳技术虽不归入实用游泳行列，但实际上也常被用于实现各种实用目的，例如：泅渡常采用蛙泳；水上救生时快速游向溺水者时常采用抬头爬泳。

（三）大众游泳

大众游泳是指以增强体质为宗旨，以丰富人们文化生活为目的的群众性游泳活动，是现代游泳的重要组成部分。

大众游泳的主要群体是社会大众，包括健身游泳、冬泳、康复游泳、水上健身操等，它不受姿势与速度的限制，不追求严格的技术规范，注重锻炼价值，可以借鉴竞技游泳和实用游泳的各种技术来进行水中活动。大众游泳内容丰富，形式简便多样，自由自在，适合男女老幼及不同体质的人群，很容易被大众所接受。随着社会物质生活水平的提高，人民群众对文化生活、体育锻炼的要求也日益增强，游泳在健身、娱乐、康复等方面的功能也越来越广泛地为人们所认识，世界性的“大众游泳热”正在蓬勃兴起，游泳成为世界上参加人数最多的季节性体育活动项目。

三、游泳运动的意义

游泳是在水这种特殊环境中进行的一种有意识的活动，是水浴、空气浴、日光浴三者结合且对人体十分有益的运动。学会游泳并经常进行锻炼对人的身心和生活具有重要的意义。

（一）游泳运动的实用价值

1. 游泳是一种基本的生存技能，保障生命安全

地球上有三分之二的地表覆盖着江河湖海。人类的生活离不开水，但溺水事故却威胁着人们的生命安全。预防溺水的危险，最有效的办法并不是远远地躲开水，而是以积极的态度去学会游泳，真正掌握在水中活动的技能。只有这样，在发生险情时，才有可能实现自救或互救，保证生命安全。游泳是人类的一种基本生存技能。许多发达国家为保证少年儿童的生命安全，将游泳列为中小学生必须掌握的技能。

2. 游泳为生产、国防服务

游泳在生产建设上具有较高的实用价值。比如，从事渔业生产、潜水打捞、水上运输、抗洪抢险等水中作业的工作者必须掌握游泳技能，才能克服水的障碍，更好地完成特定的生产建设任务。游泳也是重要的军事素质之一。对军人而言，练就一套过硬的水上功夫，适应水上作战需要，才能在战时顺利跨越天然屏障，更好地保护自己，消灭敌人，保卫祖国。

（二）游泳运动的健身价值

1. 游泳运动能增强人体各系统机能

（1）游泳运动能有效提高各器官系统与神经系统的协调配合能力。

游泳是在非重力条件下的运动，在水中，人体会受到水的阻力，为达到运动的目的，人体需要克服阻力。人体要完成整个游泳动作，必须在大脑皮质的统一指挥下进行。可见，游泳锻炼能改善与提高大脑皮质及神经系统的协调能力，增强各器官系统的结构与功能，从而增强人的体质。

（2）游泳运动能提高心血管系统机能。

游泳时，人体几乎所有的肌肉群都参与活动，血液源源不断地通过毛细血管把氧气和营养物质输送到肌肉群，这就要求心脏提高工作能力，其结果是促使心肌及血管壁增厚、弹性加大、每搏输出量增多，从而加强心血管系统功能，达到最终强心健肺的效果。经常游泳锻炼的人，其血液循环系统机能得到提高，心脏机能活动会出现节省化现象，具体表现是人体在安静状态下的心率徐缓。游泳运动员的安静心率一般为40—60次/分钟，而正常人的安静心率为70—80次/分钟。

（3）游泳运动能改善人体呼吸系统功能。

游泳时，人的胸腔和腹部都会受到水的压力；游泳时的呼吸除受到水环境的限制外，还必须与技术动作保持协调配合，这就需要换气时用力呼吸，加大呼吸深度，呼吸肌才能克服这种压力，以获得足够的氧气。长期的游泳锻炼，可以使呼吸深度增加，肺活量提高。肺功能的增强可以使人们精力充沛地坚持长时间的工作、学习，而不易感到疲劳。

（4）游泳运动能改善人体运动系统机能。

游泳除了增强心肌、呼吸肌等局部肌肉的收缩能力外，更重要的是还可以增强运动肌肉的力量，使肌纤维明显增粗，肌耐力增强。游泳时不需要克服重力来完成各种动作，所以游泳运动强度的可调范围比较灵活，这也是游泳运动深受各个群体青睐的原因之一。

（5）游泳运动能增强人体消化系统机能。

游泳者是在水中受重力与浮力等因素的影响下完成各动作，并且其躯干也参与其中。在躯干肌群扭动和收缩过程中协调配合四肢完成各种技术动作时，水对内脏（尤其是胃）起到按摩作用，从而促进人体消化功能的改善。这也是肠胃加强蠕动，促使食物不断分解以及排出废物的原因。游泳时人体消耗了大量的热量，为了保证人体体温的平衡，人体需要加倍分解体内储备的能量，供人体活动所需。如果游泳时间较长，人体还会动员储存在肌肉和肝脏中的能量物质，促使消化器官加倍消化和吸收。

2. 游泳运动能改善体温调节功能，增强人体抵抗能力

游泳是在低于人体常温的水环境中进行的，水的导热能力比空气大23倍左右，人在水中的热量消耗大大增加，人体为维持正常身体活动所需要的温度就要产生更多的热量。国外研究发现，游泳能直接促使皮肤皮下层各组织的新陈代谢，使人体体温调节系统的功能进一步得到改善，从而提高人体的耐寒能力。人的耐寒能力虽然是有一定限度的，不同体质的人对寒冷刺激的反应也有所差别，但通过游泳锻炼能有效地增强体质，增强机体适应外界环境变化的能力，抵御寒冷，增强机体对伤风感冒等疾病的抵抗能力。

3. 游泳运动能改善体形

游泳是一种臂、腿并用的全身运动，四肢有节奏地做划水和打腿动作，肌肉周期性地收缩与放松，使身体得到全面、匀称、协调地发展，肌肉线条流畅。在各种游泳姿势中，相当一部分动作是左右交替或左右对称的，还有身体呈流线型姿势的要求，这都有利于矫正和改善身体姿态，使人体匀称协调，塑造健美的形体。此外，游泳时水对肌肤的摩擦给皮肤血管起到很好的“按摩”作用，促进血液循环，使皮肤光滑有弹性。

（三）游泳运动的健心价值

1. 磨炼意志，培养品质

游泳是在水环境中进行的，无论是在运动条件还是运动形式上都与陆上运动项目有极大的差别，它改变了人在陆上运动时的习惯，比如，呼吸、用力方式、身体姿势在水中的控制等。因此，学习游泳和参与游泳锻炼既可克服怕水心理，又可锻炼意志品质。在游泳时，需要克服像天气变化、身体运动能力的极限、意外事故的发生等各种困难；常年坚持冬泳的人们，在提高耐寒能力的同时也磨炼了意志。

2. 休闲娱乐，交流情感

游泳时身体呈水平姿势前进，不需要克服重力的影响，脊柱、关节、胸肌、臂和双腿都能在没有负荷的情况下得到全面锻炼。人体因水的浮力作用而浮在水面，身体各部位得到有效舒展。水中游戏、水中健身操等水上活动增加了游泳运动的趣味性，使游泳锻炼融入娱乐之中，让运动者的精神得到放松。同时，众多游泳爱好者聚集在一起，边游泳锻炼边交流，游泳作为一种社交方式增加了游泳者的亲和力，也扩大了他们的视野和生活圈。这都有利于人们调节和改善自我精神面貌，获得健康的生活方式，提升生活质量，提高工作效率。

3. 促进智力发展

经常参加体育锻炼，能强化脑细胞的功能及提高其工作效率。有关研究表明，一般情况下大脑耗氧量占人体耗氧量的25%，运动时可达32%，故经常参加体育锻炼能使人大脑清醒，精力充沛。游泳时，划水和打腿等动作是在大脑皮层的指挥下进行的，这对调节大脑皮层的兴奋与抑制，改善大脑对各系统的调节功能有良好的作用。经常游泳能使人的注意力集中，知觉敏锐精确，想象力丰富，记忆力增强，非智力因素（如兴趣、动机、情绪等）也能得到发展，使人兴趣广泛、动机良好、情绪稳定。

（四）游泳运动对社会适应能力的价值

1. 游泳运动能促进个体的环境适应能力

个体进入一个新环境中首先要收集相关信息并归类、分析、总结来认识和了解这个陌生的环境，这就是个体对环境的认知过程。经过甄别，个体会对自己感兴趣的信息或是想去探索的内容采取行动，这就是认知基础上的行为适应过程。学习游泳的基本技术之前，首先要熟悉水性，了解水的阻力、压力、浮力等特性，消除对水环境的恐惧，才能够比较自如地在水中活动，这个过程就是个体对个体环境适应能力的锻炼。在游泳活动中，还会结识很多新朋友，带来各种各样的信息，从更大范围上说，这也是对社会适应的一种渠道或方式。

游泳的学习和锻炼是在教师的讲解示范和学习者的练习实践下共同完成的，这就存在双方关于技术方面的沟通与交流。相互沟通的过程中，除了言语表达外，还会运用肢体语言向对方表达自己内心要表达的含义或感情。经常参与游泳锻炼，可发展个体的肢体语言，提高人的沟通能力，提升自身的社交能力，形成良好的人际关系。

2. 游泳运动可以提高个体自我认知能力

游泳运动大到奥运会，小到游戏活动，以争夺荣誉、追逐胜利、强健体魄和增进身心健康为目的。每一位参与者都会从游泳运动的竞争中懂得在规则的约束下进行公平竞争，凭借自身实力进行速度的角逐，从而具备适应社会需要的竞争意识。经常参加游泳锻炼可培养、增强克服困难的勇气和信心；可帮助游泳者理解付出与收获的因果关系，在此基础上，培养其顽强的毅力、吃苦耐劳的品质以及脚踏实地、拼搏进取的人生观。

四、游泳竞赛

（一）游泳竞赛类别

大型运动竞赛依据举办单位的级别，可分为世界级、洲级和国家级，比如奥运会、亚运会、全运会；从比赛内容上可分为综合性运动会和单项比赛两大类，比如奥运会、世界游泳锦标赛；从比赛性质上可分为定期按届举办的传统比赛和具有某种特殊意义的对抗赛、邀请赛三种，比如2019年国际泳联举办的FINA冠军游泳系列赛就是邀请赛。

（二）游泳比赛的观赏

随着游泳活动的深入开展，游泳运动员技术水平的提高，游泳比赛逐渐增多，人们观看游泳比赛的机会日益增加。如何观赏激烈的游泳比赛，还应从了解游泳基本知识和游泳规则开始。

1. 游泳比赛场地

进入赛场，首先看到的是游泳池。比赛池长分为50米和25米两种。标准池水深2米以上，设8条或10条泳道，每条道宽2.5米，分道线由彩色塑料浮标组成。分道线两端5米以内的全部浮标颜色必须与其他浮标不同，5米处设仰泳转身标志线，为仰泳运动员准确转身和到达终点提供标志。距离泳池两端15米处的地方和泳道分道线上必须有明显标记，作为运动员出发或转身潜泳界限的标志。泳池15米处设召回线。

2. 各泳式项目的欣赏

观看一场游泳比赛，首先要知道是什么泳式，多长距离的比赛。竞技游泳有4种泳式，即爬泳、仰泳、蛙泳、蝶泳，以及由4种泳式组成的混合泳和接力比赛。

（1）自由泳。

自由泳的比赛项目最多，有50米、100米、200米、400米、800米和1500米比赛。运动员从出发台上出发，途中游可采用任何泳式，转身和到达终点时可用身体的任何部位触池壁。出发和每次转身后的水下潜游距离不得超过15米。

运动员在自由泳比赛中大多采用爬泳技术，两腿上下交替打水，两臂交替划水，其技术风格是快速、刚劲、连贯。短距离比赛是速度、爆发力的比拼，运动员像巨轮一样乘风破浪，勇往直前，胜负往往只在百分之一秒之间；中长距离比赛则是耐力、意志力的比拼，领先者毫不松懈以取得更大优势，落后的则奋力追赶力图扭转颓势。

（2）仰泳。

仰泳的比赛项目有50米、100米和200米。运动员须在水出发，在整个游程中，其身体应始终保持仰卧姿势，转身时允许身体改变仰卧姿势做滚翻动作，但到达终点时须以仰卧姿势触壁。出发和每次转身后的水下潜游距离不得超过15米。

仰泳动作类似于仰卧的爬泳，也是两腿上下交替打水，两臂交替划水。其风格是平稳、流畅、飘逸，宛如迎风而立的风车，轻快地飞转。

（3）蛙泳。

蛙泳的比赛项目有50米、100米和200米。运动员从出发台上出发，从出发和每次转身后第一次手臂动作开始，身体应保持俯卧，两臂和两腿的所有动作都应同时并在同一水平面上进行，不得有交替动作。两手应一起在水上、水面或水下由胸前伸出，并在水面或水下向后划水。在蹬腿过程中，两脚必须做外翻动作。转身和到达终点时两手应分开并同时触壁。除出发和转身外，在一个完整的动作周期中，头的一部分应露出水面。

蛙泳动作形如青蛙蹬水，划臂和蹬腿连贯交替，伴随着呼吸动作，身体会周期性地上下起伏。其技术风格是对称、舒展、节奏感强，轻盈而又不失力度。

（4）蝶泳。

蝶泳的比赛项目有50米、100米和200米。运动员从出发台上出发，从出发和每次转身后第一次手臂动作开始，身体应保持俯卧，两臂应在水面上同时向前摆动并在水下同时向后划水。两腿的动作应同时，允许上下打水，但不得有交替动作或蹬蛙泳腿。转身和到达终点时两手应分开并同时触壁。出发和每次转身后的水下潜游距离不得超过15米。

蝶泳的两臂动作形如蝴蝶飞舞，躯干和两腿的动作则像海豚戏水一样呈波浪状上下摆动，一个动作周期中通常有1次划臂和2次打腿。其技术风格是快速、协调、气势磅礴，勇猛中也不失轻盈。

（5）个人混合泳。

个人混合泳的比赛项目有100米个人混合泳（仅限25米池）、200米个人混合泳和400米个人混合泳，各泳式顺序依次是蝶泳、仰泳、蛙泳、爬泳。

个人混合泳展现运动员的全面技术，比赛过程中各段的泳式风格变化明显，运动员们你追我赶，精彩纷呈，而比赛结果却往往出人意料，让人或欢呼雀跃，或扼腕叹息。

（6）游泳接力。

游泳接力分为自由泳接力和混合泳接力。自由泳接力的比赛项目有4×50米、4×100米和4×200米。混合泳接力的比赛项目有4×50米和4×100米，各泳式顺序依次是仰泳、蛙泳、蝶泳、爬泳。按组成队员性别划分，包括男子、女子和男女混合三种组合方式，特别是男女混合的接力项目，比赛过程更是精彩。

接力比赛体现团体的力量，不仅要求每位队员在各自的赛段中全力以赴，还要求运动员之间配合默契，准确地把握交接棒时机。接力比赛竞争激烈，扣人心弦，战到关键时刻，往往引得观众激情飞扬，现场一片欢呼声、加油声，赛场气氛热度达到顶点。

3. 比赛过程的欣赏

运动员比赛的泳道根据报名成绩或预赛成绩安排。在同一比赛小组，成绩最好的运动员排在中间泳道，即 8 条泳道泳池中的第 4 道，其他运动员的泳道按成绩优次以 5、3、6、2、7、1、8 的顺序进行安排。预赛时在每组比赛发令后，运动员游进过程中，宣告员按泳道顺序依次介绍运动员姓名、单位等相关信息；决赛时为了增加比赛观赏性，按照 8、1、7、2、6、3、5、4 的泳道顺序出场并依次介绍运动员后，执行总裁再组织本组比赛。游泳比赛过程包括出发、途中游、转身、冲刺等环节，运动员在这些环节中的表现，是观赏游泳比赛的侧重点。

（1）出发。

执行总裁判吹短哨声时，运动员应脱外衣，戴好泳镜、泳帽；吹长哨声时，自由泳、蛙泳、蝶泳项目的运动员应立即站到出发台上；仰泳运动员应立即下水，并在总裁判吹第二声长哨时迅速游回池端。当所有运动员和裁判员都做好出发准备时，总裁判向外伸展手臂来示意发令员开始发令。发令员首先发出“各就位”的口令。此时，出发台上的运动员应至少有一只脚在出发台的前缘做好出发准备；水中的运动员应面对出发池端，两手抓住握手器，两脚蹬在池壁上。当所有运动员都处于静止状态时，发令员即发出出发信号，运动员在听到出发信号后才能做出发动作。任何运动员如在出发信号发出前出发，应判出发犯规，取消其比赛资格。如果在出发信号发出后发现运动员抢跳犯规，则继续比赛，在该组比赛结束后取消犯规运动员的录取资格。

出发的一般要求是预备姿势稳定，起动快，跳得远，水下滑行速度快。出发做得好，能够争得 0.1—0.5 秒的宝贵时间。

（2）途中游。

优秀运动员在途中游段会根据自己的情况合理运用战术。短距离比赛时通常是一鼓作气冲到底。中、长距离比赛时，有的运动员会无视旁人，独来独往；有的运动员会开足马力，一路领先；有的运动员则会悄悄跟进，适时超越，令人猝不及防；也有的运动员会一反常态，采用忽快忽慢的战术来迷惑、拖垮对手。有时甚至还会出现“瞒天过海”的精彩场面：几个相邻泳道的运动员纠缠在一起，拼得难解难分，却不提防某一边道的运动员已悄悄冲到前面去了。

（3）转身。

在 50 米长的游泳池进行 100 米及以上距离项目的比赛时都要做转身，而在 25 米长的游泳池中比赛时转身次数更多。爬泳和仰泳常用前滚翻转身，蛙泳和蝶泳常用摆动式转身。好的转身技术游近池壁不减速，翻转快，蹬壁有力，滑行时身体呈流线型，滑行速度快。转身做得好，往往可以占得很大的优势。

（4）冲刺。

终点冲刺是最激动人心的时刻。当实力相当的运动员齐头并进、拼得你死我活时，谁的终点冲刺动作做得最好，谁就最有可能赢得桂冠。

4. 技术风格的欣赏

运动员在长期、系统的游泳训练和竞赛中，由于个人身体条件、运动专项特长及教练员指导理念等的不同，会在动作节奏的快慢、划水力量的大小、动作的连贯程度、配合的协调程度以及动作的舒展程度等方面出现差异，这就形成了个性化的技术风格。运动员在比赛中的表现就是其个性风格的展现。而技术风格也是观众的审美期待，它拉近了观众与运动员之间的距离。

例如，在短距离自由泳比赛中，有的运动员表现为动作轻巧快捷，身体高平，打腿快速有力，划水连贯自然，宛如顺流而下的扁舟；而有的运动员则表现为动作刚猛，划水有力，划水实效明显，给人以大刀阔斧的感觉。不同的技术风格会给人们带来不同的视觉享受。

5. 战术技巧的欣赏

游泳比赛的战术是指运动员在比赛中，根据个人训练水平和能力状态、对手和项目的特点而采用的游法。一般来说，比赛战术是运动员在长期的训练和竞赛过程中不断总结经验而形成的，是一套相对稳定的体能分配方案。但游泳比赛项目的距离差异较大，短至50米，长至10公里（马拉松游泳），这就使运动员有了灵活运用战术的空间，因而也提高了游泳比赛的可观赏性。

短距离项目比赛的战术一般比较简单，大多数运动员都是凭借自身体能，全力拼搏，大有摧枯拉朽、一气呵成之势。

在中、长距离项目比赛中，运动员往往会运用一定的战术来迷惑对手、战胜对手。所运用的战术主要有以下几种：①匀速游进，表现为运动员不受对手的影响，只按自己的预定计划，全程保持相对稳定的速度游进；②前慢后快，表现为运动员前半程采用相对略慢的速度游进，着重调整好技术动作和呼吸节奏，保存体力，后半程再逐渐加速超越对手；③前快后慢，表现为运动员前半程以较快速度游进，以期破坏对手的节奏并给其造成巨大的心理压力，削弱其体力，使自已能在后半程的持久战中获胜；④紧随突超，表现为运动员盯住相邻泳道的选手，紧随其后游进，使其产生强烈的被逼迫感，然后在比赛的最后阶段突然超出，使对手再无挽回败局的时间。

第二节 游泳相关职业

一、游泳救生员

（一）游泳救生的定义和分类

游泳救生是指人们在游泳活动中发生意外事故时所采取的救助措施。游泳救生可分为游泳池救生和自然水域救生。

（1）游泳池救生：是指在人工建造的规则或不规则的游泳池中的救生活动。

（2）自然水域救生：是指在江、河、湖、海等自然水域中的救生活动。

（二）游泳救生员的职业性质

游泳救生员是由国家颁布的、由体育行业实施国家职业资格证书制度的职业。游泳救生员在游泳场所中对游泳者的安全进行有效的观察和防护，并对溺水者赴救和在医务人员到来之前对溺水者进行现场急救。游泳救生员又分为游泳池救生员和自然水域救生员两种不同的工种。

（三）游泳救生工作的意义

游泳救生事业是一项拯溺救难的高尚事业，是人道主义精神和精神文明建设的具体体现。纵观世界游泳救生活动组织的发展，从只有少数国家开展到全世界范围内的普及，多年来这一庞大的民间组织为了拯救人类生命做出了不可磨灭的贡献。我国游泳救生活动在各级政府的大力支持下，在各级体育主管部门的努力工作下，为确保人民的身体健康和生命财产安全做出了积极贡献，为群众性游泳活动的蓬勃发展提供了有力保障。

（四）游泳救生工作的基本原则

根据游泳救生工作指导思想的精神，结合我国游泳救生工作的具体情况，游泳救生的基本原则是：

（1）岸上救生优于水中救生：岸上救生时，救生员处在居高临下的位置，视野宽广，利于观察和锁定目标，能更好地提高救助时的准确性和有效性，从而赢得宝贵的抢救时间。

（2）器材救生优于徒手救生：使用器材救生能够让救生员在保护自己的前提下，更安全、更有效、更快速地救助溺水者。

（3）团队救生优于个人救生：团队救生时能发挥集体的力量和智慧，救助时间上会更短，抢救操作上会更准确、有效，对溺水者的生命安全会更有保障。

（4）先救有意识，后救无意识：救生员面对同时发生的多起溺水事故，要先对有意识的溺水者进行救助，再去救助无意识的溺水者。

（五）游泳救生员的职业道德

游泳救生员的职业道德是指游泳救生员在从事游泳救生工作过程中，应该遵循的与其职业活动相适应的行为规范。游泳救生员遵守职业道德就是忠实履行游泳救生员的社会责任和完成工作任务。游泳救生员的核心职业道德是爱岗敬业。

（六）游泳救生员的职业守则

游泳救生员的职业守则是其职业道德规范的具体化，它在职业活动中调整救生员与他人、集体与社会之间的利益关系，是判断救生员行为优劣、善恶的准绳。不同行业有不同的职业守则的具体要求，游泳救生员的职业守则是游泳救生员必须遵守的行为标准，基本内容有以下 7 个方面：

(1) 遵纪守法、爱岗敬业;

(2) 忠于职守、履职认真;

(3) 操作规范、确保安全;

(4) 救助及时、分秒必争;

(5) 严守岗位、服从指挥;

(6) 团结协作、尽职尽责;

(7) 服务周到、举止文明。

(七) 游泳救生员的工作守则

游泳救生员工作的中心是安全。安全是指人和物都受到保障,即使人和物处于没有危险、不受伤害、没有事故的状态。为保障游泳安全,首先,游泳救生员要确保安全教育在前,危险防范措施可靠,以真正做到认识到位、责任到位、措施到位;其次,游泳救生员要自觉遵守救生工作的原则,立足防范,认真细致地做好防范工作,使防和救有效结合。游泳救生员的工作守则包括以下6个方面:

1. 热爱本职、乐于奉献

游泳救生工作是一项拯溺救难的高尚事业,是人道主义精神和精神文明的具体体现。游泳救生员应该为自己的职业感到骄傲和自豪。

2. 同心协力、拯溺救难

一名合格称职的游泳救生员必须具备同心协力、拯溺救难的观念和素质。当有人发生溺水时,游泳救生员应沉着冷静、胆大心细、与其他救助者齐心协力救助溺水者,为保护人的生命和健康做出贡献。

3. 见"溺"勇为"五做到"

见"溺"勇为是游泳救生员的职责。人命关天、责任重大,游泳救生员要以最短的时间、最快的速度拯溺救难,做到不怕脏、不怕累、不推卸、不拖延、不随意终止抢救。

4. 严守岗位"九不准"

每个救生员自登上执岗台的那一刻起,就对自己责任区域内的每个游泳者承担起法律责任,就必须严格依法履行职责和义务。"九不准"是指值岗时,不接打电话、不会亲友、不兼任教练、不离岗、不串岗、不随意换岗、不吸烟、不聊天、不携带任何与值岗无关的物品。

5. 精神饱满、仪表端庄

游泳救生员的精神面貌与游泳者的安全感有直接的关系,与游泳者的身体健康和生命安全更有直接的关系。游泳救生员是游泳者生命的保护神,游泳救生员在值岗时,精神要饱满,仪表、仪容要端庄,以增强游泳者的信心和安全感。游泳救生员穿着统一游泳救生员服装,对自己是一种责任和约束,对游泳者是安全的象征。

6. 遇事不乱、实事求是

游泳场所一旦发生事故，游泳救生员要积极地进行救助和处理，要有正确的态度，尊重客观事实、相信组织、对人负责、对事负责，不随意发表个人见解。

二、游泳社会体育指导员

游泳社会体育指导员在群众性游泳活动中，按照游泳运动教学规律，指导广大游泳爱好者，使他们尽快掌握和提高游泳技能，并在确保安全的前提下，带领和组织他们科学地开展各项游泳活动。

（一）游泳社会体育指导员的工作任务

游泳社会体育指导员的工作任务是最大限度地满足广大游泳爱好者对科学掌握游泳技能的需求，不断增加参与游泳活动的人数，通过教授、宣传、引导和激励广大游泳爱好者崇尚科学游泳健身，改善人们的健康水平，提高全民素质，促进社会主义精神文明建设。游泳社会指导员的工作任务具体如下：

1. 进行游泳活动指导及各种泳姿练习方法的基础指导；

2. 努力提高参加游泳活动者的游泳技术水平；

3. 对参与游泳活动的人群给予保健指导和医学监督，并以科学的理论指导人们进行游泳锻炼；

4. 为参加游泳活动的爱好者制订锻炼计划，为他们做好健康测量评价和体质测量评价。

（二）游泳社会体育指导员的职责

1. 热爱本职工作，具有良好的职业道德和个人修养，为人师表，以身作则。

2. 努力学习专业知识，掌握游泳技术和专业理论，积极工作，努力提升自身的业务水平。

3. 严格遵守各项游泳活动的法律、法规，加强游泳活动安全教育，防止溺水事故发生。

4. 对未掌握游泳技能的爱好者，无论是老人、学龄前儿童，还是青壮年，都要以饱满的工作热情给予其最有效的指导。

5. 认真做好群众游泳教学的研究和总结工作，积累经验。

（三）游泳社会体育指导员的学习任务

1. 熟悉水性，学习蛙泳、仰泳、蝶泳、爬泳以及转身、出发技术。

2. 学习游泳教学、训练、竞赛和科研方法。

3. 学习群众性游泳活动教学、健身指导方法。

（四）游泳社会体育指导员的学习内容

表1－2 不同级别的游泳社会体育指导员的学习内容

	初级	中级	高级
主要学习内容	1. 游泳概述； 2. 游泳基础知识； 3. 游泳教学理论与方法； 4. 游泳技术教学与指导（熟悉水性，蛙泳、爬泳或仰泳的教学方法）； 5. 群众性游泳教学与指导	1. 游泳概述； 2. 游泳基础知识； 3. 游泳教学理论与方法； 4. 游泳技术教学与指导（爬泳、仰泳和游泳转身技术的教学方法）； 5. 游泳竞赛组织与裁判方法； 6. 群众性游泳教学与指导	1. 游泳技术教学与指导（蝶泳和游泳出发技术教学方法）； 2. 游泳技术训练与手段； 3. 游泳竞赛组织与裁判方法； 4. 游泳科研方法； 5. 群众性游泳教学与健身指导方法

（五）游泳社会体育指导员的行为规范

游泳社会体育指导员必须有良好的职业道德，在组织活动和教学过程中，一定要以人为本、以身作则、钻研业务，不断提高自身的业务水平和教学质量，为保证学员的生命安全，探索并建立各种游泳活动规范。

1. 在游泳活动组织过程中的行为规范

（1）在游泳场所中，要严格遵守国家和地方对游泳场所的各项法律法规，遵守和接受游泳场所工作人员的管理。

（2）在自然水域中，首先要详细了解游泳区域的天气、地形和水域情况，凡是存在安全隐患的地方，必须设置明显的警示标志。

（3）严禁在游泳活动区域内乱扔垃圾，严禁随地便溺、吐痰等不文明行为，积极提倡社会公德。

（4）在示范教学时，入水之前，一定要将身体冲洗干净后再下水；下水游泳教学或示范时必须穿泳衣、戴泳帽。

（5）注重仪表语言，有较好的个人卫生习惯，服装干净整洁。要保持口腔清洁，在组织活动和教学之前禁止饮酒。须身着泳装和色彩鲜艳的标志性服装。

（6）保持良好的个人形象和自信、乐观的精神面貌，不得有过激行为。

（7）在学员入水之前，要对其进行安全教育。要根据学员人数配备救生器材和安排救生员；要有急救中心的联系方式，保证发生意外者能在最短的时间内得到救助。

2. 在游泳教学过程中的行为规范

（1）课前必须在学员进入练习场地前到达游泳池边，课后学员全部退场后方可离开。

（2）在课前、课中、课结束时清点人数，密切观察学员的动态。

（3）不做与教学无关的事情，上课时不准聊天、抽烟，不准接、打电话，不得离开教学场地。

（4）如请假须提前向主管部门提交假条，批准后方可休假，不准私自请人代课或合班上课。

（5）认真组织学员做好下水前的准备活动，积极介绍水中安全自救常识和简单处置方法，防止意外伤害事故发生。

（6）教学过程中要时刻注意学员的身体状况，如果发现有异常表现者要立刻停止教学活动。

（7）教学和组织要严密，强调组织纪律性，要做到令行禁止，发出准许前不得让任何人下水。

（8）全面观察与重点照顾相结合。指导员的位置应能全面观察学员，对不能跟上教学进度的个别学员多加注意，要把这些学员安排在自己周围，一方面有利于督促他们按照数量和质量要求完成动作，另一方面能够保证他们的人身安全。

（9）对学员进行安全教育，并贯穿于游泳教学的始终。

（10）教学结束后，做好教学器材的整理工作，提高维护良好公共环境的意识。

思考题

1. 人们积极参与游泳运动的意义或价值有哪些？

2. 什么是竞技游泳？奥运会游泳比赛项目有哪些？我国全运会游泳比赛项目有哪些？

3. 游泳的安全卫生常识有哪些内容？

4. 面对夏季中小学生溺水事件多发的情况，作为一名体育教师或游泳教练，你会采取哪些措施或行动来尽力改善？

5. 在你的游泳实践中，是否有游泳改善情绪状态、人际关系，增强智力，使人懂得拼搏进取的体会？请与大家分享你的具体体会。

6. 什么是游泳社会体育指导员？

7. 游泳社会体育指导员有哪些职责？

第二章　游泳与安全

学习导航：

本章简要介绍游泳前的准备事项、游泳安全与卫生、游泳时突发情况的预防与处理方法等相关知识与技能，旨在使学生对参与游泳活动形成总体概念的认识，有针对性地从自身角度做好一系列的安全预防与保护措施，树立珍惜生命、敬畏生命的价值观。

游泳是深受广大人民群众尤其是青少年喜爱的一项体育运动。随着物质生活水平的不断提高，人们对文化娱乐体育活动的需求更加强烈，参加游泳活动的人越来越多。然而，水能载舟，亦能覆舟。在水这种特殊环境中活动时，若不注意安全和卫生，不仅会引发各种伤病，损害身体健康，甚至可能发生溺水事故。因此，人们应当高度重视游泳的安全与卫生，了解必要的游泳安全卫生知识，掌握科学锻炼的方法，防止意外事故的发生。

第一节　游泳前的准备

一、游泳场所的选择

选择好游泳场所是保证游泳者生命安全的极其重要的方面。游泳场所一般分为人工修建的游泳馆（池）和江河湖海的自然水域两类。不论到哪类场所进行游泳活动，都要充分考虑好安全问题。

人工游泳场馆的管理比较规范，池水经常消毒、排污和过滤，清晰度较高，深水区和浅水区有明显标志，有齐全的救生设施，并设有能满足不同游泳者需求的活动区域，应为游泳的首选场所。

如果到自然水域游泳或上课，一定要预先进行观察，选择水质较好、无污染，水温、水深适宜，水底平坦、无淤泥、无障碍物和水流平缓的水域。如去海边游泳，则要了解潮汐规律，摸清涨潮、退潮时间，尽量不要远离海边。选择好场所后，要进行必要的布置，如用绳索穿上浮筒将场地围起来，标明深浅区域，附近备有救生船、救生圈和绳子等救生设备和器材，并准备一些必要的药品和急救用具。这项工作做得越仔细、到位，越有安全保障。

选择正规的游泳场所时，应从以下方面考虑：

（1）是否有经营资质。具体有三个证：卫生许可证；市体育主管部门颁发的高危险性体育项目经营许可证；对外经营的还需要工商营业执照。

（2）是否有从业人员资质。查看是否配有救生员、水质处理人员、教练员、医务人员、安全保卫人员等职业人员，其执业资格证书、身体健康合格证等信息是否在醒目位置悬挂张贴。

（3）水质是否合格。要看水质检测报告及自检结果公示是否齐全。通过游泳场馆的电子公示牌或文字公示牌，查看当天游泳池的水温、余氯浓度、pH 值等指标，查看游泳场所是否有近期符合卫生标准的空气和水质合格检测报告。

（4）救生设施是否齐全。

有安全制度：醒目的“游泳人员须知”及其他必要的安全警示。还要有溺水抢救操作规程及溺水事故处理、治安保卫、安全救护、卫生检查、设备维修、人员服务岗位责任等制度，并悬挂在明显位置。

按相关规定配有救生员：水面面积在 250 平方米以下的人工游泳池，至少配备固定水上救生员 2 人；水面面积在 250 平方米以上的，按面积每增加 250 平方米及以内增加 1 人的比例配备固定水上救生员。游泳场所开放时间内必须有值班人员、救生人员等在现场值班。

配有救生观察台：人工游泳池水面面积在 250 平方米以下的，应至少设置 2 个救生观察台；人工游泳池水面面积在 250 平方米以上的，按面积每增加 250 平方米及以内增设 1 个救生观察台的比例配置救生观察台。

有救生器材：救生圈、救生杆等救生设备。

有急救室：配有氧气袋、救护床、急救药品和颈托、急救板等器材，救护器材要摆在便于取用的明显位置。

（5）观察设施、卫生。看游泳场所是否按要求设置了符合卫生要求的更衣室、强制淋浴室、卫生间和密闭的垃圾箱及通风机械等，室内空气不闷不憋、通风良好；是否安装了强制性淋浴装置和强迫式浸脚消毒池。

（6）看人数。正规的游泳场馆，一般保证每人 2.5 平方米以上的水面面积，标准游泳池最多只能容纳 500 人。游泳池内人过多，会对水质产生一定影响。

（7）看水质。看水质是否清澈，水中有无漂浮物，池底是否有沉淀物，等等。

二、游泳装备的选择与使用

（一）泳帽

1. 泳帽的用途

正规、大型的游泳池是要求游泳者必须戴泳帽的，主要为了方便救生员识别，游泳初学者推荐戴醒目的红色或黄色泳帽。另外，泳帽还有很多好处：

（1）可以保护头发，避免头发与泳池中含消毒液的水过分接触，损伤发质；

（2）保持泳池卫生，避免掉头发而堵住泳池的出水口；

（3）好的泳帽，可以减小水的阻力，提高游泳速度，等等。

2. 泳帽的材质

（1）布帽。

布帽的布料一般是和泳衣的材质类似的弹性布。

优点：弹性好，不勒头部，图案花色丰富，美观性强，价格便宜。建议儿童使用布帽，脱戴都比较简单方便。

缺点：不能防水，阻力大。

（2）PU 涂层帽。

PU 涂层为硅胶涂层，弹性布料为聚酯纤维或涤纶加氨纶，有的外胶里布，也有的是里胶外布。

优点：涂层有比较好的防水性，布料有比较好的弹性，两者结合各展所长，而且不勒脑门，对初学者比较适用。

缺点：因为胶和布复合在一起，布的弹性好，硅胶涂层的弹性差，久而久之涂层容易脱落、皲裂，也就不防水了。

（3）胶质帽。

胶质主要有橡胶、硅胶、矽胶等，属于游泳爱好者（非初学）、专业运动员的常见选择。

优点：防水性比较好、材质光滑、阻力小。

缺点：易老化，而且勒头，应注意清洗保养。

3. 泳帽的佩戴方法

双手微握拳伸进泳帽，将手打开尽量撑开泳帽，然后由头顶往下戴。若留有长发，应先梳好盘起，尽可能贴住头皮，不要盘得太鼓太大。戴好后，调整一下，让泳帽的折痕正对眉心（图 2－1）。

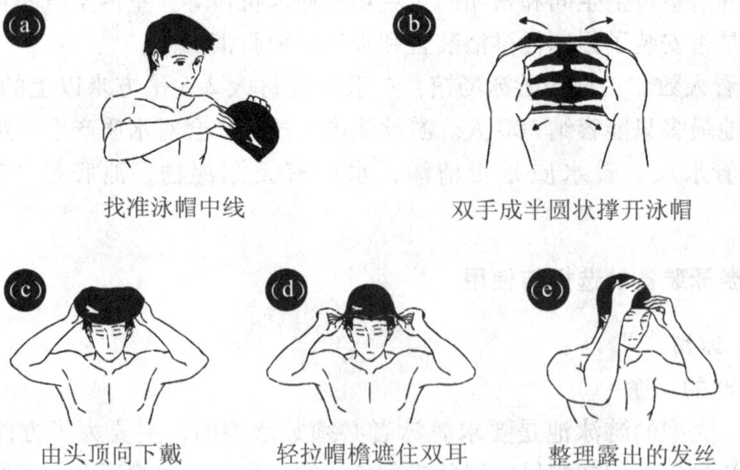

图 2－1　佩戴泳帽方法

（二）泳镜

1. 大框泳镜和小框泳镜

常见的泳镜有大框和小框之分。

（1）大框泳镜扣在眼睛的外框，比较舒适，适合长时间游泳佩戴，经常游泳的人通常选择大框泳镜。

（2）小框泳镜佩戴于眼窝，镜片较小，阻力就小，常用于竞技比赛，适合短时间佩戴。

2. 选择佩戴舒适的泳镜

一般应该根据脸型选择泳镜，泳镜与脸型合适意味着贴合度好，佩戴泳镜以后鼻梁、眼部、头都能够自然调节而不松动，符合人体的结构特点，自然会比较舒服，而且不易进水。试戴的时候可以把镜框扣在眼眶上，不戴头带，如果泳镜刚好能吸住不掉，那就是很合适了。

3. 泳镜颜色的选择

泳镜颜色常见的有透明、蓝等多种颜色，它们的特点分别是：

（1）透明色：视野清晰，光线明亮，不会有色差，属于大众化的颜色。

（2）灰色（烟雾色）：也是比较大众化的颜色，对任何光谱都能均匀吸收，从而减少射进眼中的光线，降低亮度，同时也不会有明显的色差。

（3）蓝色：吸收刺眼的黄光，可以过滤掉天空和水面反射的光线，适合在光线好的室外泳池使用。

（4）黄色：颜色柔和，视野明亮，可提高对比度，看物体比较亮，适合在室内或者光线不好的环境中使用。

4. 泳镜的镀膜和防雾

（1）镀膜。

泳镜镀膜是指镜片经过特殊的电镀镀膜工艺，镜面透亮、防水疏水、水下视觉效果好，防紫外线，减少对眼睛的刺激，比较适合在户外或者竞技时使用。

（2）防雾。

泳镜的防雾性能是比较关键的，但无论多高级的泳镜，防雾功能都会慢慢减弱，所以除了选购时要留意防雾功能外，还需注意日常保养。

（三）泳装

1. 男士泳裤

选择泳裤，一定要看泳裤的抗氯性能和弹性，这两点都跟材质有关。市面上常见的寿命长、舒适度高的泳裤材质有三种：100% 聚酯纤维、Xtra Life Lycra 面料（价格比较贵，一般会和其他材料一起混纺）、聚酯纤维混纺 10% 左右的氨纶纤维面料。

颜色的选择：男士的泳裤尽量选择深色布料，浅色布料遇水比较容易变透。

泳裤的长短：三角泳裤、平角泳裤和五分泳裤。要充分考虑自己的身体特征进行选择。

2. 女士泳装

女士泳装分为连体式和分体式两大类。

连体式泳装：有普通休闲泳装和专业泳装之分。普通休闲连体式泳装设计贴合胸、腰、臀三个部位，使它们更好地发力，也不容易因为稍大的动作幅度而走光。如果泳衣的去水效果很好，游完泳上岸，不会拖带太多的水，减轻了沉重感。但很多裙摆式连体泳衣为了美观往往设计得比较烦琐，甚至有多层裙摆，这就增加了游泳时的阻力，去水效果较差，不过不影响日常穿着。专业连体式泳装是竞技比赛中常用的泳装，通常花色较单一，款式简洁，没有多余的装饰。其设计主要体现在面料上和功能上，面料以高弹的莱卡氨纶和聚醋化合物交织而成，比普通的泳装更加紧身、有弹力，可以减少游泳时的阻力，提高比赛速度；而且高弹的纤维面料带来很好的弹力、包裹力，不吃水还能快速甩干水分。

分体式泳装：即上身与下身是分开的，包括三件式泳衣和高腰式泳衣。分体式泳装会显露更多的身体部分，但也会突显小腹赘肉。如果有小腹还想尝试分体式泳装的女生，可选择高腰式泳装，最好搭配斜纹花纹，可达提腰效果，也可转移注意力，达到修饰的效果。

(四) 游泳教学装备用具

1. 浮板（打水板）

浮板是最常见、最重要的游泳辅助工具，主要用于游泳技术分解动作练习。初学和提高阶段都离不开它。浮板通常有两种：A 字板和方板。

A 字板：应用场景更广泛，可双手正握，也可倒 A 字反握，还可单手正握、反握，不同姿势的应用场景和效果不一样。另外还可夹在裆部替代夹腿板。在练习爬泳打腿、单划臂、仰泳打腿、仰泳单划臂、蛙泳腿等不同技术动作时都可以使用。

方板：用途更专一，若专注强化练习爬泳腿部动作，方板比 A 字板更舒适些，建议爬泳打腿训练量比较大的人选用。

2. 夹腿板（8 字板）

夹腿板主要应用于技术提升，将其夹在裆部以保证下半身处于较高位置，专注进行划手分解训练。

3. 脚蹼

脚蹼属于专业训练辅助器材，用于加强腿部力量和增加脚踝柔韧性。

4. 划水板（划手掌）

划水板也是专业训练辅助器材，用于提高划水力量和划水效率。

5. 呼吸管

使用呼吸管进行爬泳划手、打腿或蛙泳蹬腿练习时，可以不做转头或抬头的换气动作，而以低头姿势保持身体平衡，更加专注练习要点。

6. 拉力绳

拉力绳是陆地力量训练最常用的辅助工具，可有效提高划水动作的爆发力，加快动作频率，提高划臂力量素质。

7. 耳塞、鼻夹

佩戴耳塞可避免水进入耳朵引发中耳炎等疾病。佩戴鼻夹可避免鼻子进水而发生呛水、咳嗽，但鼻夹使用时间不宜过长。

8. 手臂圈、背浮

在初学熟悉水性阶段，游泳者一般会使用手臂圈、背浮等辅助器材。手臂圈是戴在手臂上的，背浮是系在腰部的，均能使初学者较好地漂浮在水面，逐步适应水中环境。

三、下水前的热身准备

准备活动是使身体各器官、系统的机能从安静状态迅速过渡到工作状态的必不可少的手段。认真做好准备活动能提高神经系统的兴奋性，克服呼吸和血液循环等生命活动的惰性，提高能量代谢的水平，使身体机能预先动员起来以满足运动的需要。此外，还可以提高肌肉温度，增加肌肉的力量和弹性，让身体提前适应运动状态，对防止肌肉抽筋、拉伤及关节扭伤等有积极作用。

游泳的准备活动，一般可做慢跑、徒手操、拉伸肌肉与韧带的练习及游泳模仿动作。特别注意颈、肩、腰、髋、膝、踝、腕等关节的活动，对负担较重的部位更要活动充分。下水后，还可做一些水中练习，以更快适应水环境。

第二节 游泳安全与卫生

一、游泳活动安全性

要强化安全教育，安全教育必须贯穿于游泳活动的全过程。首先，要在思想上认识到游泳安全的重要性，树立安全意识，克服麻痹思想。要明白只有保证安全，才能真正体现游泳运动的价值。对于游泳活动的组织者和游泳场馆救生人员来说，更要清醒地认识到，不能由于个人的疏忽大意而造成他人的不幸。其次，要加强组织纪律教育，要求相关人员严格遵守有关纪律和制度，一切行动听指挥，做到令行禁止。少年儿童应在教师、家长或其他成人的带领与监护下学习游泳。不会游泳者不应私自外出“玩水”。此外，应进行安全知识及基本救生常识与技能的教育和培训，掌握必备的基本应急措施，以防不测。

安全教育要结合实际情况（尤其是场馆内潜在危险），采取多种形式有针对性地进行。要经常宣传、反复教育，以引起每个人的充分重视，培养游泳者的安全意识。

二、游泳活动的卫生常识

在进行游泳锻炼时，应自觉遵守泳场守则和维护个人及公共卫生，养成良好的卫生习惯，以确保泳池水质符合卫生要求，保障每位游泳者的健康。游泳者要自觉遵守以下几点：

（一）泳前体检，安全游泳

游泳前体检是为防止患病者在游泳时发生事故，也为避免疾病传染。一般来说，游泳馆（池）要求游泳者持有当年健康证，才能允许其入池游泳。凡通过县级以上医院（医疗机构）体检发现患有严重高血压、心脏病、活动性肺结核、传染性肝炎、细菌性痢疾、妇科病、性病、化脓性中耳炎、皮炎、精神病及有开放性创伤的病人，都不宜游泳。此外，女性在月经期间除非采取特殊的防护措施，一般不宜下水游泳，以免引起感染而致病。

（二）遵守规定，文明游泳

游泳前要认真阅读和熟悉游泳场所的各项管理规定、警示和告示，了解游泳场所池水深度、温度和设施布局等。严格遵守游泳场所的安全卫生等管理规定，如酒后、疲劳、饱食和空腹时不能游泳；激烈运动后不能立即下水游泳；严禁在水中进食；排泄物（如痰、鼻涕等）须排入水槽或旁边的痰桶内；游泳下水前要淋浴冲洗身体，特别是热身后（如赤脚行走）身上汗液较多的情况；穿着干净的不透明的游泳衣、裤，戴好游泳帽；必要时可摘除饰物（戒指、耳环、项链等）、修剪指甲和清洗脸唇，避免不必要的水中伤害和对水质的污染。做好身边小事，力做文明“游”客。

（三）游泳后要及时淋浴冲身

游泳结束后，要把全身冲洗干净，防止身上带有病菌。擦拭身体后，及时披上浴衣（巾）防止感冒。然后滴上氯霉素或硼酸眼药水，擤出鼻腔分泌物。若耳道进水，可采用“同侧跳”的方式将积水排出。之后轻拍抖动臂部、腿部，通过简单的肢体按摩避免肌群僵化和疲劳。

三、游泳活动安全的保障措施

（一）加强游泳活动的组织工作

加强游泳活动的组织工作是进行游泳教学和开展群众性游泳活动时确保安全的重要措施。尤其是在自然水域游泳，由于水域广，环境复杂，容易发生意外事故，有秩序的组织工作显得更加重要。

一般来说，游泳场所都必须设安全监督岗，配有专门的救生员。学校、单位组织游泳活动时，也要专设安全救护小组，由安全观念强、认真负责、具有较高游泳技能的人员或是救生技能娴熟、经验丰富的游泳场馆救生人员组成，并准备好必要的安全救护器材。在游泳活动过程中，安全救护人员必须全面仔细观察，若有险情，立即发出救援信号并组织抢救。

开展游泳活动一般都要编组，每组以5—8 人为宜。编组时要求按水平高低适当搭配，可选择责任感强、水性好的人担任组长。每个小组要坚持做到“三个一”：一起下水，一起活动，一起上岸。小组成员要互相关心、互相帮助，绝对禁止个人单独行动。如果出现险情应立即向安全监督岗报告并组织抢救。在学校游泳活动中，教师要全面观察与重点照顾相结合，对水性差或个性强的学生应多加注意。

在进行游泳教学或开展群众性游泳活动时，一定要做好人数的核查。下水前要准确清点人数，活动过程中应适时进行检查，上岸后再次认真清点人数。发现人数不全时应迅速查找，不可马虎了事。学生中途离开游泳场所一定要向教师请假并得到准许，不得私自离去；归队时也必须向教师报告。

在进行游泳教学或开展群众性游泳活动时，应提出严格的纪律要求，一切行动听指挥。学生应在指定的区域内活动，不要在岸边或水中嬉戏打闹，不要在水中横冲直撞，不搞恶作剧。严禁学生在没有教师指导的情况下跳水和潜水，以消除潜在的不安全因素，避免外伤和溺水事故。

(二) 饮酒、饱食后和饥饿、过度疲劳时不能游泳

酒中所含的乙醇对人体的神经系统有麻醉作用，使之处于过度兴奋或抑制状态，会使人体的机能下降，身体的反应能力减弱，动作协调性变差，因此酒后游泳容易发生溺水事故。

饱食后游泳会减少消化器官的血液供应，使消化器官功能降低，影响食物的消化和吸收。此外，由于水的温度和压力会使胃肠的蠕动功能受到影响，容易引起胃痉挛，出现腹痛或呕吐。因此，饱食后不要马上游泳，一般应休息半小时以上再下水活动。

空腹饥饿时也不要游泳，因为空腹时人体血糖含量下降，不能及时提供足够的能量以满足运动和维持正常体温的需要，此时游泳会出现头昏、四肢无力等症状，严重时甚至会昏厥。

在剧烈运动或大强度劳动后，身体已经感觉到疲劳，肌肉的收缩及反应减弱，动作不协调，若马上游泳会造成疲劳的积累，容易引起肌肉痉挛，甚至发生溺水事故。因此，在剧烈运动或强体力劳动后，应休息一会儿，待体力恢复正常后再游泳。

(三) 游泳时量力而行

虽然游泳对身体的损伤率最低，但事故死亡率却高于其他运动项目。因此，参加游泳活动，安全高于一切。要做到安全游泳，除了游泳场所要有周密的安全防护措施外，游泳者个人更要重视安全。选择适合的区域进行活动，遇到意外时沉着冷静，选择得当方法处理。正确评估个人体能和技术，不要盲目追求过大的运动量和运动强度，量力而行，循序渐进。当自我感觉身体有异常反应，如头晕、头痛、胃痛、恶心，应立即上岸擦拭身体，稍作休息后再下水。另外，也要避免一切危险动作，如在浅水区跳水、互相打闹、过长时间憋气潜水以及在湿滑地面奔跑追逐等。

第三节　游泳时突发情况的预防与处理

游泳时，在水中难免会遇到意外事故，这时要沉着、冷静，按照一定的方法进行自我救护；实在不行时，发出呼救信号，以便及时得到同伴或救生员的救护与帮助。

一、自我救护

自我救护是指游泳者在没有他人救助的情况下，通过自身努力而获救的救生技术。掌握水中自我救护技术是十分重要的，这样可以排除险情和争取时间等待他人救护。

（一）皮肤过敏

有些人下水后受到冷水的刺激或被风吹，会出现皮肤过敏。轻者皮肤发红、起疙瘩，重者会出现头晕、眼花、头痛等现象。如果出现上述情况，应及时上岸，洗净并擦干身体，穿好衣服，注意保暖，喝点热水，出点汗，一般很快能恢复。若过敏反应严重，则应请医生诊治。

（二）头晕头痛

游泳时，有人会头晕，尤以初学游泳者或偶尔下水游泳者为多见。引起头晕的主要原因包括：下水后身体受冷水刺激引起血管收缩，造成脑部暂时性供血不足；人体在水中散热快，体力消耗大，游泳时间过长而造成血糖下降过多；水中呼吸方法不正确，脑部缺氧，或进行呼吸练习时二氧化碳过量呼出；等等。以上几种情况都是正常的生理反应，休息片刻便能很快恢复。如果头晕现象越来越严重，则应到医院做进一步检查。

有些人下水后会头痛，以初学游泳者和女性为多。原因是身体受到冷水刺激，植物性神经活动紊乱，造成脑部供血异常。初学游泳者的怕水心理易引发这一症状，且易形成条件反射，一下水就头痛。症状轻者，稍加休息即可缓解，通过各种练习适应水环境后，一般不再出现头痛现象。头痛严重者应立即离水休息，还应到医院检查有无潜在的疾病。

（三）呛水

游泳时水从鼻腔或口腔进入呼吸道，影响呼吸器官与外界进行气体交换而引起的咳嗽，称为“呛水”。鼻呛水，即鼻腔进水，会引起反射性头痛；口呛水，即水从口腔进入气管，会引起反射性咳嗽和呼吸障碍。游泳初学者由于没有掌握好正确的水中呼吸方法，很容易发生呛水。即使是会游泳的人，如果没有把握好水浪规律和呼吸时机或者在做滚翻转身等动作时没有用鼻缓慢呼气，也会发生呛水。

要从根本上避免呛水，应多练习水中呼吸，掌握呼吸要领。在水面上用嘴吸气，吸气结束后应有一瞬间的憋气，然后在水下用嘴鼻呼气（千万不要在水中吸气），没有呼完的气可在水面上换气前迅速呼出，紧接着做吸气动作。此外，掌握正确的避浪技术也可避免呛水。在出发、滚翻转身前，要吸好气；做水中动作时不要吸气；在爬泳前滚翻转身过程中头朝下时，鼻要向外呼气，不能吸气，否则很容易使水进入鼻中从而造成呛水。

呛水时千万不可惊慌失措地挣扎，否则往往会接二连三地再呛水，引起呼吸道梗塞，使身体失去平衡而下沉，造成窒息乃至淹溺。呛水时不要心慌，应迅速调整呼吸，或使头露在水面做几次水面游泳动作，也可以做原地踩水动作，休息一会儿即可恢复正常；也可顺势将头没入水中，稍憋一口气，再在水下深吐气，再抬头换气，以恢复正常的呼吸节奏。一般来说，坚持一会儿，呛水引起的难受感觉就会逐渐消失。

（四）外耳道进水

游泳时外耳道进水是常见现象。但如果水滞留耳中，不仅会带来不舒服的感觉，影响听力，还容易引起中耳炎。所以应及时将耳内的水排出。以下介绍几种排除耳内积水简便而有效的方法：

1. 吸水法

将消毒棉签或卷成细条的柔软干净的吸水纸轻轻伸进外耳道，将水吸出。这种方法一般在游泳结束后采用。

2. 甩头法

先把头偏向进水耳的异侧，然后迅速甩向进水耳的一侧。重复几次，即可将耳内积水甩出。这种方法简便易行，随时可用。

3. 压引法

将头偏向进水耳一侧，用同侧手掌紧压在耳郭上，不留空隙，屏住呼吸，然后迅速拉开手掌。重复几次，水就会被吸引出来（图 2－2）。

4. 跳空法

站在岸上，将头偏向进水耳一侧，使进水侧的耳朵朝下，口微张开，用同侧腿在原地连跳数次，水就会被震出来（图 2－3）。

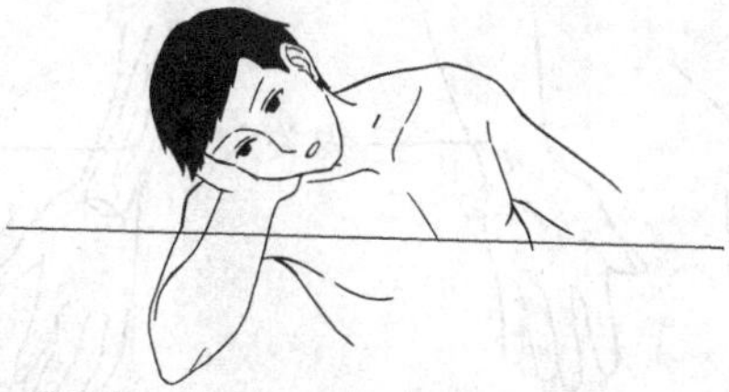

图 2－2　压引法

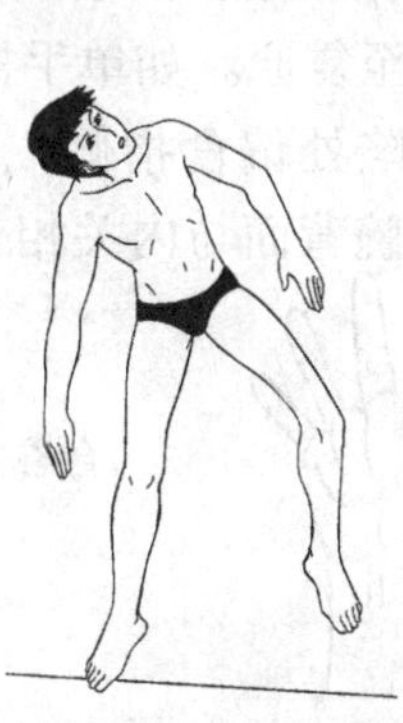

图 2－3　跳空法

5. 灌甩法

将头偏向进水耳的异侧，使进水耳朝上，用手指沾几滴干净的水注入进水耳，轻轻晃动头部，使水滴一直流进耳道深处，与里面的积水汇合，然后将头朝向进水耳一侧用力甩，水就会被甩出来。这种方法效果较好，一般可将耳内顽固积水一倒而空。

（五）腹痛

有的人在游泳时腹部会出现隐隐作痛，甚至发生腹肌痉挛。除了腹部慢性疾患外，这种现象多半是由于准备活动不充分，或下水后运动强度突然增大而引起的。由于心脏功能尚未充分动员，搏动无力，影响静脉血液回流，再加上呼吸节奏没调整好，呼吸短浅，胸膜腔内压上升，造成腹腔内的血液不能顺利通过门静脉和肝静脉向心脏汇集，引起肝脾肿胀，因而产生反射性腹痛。

预防腹痛最有效的办法就是做好充分的准备活动，下水后的运动强度应逐渐增加，以逐步克服内脏器官的惰性。如果在游泳中发生腹痛，可上岸休息片刻，症状即可缓解。如果不能就近上岸，可放慢速度，尽量放松动作，并注意调整呼吸，加大呼吸深度，坚持一会儿后，症状也会逐渐消失。

（六）肌肉抽筋

在游泳中肌肉抽筋是经常遇到的问题。抽筋是由于肌肉突然发生强直性收缩，同时产生剧痛，破坏了正常的动作节奏。此时游泳者如果惊慌则易发生溺水事故。

游泳时，抽筋的常见部位是手指、大腿、小腿、脚趾及胃部等。导致抽筋的原因主要是下水前没有做准备活动或准备活动不充分，身体各器官及肌肉组织没活动开，下水后突然做剧烈的蹬水和划水动作。另外，也有由于水凉刺激肌肉突然收缩而出现抽筋的情况。游泳时间过长、过分疲劳及体力消耗过多、机体大量散热或精神紧张、游泳动作不协调等情况下也会出现抽筋。

1. 解决方法

发生抽筋时要保持镇静，不可惊慌失措。通常应“反向拉伸”抽筋的肌肉，并拍打揉捏使之松弛。具体方法如下：

（1）手指抽筋：两手抽筋时，应迅速握紧拳头，再用力伸直（图2－4），反复多次，直至复原。如单手抽筋，除做上述动作外，可按摩合谷穴（第一和第二掌骨中间凹陷处偏食指侧）、内关穴（手腕掌面横纹上二寸肌腱之间凹陷处）、外关穴（手腕背面与内关相对处）。

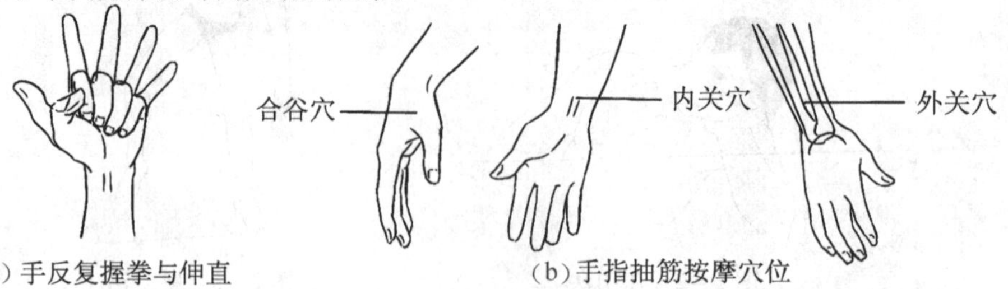

（a）手反复握拳与伸直　（b）手指抽筋按摩穴位

图2－4　手指抽筋自救

（2）大腿抽筋：如果是股四头肌抽筋，身体应成仰卧姿势，屈膝团身，两手抱住小腿或脚背向后拉，脚跟尽量靠臀，使抽筋肌肉伸直。上岸后轻揉肌肉僵硬部位，以至其恢复为止（图2-5）。

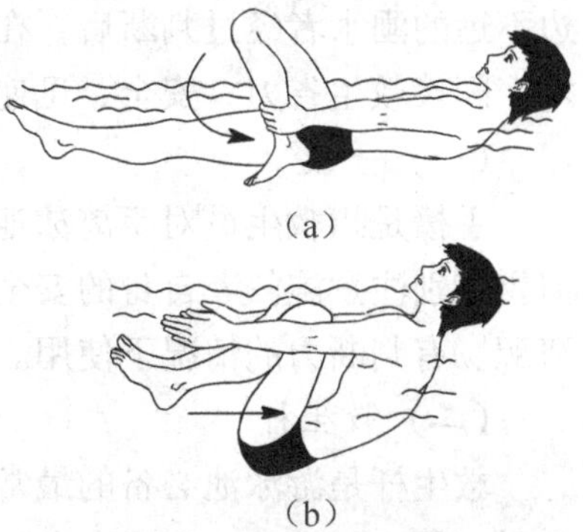

图2-5 大腿抽筋自救

（3）小腿抽筋：可使身体成仰浮姿势，用抽筋腿对侧的手将抽筋腿的脚趾用力向身体躯干方向拉，使抽筋腿伸直；同时用同侧手掌压在抽筋腿的膝盖，帮助抽筋腿伸直（图2-6）。另外，若抽筋情况减轻，可用另一腿踩水，另一手划水，帮助身体上浮并向岸边游近，上岸后用中指、食指尖掐进承山穴（小腿后面正中、腓肠肌两侧肌腹交界的下端）或委中穴（在窝横纹的正中点）进行穴位按摩，帮助抽筋腿恢复正常。

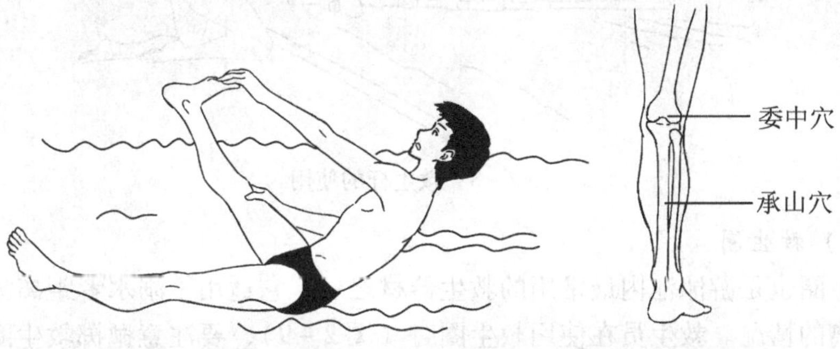

（a）伸腿压膝　　（b）小腿抽筋按摩穴位

图2-6 小腿抽筋自救

（4）脚趾抽筋：脚趾抽筋时，用力向抽筋部位的反方向拉脚趾（图2-7）。

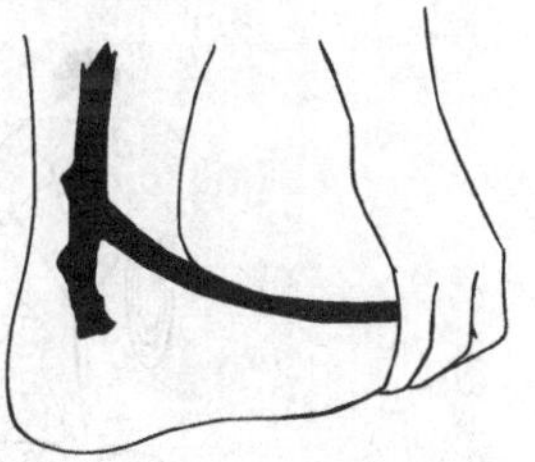

图2-7 脚趾抽筋自救

2. 预防措施

预防抽筋的方法有：充分做好游泳前的专项准备活动，多活动一些容易抽筋的部位，也可以在大小腿、脚趾及腹部等部位进行适当的按摩与放松；下水前用冷水冲洗身体，既卫生又能使身体适应冷水的刺激；游泳时间要根据自己的体力和技术情况而定，不宜过长；上岸后要注意保暖，及时更衣。

二、相互救护

相互救护也包括救生中的间接赴救技术。间接赴救是指救生员在游泳池内利用救生器材，如救生杆、救生圈、救生浮标等以及手援，对神志比较清醒、离岸边不远的溺水者经过判断后，在保证自身安全的前提下，优先选择的一种赴救技术。间接救生省力、安全、迅速、实用。

（一）手援

手援是指救生员对距离泳池边较近的溺水者进行徒手施救的最简易的方法，但要特别注意施救者自身的安全。一般来说，手援技术在溺水者刚刚落水、意识清醒、有判断力的情况下使用。

（二）救生杆

救生杆是游泳池必备的最常用的救生器材之一。救生员在使用救生杆进行施救时（图2-8），一定要注意不能用救生杆捅、打，以免伤及溺水者。救生杆要始终放在救生人员方便拿取的位置。

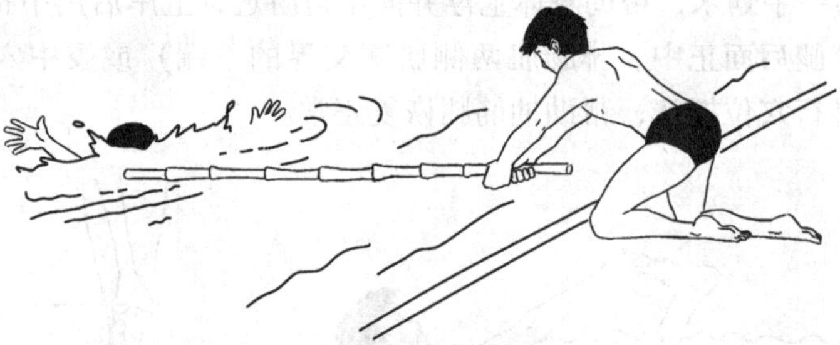

图2-8　救生杆的使用

（三）救生圈

救生圈也是游泳池内最常用的救生器材之一，它适用于溺水者距离泳池边有一定距离的情况。救生员在使用救生圈时（图2-9），要注意抛掷救生圈时应准确到位；对带有系绳的救生圈要经常进行整理，保证不打死结，急救时能够安全快捷地使用；救生圈要始终放在救生人员方便拿取的位置。

（a）　　（b）

图2-9　救生圈的使用

（四）救生浮标

救生浮标是国际上普遍采用的救生器材之一，它通常用泡沫材料制成，以红色为底色，末端附有手环或扣节。救生浮标在施救过程中可以给救生员和溺水者安全感。

救生浮标可方便拖带溺水者，适用于各种溺水情况，可替代救生圈使用。根据溺水者岸边距离的不同，可采用岸上手持浮体救援、岸上手持绳带抛浮体给溺水者救援和背救生浮标下水救援的办法。救生浮标是抢救深水中脊柱损伤溺水者的必备器材，在施救时使用救生浮标有增加浮力、保持稳定的作用。

（五）其他救生器物

发生溺水情况时，如果一时找不到专用救生器材，则可根据实际情况，利用就近可得的其他物品进行施救，如毛巾、救生衣、木板、长棍、球等，将其抛给溺水者，但应以不伤害溺水者为前提。

思考题

1. 游泳的安全教育主要有哪些方面的内容？

2. 为保证游泳安全，在游泳教学和群众性活动组织中有哪些注意事项？

3. 参加游泳活动时应做好哪些准备工作？

4. 什么是自我救护？肌肉抽筋常发生在哪几个部位？若小腿发生抽筋，应如何解除？在日常生活中应怎样预防抽筋？

5. 有人意外落水时应采取哪些应急措施救助溺水者？

第三章　游泳基本知识与技能

学习导航：

通过本章内容的学习，了解有关游泳技术的基本知识、游泳技术的学习阶段、合理的游泳技术的基本特点等知识，能够运用理论知识指导游泳实践，掌握水中平衡、高效游泳和熟悉水性的方法，逐步消除恐水心理，为后续游泳运动的学习奠定良好基础。

第一节　游泳时人体运动的基本概念

一、游泳时身体运动的方向、轴和面

（一）身体运动的方向

运动方向是指运动时对上、下、前、后等方向的规定。在水中游泳时身体姿势是平卧或仰卧，一般规定头的方向为前，脚的方向为后，浮力的方向为上，重力的方向为下，身体的左、右为侧。头的方向通常也就是游进的方向。游泳时通常向前移臂、向后蹬腿、上下打腿、身体侧转等，都以这种统一的方向规定为准。

（二）身体运动的轴和面

根据人体在水中的运动方向，可以设想有三条互相垂直的运动轴。贯穿身体前后的轴为纵轴；贯穿身体左右的轴为横轴；贯穿身体上下的轴为垂直轴。这三条轴构成了三个互相垂直的运动面（图3－1）。由纵轴和横轴构成水平面A，水平面把人分成上下两部分；由横轴和垂直轴构成横切面B，横切面把人分成前后两部分；由纵轴和垂直轴构成纵切面C，纵切面把人体分成左右两部分。

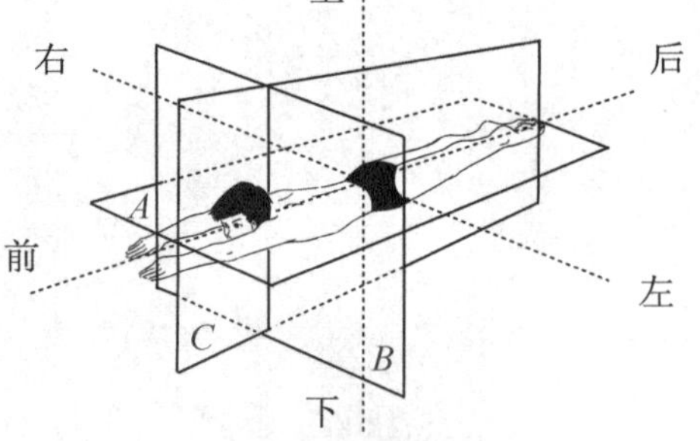

图3－1　游泳运动中的方向、轴与面的示意图

我们常以“在某个面上围绕某个轴运动”来分析游泳动作。例如，爬泳的

打腿动作，两腿主要是在纵切面上绕髋部的横轴运动；蝶泳的空中移臂是在水平面上绕肩部的垂直轴运动。

需注意的是，游泳的大多数动作并不是在单个面上绕单个轴进行运动，而是同时在多个面上绕多个轴进行的复合运动。例如，爬泳手臂划水时，手的动作路线是在前后、左右、上下方向上运动的，在不同的运动面上呈现不同的运动轨迹，这就构成了三维空间上的复杂的运动曲线。

二、游泳常用术语

（一）身体姿势

身体姿势是指人体在游进过程中头、颈、躯干及四肢的相对运动姿态。身体姿势在游泳技术动作中占有重要的地位，身体姿势的正确与否决定形状阻力的大小与游速的快慢。身体在不影响四肢动作实效的前提下应尽可能保持平直而又舒展的姿势，呈流线型姿态。

（二）身体位置

身体位置是指人体在游进过程中身体与水平面的相对深度。身体位置的高低也决定形状阻力的大小与游速的快慢。由于各泳式的动作结构不相同，身体在水中的位置各有差异。例如，爬泳和仰泳的身体在水中都具有较高、较平和相对稳定的位置，身体的纵轴线与水平面的夹角很小；蝶泳和蛙泳虽无固定的身体位置，但在游进时身体波浪幅度应保持在一定的范围之内，在动作周期的某一环节上仍可保持相对高而平的身体位置。

（三）动作周期

动作周期是指一次完整的臂腿配合所做动作的全过程，也可指做一次完整的臂或腿动作所需要的时间，一般用“秒/次”来表示。爬泳和仰泳是两臂交替划水，在一个动作周期中有两次划水；蛙泳和蝶泳是两臂同时划水，在一个动作周期中只有一次划水。

（四）划水次数

划水次数是指游完一定距离所用的动作周期次数。一定的划水次数反映了该动作的效果，与划水距离直接相关。划水距离的计算公式为：划水距离 = 游进距离（不包括出发转身距离）/动作周期。如 50 米用了 20 个动作周期，实质上也反映了每一次划水身体位移的距离为 2.5 米。

（五）动作频率

动作频率是指单位时间内的完整动作次数，也称划频，一般用“次/秒”来表示。动作频率反映了动作的快慢程度，与动作周期呈倒数关系。计算公式为：动作频率 = 动作次数/动作时间（不包括出发转身时间）。

（六）动作节奏

动作节奏是指游泳时在一个动作周期内各阶段及身体各部分的动作速度与时

间的比例关系。各项技术有各自的节奏要求，例如蛙泳腿的技术要求慢收腿，快蹬腿；四式臂部技术要求加速划水；等等。不论是快游还是慢游，动作节奏都应相对稳定，即应保持各阶段动作速度的内部比例关系。动作节奏也就成为衡量游泳技术动作是否正确、合理的一个重要标志。

（七）动作效果

动作效果是指一个完整动作使身体向前游进的距离，俗称“走水”，一般用“米/次”来表示。动作效果反映动作的实效性，即游泳技术的优劣。技术优者，一个完整动作身体向前游进的距离长；技术差者，一个完整动作身体向前游进的距离短。由于游泳动作主要表现为手臂的划水，所以在技术分析时常把动作效果简称为划幅或划距。

游泳初学者应特别注意改进技术，提高动作效果。可以经常用游一定距离计算动作次数的方法来评估自己的动作效果，次数越少，效果越佳。

（八）游进速度

游进速度是指单位时间内身体向前游进的距离，一般用“米/秒”来表示。提高游进速度是游泳教学、训练的主要目标之一。

划频和划幅是影响游进速度的重要因素。它们之间的关系可表示为：v（速度）$=R$（划频）$\times L$（划幅）。

从理论上讲，无论提高划频还是划幅均有助于提高游进速度。但实际上，划频和划幅是紧密联系的，提高划频时划幅会相应缩短，提高划幅时划频也会相应降低。因此，在游泳时单纯追求高划频或长划幅都不利于发挥速度。最大速度只能出现于划频和划幅的最佳结合点上。

第二节　游泳技术原理

一、游泳时人体的沉浮与平衡

（一）水的自然特性

1. 水的压力

水对水中的物体产生压力，压力朝向各个方向，并且随着水的深度而增加。因此，不经常参加游泳锻炼的人在开始下水时可能会感到呼吸困难甚至胸闷，需要用力才能呼吸。当潜水到较深的水下位置时，随着水深的增加，压力也越来越大，耳道被压迫可能会造成耳痛、头痛。

2. 水的黏滞性

流体均具有黏滞性，它产生于分子间相互吸引作用，在流体力学中成为“内聚力”。黏滞性随温度升高而降低，在26℃时水的黏滞性为空气的48倍。水在静止时，由于各方面的压力平衡，其黏滞性并不显示作用。当水受到外力作用时，其内聚力就会起到阻力作用，而且外力越大，水分子间的摩擦现象越激烈，其内聚力也越大。游泳时一切动作都会受制于水的黏滞性因素所形成的阻力作用，因此水的黏滞性是水环境中力作用的重要因素之一。

3. 水的流动性

水具有流动性，当水本身或局部因受到压力而使原有的平衡发生变化时，水就会从高压区流向低压区，从而产生水的流动。也正是这一原因，人在水中得不到固定支撑。人在游泳划手时，局部的水就会随手臂的移动而流动。只有持续的加速划水或不断改变划水方向，才能保持手掌的挡水面始终具有较高的正压力。因此，游泳时所产生的人体向前进的动作，都应是加速的或是变向的动作。

4. 水的密度

密度是某种物质的质量和其体积的比值。在26℃和一个大气压的条件下，水的密度约为0.99707g/cm^3，而空气的密度约为0.001181g/cm^3，水的密度约为空气的844倍。物体在水中的沉浮取决于它的密度，如果物体密度大于水的密度，就会下沉，反之则会上浮。人体内不同组织的密度不同，骨骼的密度大于水，内脏和肌肉的密度略大于水，脂肪的密度则小于水，人体的平均密度接近水。女性、儿童骨骼轻，肌肉含量少，脂肪含量多，因此一般容易漂浮；青壮年男子肌肉粗壮，脂肪少，相对来说在水中不容易漂浮。人在吸气后体积增大，浮力也随之增大，呼气后浮力减小。

5. 水的难以压缩性

水作为一种液体，具有难以压缩的特性，每增加一个大气压时它的体积仅缩小1/20000。任何物体入水后，水都不会缩小体积，而是以物体体积换取等量水的容积，因而入水物体要受到等量容积水的作用力，使物体重量被水的作用力平衡。物体的重力作用向下，水作用于物体的力向上，这就是浮力产生的根源。人体本身大部分也是水分，所以人体也具备与水相同的不可压缩的特性。

（二）重力与浮力

重力即地心引力，在地球上的物体都会受到重力的影响。物体在水中同样要受到重力的影响，重力的方向向下，也是造成人在水中下沉的原因。身体各部分所受重力的合力点就是重心，重心多靠近人的骨盆上端。

在水中的任何物体都会受到向上的浮力，物体各部分浮力的合力作用点为浮心，浮心一般靠近人的胸廓。正是因为有向上的浮力，才使得人能克服重力，浮在水面上运动。因为浮力与重力的方向相反，使人在水中所受重力减轻，让人有一种“失重”的感觉，这也是游泳备受人们喜爱的一个原因。

人体在水中的平衡取决于重心和浮心是否在一条垂直线上。由于身体结构上的原因，身体各部分的密度分布不均匀，身体的重心和浮心并不在同一点上，这就使人体很难在水中保持水平姿势。当人体成自然姿势平卧于水中时，下肢的密度大于上体，下肢就会下沉［图3－2（a）］，直到重心与浮心处在同一垂直线上为止。而下肢下沉的速度取决于重心与浮心之间的水平距离，不同人的重心和浮心之间的水平距离不同，下肢下沉的速度也就不同。

为了使身体在水中保持水平姿势，游泳者可将手臂置于头前，使重心向浮心靠近，让身体达到水中平衡［图3－2（b）］。但手臂位置的调整有其局限性，对重心和浮心水平距离较大的人来说，还不足以保持身体平衡，这就须依靠打腿保持身体的水平姿势。因此，平衡较差的人更需要加强打腿练习，才能保持身体的水平姿势和位置。另外，适当低头压胸也可使上体保持较低的姿势，进而提高腿部的位置。

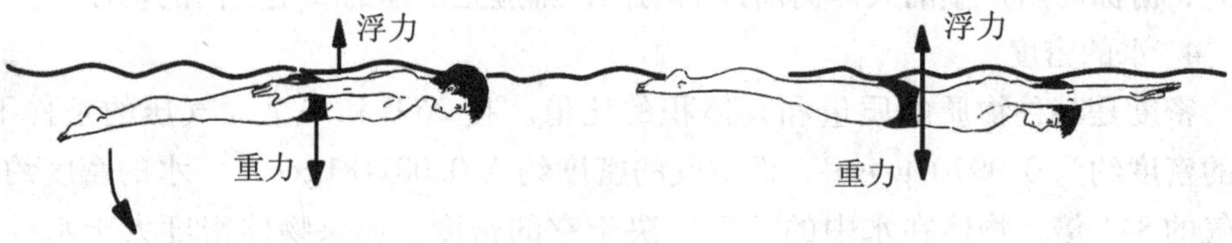

图3－2 人体不同姿势在水中平衡的状态

（三）呼吸是影响游泳时人体沉浮的主要因素

阿基米德原理认为，浸在水里的物体都会受到向上的浮力作用，浮力的大小等于物体所排开的水的重量。物体浸没在水中的体积越大，所受到的浮力就越大；反之，浮力就越小。人体的平均密度接近于水的密度，约为0.96—1.05g/cm^3，而人的胸廓与肺器官可通过气体交换有节律地改变人的平均密度。吸气后胸廓与肺器官体积变大，人体密度变小，约为0.96—0.99g/cm^3，人体在水中可浮起来；呼气后胸廓与肺器官体积变小，人体密度变大，约为1.01—1.05g/cm^3，身体下沉。通过肺呼吸对身体体积变化的控制，可影响人的平均身体密度，从而决定人在水中漂浮能力的好坏。可见，呼吸是影响游泳时人体沉浮的主要因素。

根据水的浮力的特点，游泳时要想浮得高，就应尽量利用水的浮力，掌握好呼吸，使胸廓较持久地处于扩张状态以保持较小的身体比重，并尽量缩短身体各部分失去水的浮力作用的时间。因此在技术上应注意：

（1）呼吸时头不应抬得过高，换气时间不宜过长，以避免过多的浮力损失；

（2）吸气要短促而充分，吸气后应有一个短暂的闭气阶段，这样不仅对保持浮力有利，而且还能增加氧气的吸入量；

（3）在经空中移臂的泳式技术中，应缩短空中移臂的时间，避免过多地减少浮力，同时有利于提高划水频率；

（4）手臂前伸动作应尽可能地伸展（包括伸肩），使身体重心尽量前移而接近浮心，保持平衡的身体位置，减小迎水面与形状阻力，这在一定程度上也有利于延长划水路线。

二、游泳时的阻力

游泳是在水这种特殊介质中进行的活动。人在水中除受到重力、浮力、压力外，还会受到阻力。在特定条件下，水的密度是空气密度的800多倍，因而水的阻力要比空气阻力大得多。要想游得又快又省力，首先必须千方百计地减小游进阻力。根据水阻力的形成原理，可以把人在水中受到的阻力主要分为形状阻力、波浪阻力和摩擦阻力。其中形状阻力和波浪阻力在总阻值中所占的比例较大，而摩擦阻力的比例较小。

（一）形状阻力

物体在流体中运动时，因物体的形状造成物体前后的压力差而形成的阻力称为形状阻力，也称压差阻力。形状阻力的大小主要受物体的形状、占用空间和运动速度的影响。

1. 形状

影响形状阻力的一个重要因素是物体的形状，尤其是物体后部的形状。研究证明，迎水面积相同而外形不同的物体，运动时所受的阻力是不同的（图3－3），其中橄榄核形物体的阻力最小。不同的手臂位置会改变身体的形状，其阻力值也发生相应的变化。实验表明，人体在水中最好的流线型姿势是躯体伸展，脚尖绷直，手臂充分伸直，一手心压在另一手背上，两臂紧靠耳朵的滑行姿势（图3－4）。

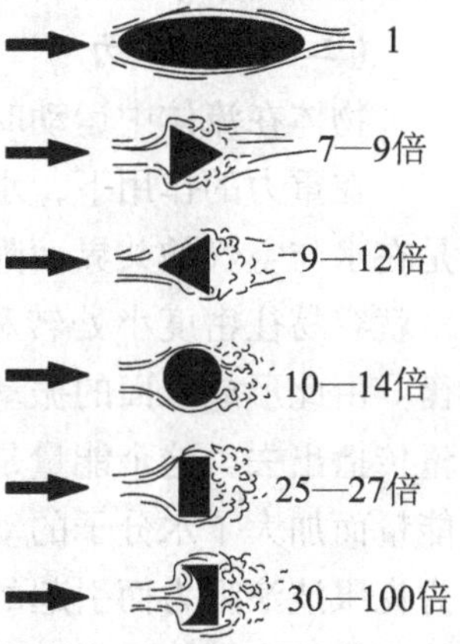

图3－3　物体形状与阻力值的关系

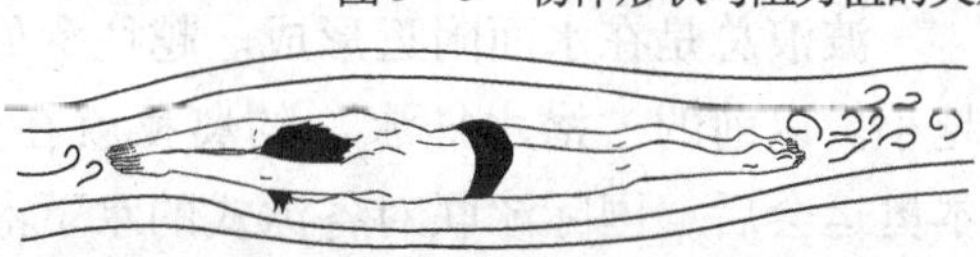

图3－4　人体在水中最好的流线型姿势

2. 占用空间

人的体型越大，在水中所占据的空间越大，阻力也就越大。除体型外，人在水中的姿势也会引起空间的变化，即人体在运动方向上的投影面积（图3－5）。投影面积越大，形状阻力就越大；投影面积越小，形状阻力就越小。在游进过程中也需避免髋部和下肢的侧向摆动（图3－6）。

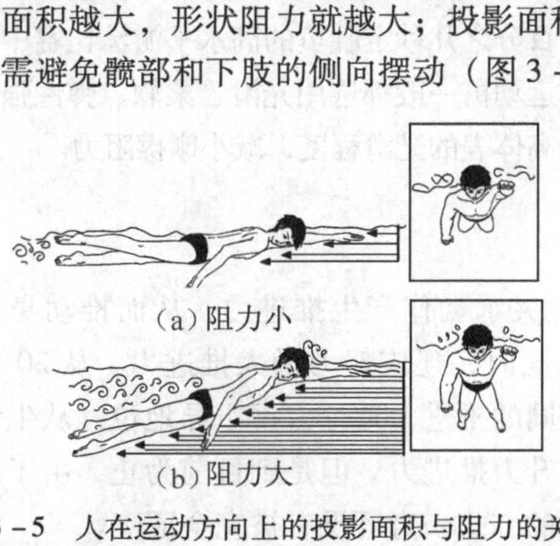

图3－5　人在运动方向上的投影面积与阻力的关系

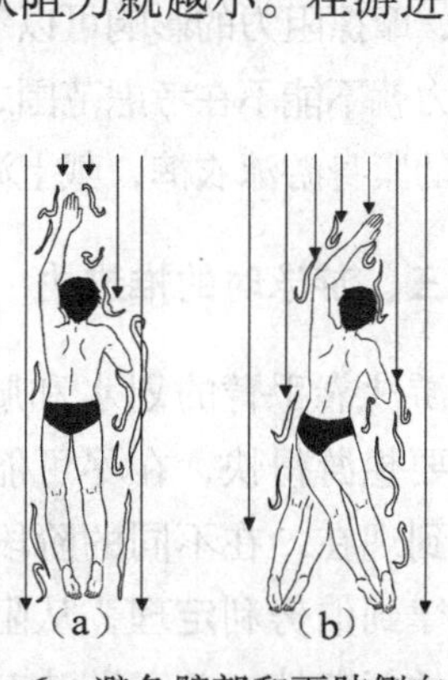

图3－6　避免髋部和下肢侧向摆动

3. 运动速度

物体在水中静止时只受到重力与浮力的平衡影响，四周水流没有改变，一旦物体运动，破坏了层流产生湍流和漩涡，则阻力随之呈比例增大，阻力与运动速度的平方成正比（$F=1/2SC\rho v^2$，F 为阻力，S 为垂直方向横截面积，C 为阻力系数，ρ 为密度，v 为速度）。虽然游泳速度越快阻力越大，但不能为了降低阻力而降低速度。不论是健身游泳还是竞技游泳，都是通过提高速度来增加锻炼强度或夺取比赛胜利。因此，游泳只能是在不断提高速度的前提下，最大可能地实现技术最优化而减小阻力。

（二）波浪阻力

物体在流体中运动时，由于波浪的产生而形成的阻力称为波浪阻力。

在重力的作用下，水的自由表面只有在水平时才能保持平衡。游泳时，人体是在水与空气的共界面附近运动。由于水的密度大，空气密度小，被人体推压的水就容易往密度小处转移而隆出水面，随后又会在重力的作用下回落以恢复平衡。由此形成水面的振动，振动的传播便形成波浪。随着波浪的产生，不断有能量传播出去。这个能量是人体做功转移到波浪中的，即波浪的产生消耗了人体的能量而加大了水分子的动量，从而构成波浪阻力。游泳时激起的波浪越大，人体为克服波浪阻力而引起的能量消耗就越大。比如蝶泳手臂入水动作、蛙泳手臂前伸动作及头前浪等都会形成不同程度的波浪阻力。

波浪总是在水面附近形成。越往深处，波浪就越小，人体受到的波浪阻力就越小。以前的“潜水蛙泳”的奥秘就在于成功地减小了波浪阻力。1956 年墨尔本奥运会后，国际泳联对各泳式的水下潜游动作做出了限制，规定在自由泳、仰泳、蝶泳项目中，出发和每次转身后在水下潜游的距离不得超过 15 米。

（三）摩擦阻力

物体在流体中运动时，由于物体周围流体质点的相互摩擦而形成的阻力叫摩擦阻力。

人体在游泳时所受到的摩擦阻力取决于体表的光滑程度和游泳衣的质量。对于初学者，摩擦阻力的影响可以忽略。但在以百分之几秒定胜负的高水平游泳比赛中，摩擦阻力就不能不在考虑范围之内了。游泳运动员一般都选用光滑、柔软、弹性强而又很薄的紧身游泳衣裤，戴上游泳帽，以提高体表的光滑程度，减小摩擦阻力。

三、游泳时的推进力

游泳靠手臂的划水和腿的打水或蹬夹水动作产生推进力，从而推动身体前进。要想游得快，在尽可能减小阻力的同时，还应努力增大推进力。从 20 世纪初期到现在，在不同的阶段，曾经有不同的推进力理论占据主导地位：从牛顿第三定律到伯努利定理，从阻力推进力到升力推进力。但是到目前为止，由于游泳技术的复杂性，关于游泳时推进力产生的方式一直还没有被完全证实。

（一）阻力推进力观点

20 世纪 60 年代后期，美国著名教练员康西尔曼博士和西尔维亚通过在水下观察游泳运动员的技术，发现运动员在水下不同阶段会交替做屈臂或伸臂划水的动作，并认为运动员利用了牛顿第三定律作为推进力原理。根据牛顿第三定律，施加在物体上的每一个作用力都会产生一个方向相反、大小相等的反作用力。当运动员运用肌肉力量向后推水时，水就会给人体一个大小相等方向相反的反作用力，推动人体前进。划水产生的推进力大小与运动员向后划水的水量及划水的距离直接相关。

（二）升力推进力观点

随着科技进步，水下摄影技术进入游泳训练中。人们发现许多高水平游泳运动员在水下划水阶段手臂并不是径直向后推水，其动作轨迹都是三维的 S 形曲线（图 3－7），康西尔曼等人认为这样能产生更大的推进力。在划水时，运动员肢体运动的速度必须快于水流动的速度，才能持续产生推进力，但是这样做需要很大的力量，容易使运动员过早疲劳。如果不断改变手的动作方向，手臂就可以避开之前已经被搅动的水流，从而划到相对静止或流动较慢的水，这样不需要使用很大的力量，也能产生较大的推进力。而且划水时在手臂侧面和垂直面上的动作也会产生推进力，但这些推进力难以用牛顿第三定律来解释，却可以用伯努利定理来解释。

瑞士科学家伯努利最先发现了压力和流体速度之间呈反比关系。他发现，对于理想的流体，流速较快时压力较小，流速较慢时压力较大。

图 3－8 所示为蝶泳向内划水的动作。阻力与划水方向相反，也就是阻力向外和向前（图中阻力矢量）。根据伯努利定理，运动员手部上方（手背）的水流（图中左手上方的 3 个箭头）流过时距离较长，速度会加快，以便与手部下面（手掌）的水流（图中左手下面的箭头）同时到达小指一侧。因此，运动员手部上面的压力较小，流速较快。运动员左手上下表面的压差用“+”和“－”表示。这种压差产生了升力，也就是与阻力垂直的力。升力在图中以运动员左手上方的矢量表示。

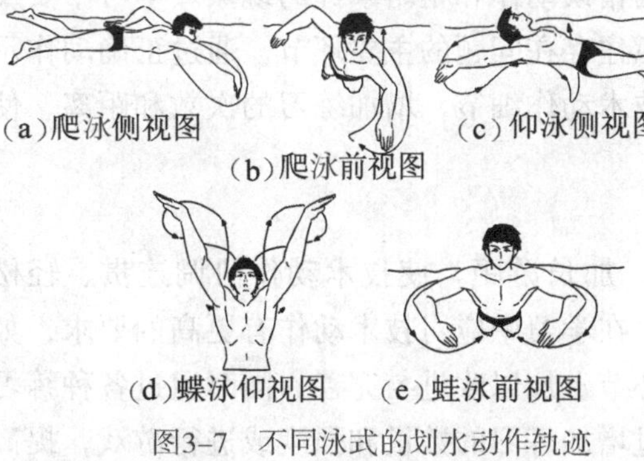

图3–7　不同泳式的划水动作轨迹

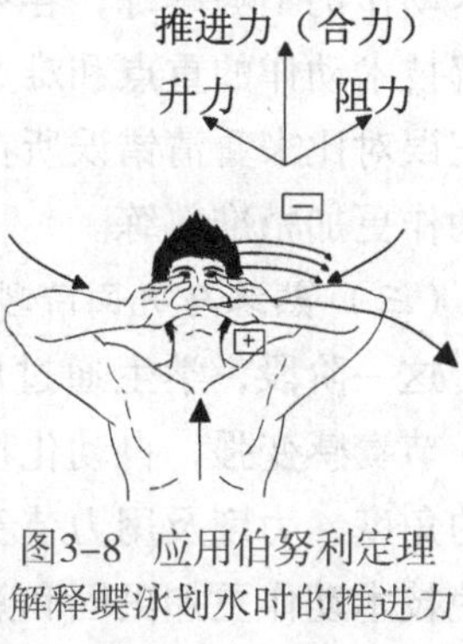

图3–8　应用伯努利定理解释蝶泳划水时的推进力

在过去的几十年中，关于游泳推进力究竟来自于阻力还是升力，或者推进力中升力和阻力的比值，一直没有定论。目前比较一致的观点是：在爬泳和仰泳的划水中，阻力起主导作用；在蝶泳和蛙泳的划水中，升力的贡献更大。

第三节　游泳技术动作的学习

一、游泳技术动作的学习阶段

教学的过程包含了教师的教和学生的学两个相对独立又相互作用的过程。教的方法建立在学的规律之上，也就是说，教学手段与方法必须按照人们认识事物的规律科学有序地进行。根据运动技能形成的规律和游泳运动自身的特点，游泳技术动作的学习过程可分为三个阶段，每一个阶段的任务以及相应的教学要求都有所不同。

（一）粗略掌握动作阶段

这一阶段，学生在初步掌握水性后开始学习某种游泳技术，通过教师的示范与讲解，学生对所学泳式技术建立初步印象，并通过自身的模仿学习，体会肌肉感觉，粗略掌握技术动作。该阶段，学生的技术动作特点处于泛化阶段，表现为技术动作紧张、僵硬、不协调、不到位，有多余动作，呼吸表浅。学习中要抓住动作的重点，通过观看正确的示范和精简的讲解来初步建立动作概念，体会大致的动作结构、路线、方向，不必过多强调动作细节。

（二）改进与提高阶段

这一阶段的学习旨在让学生消除各种错误动作，掌握正确的技术动作，提高技术动作的协调性和实效性。学生通过反复练习，逐渐消除紧张、牵强和多余的动作，使技术动作逐步准确、到位、流畅，动作节奏较合理，有了初步的水感，游距迅速增长。该阶段，学生的大脑皮层内部兴奋与抑制过程都处于分化阶段，技术动作仍不够熟练，容易出现新的错误动作和粗略掌握的现象。学习中要反复理解技术动作的重点和难点，懂得抓住存在问题的主要环节，通过正确动作示范或正误对比来看清错误所在，体会技术动作细节，增加练习的次数和距离，使技术动作更加精准熟练。

（三）熟练与巩固阶段

这一阶段，学生通过反复练习，加长游距，使技术动作协调连贯、轻松自如，节奏感变强，自动化程度变高。在学习中应对技术动作有更高的要求，如动作的角度、力度及用力节奏等技术环节上加以改进与完善，同时通过各种练习方法使技术动作更加巩固和熟练，通过增加练习的数量和强度或进行游戏，提高体能，增强学习兴趣。

一个初学者从不会游泳到熟练地掌握游泳技术，一般都要经过上述三个阶段；对于已会游泳者，每学一个新动作或新泳式，也得经过这三个阶段。这三个阶段是有机联系的，由于学生身体条件、游泳基础及学习态度等情况的不同，各阶段的时间也有所不同。因此，学生应正视自己的状况，积极参与，刻苦练习，缩短各阶段的时间，促进游泳技能的提高，更好地完成学习任务。

二、合理的游泳技术特点

游泳技术动作的掌握不只是掌握动作外形，更重要的是要有好的动作效果且符合经济性的原则。因此改进和提高技术的目标就是减小阻力和增大推进力。

（一）保持高平的身体姿势

身体姿势在游泳技术动作中占有重要的地位，与减小阻力有直接的关系——保持高、平的身体姿势可以减少游进时的阻力。游泳时在不影响四肢动作实效的前提下，身体应充分伸展，保持一定的紧张度，动作的开始和结束时手腿并拢，呈最好的流线型姿势。呼吸时也要保持最佳的身体姿势，尽可能不要破坏流线型姿势。配合动作时保持游进速度的均匀性，也可保持高而平的身体姿势。

（二）协调而有节奏的动作

动作的协调性是指在完成动作的过程中，身体各肌群之间、肌肉活动与人体各运动器官之间表现出时空配合协调一致的关系，动作的协调性与节奏感能综合地反映运动员个体对技术动作的理解和控制能力，是评价运动员技术掌握是否合理的标准之一。

（三）高肘屈臂划水

高肘屈臂划水技术已成为游泳界的共识，是游泳技术的重要特点之一，体现在划水时，肩关节相对固定，肘关节在整个划臂过程中处于较高的位置（图 3－9）。高肘屈臂划水不仅能延长有效划水路线，增加手臂的有效划水面积，动员更多的肩带肌群参与划水动作，增加了划水动量；更重要的是，在整个划水过程中，高肘屈臂划水能缩短阻力臂长度，手臂各环节的协调运动使各环节依次达到最大速度，这可相应降低手臂划水过程的负荷，以更经济的方式划水，同时也有利于划水频率的提高。

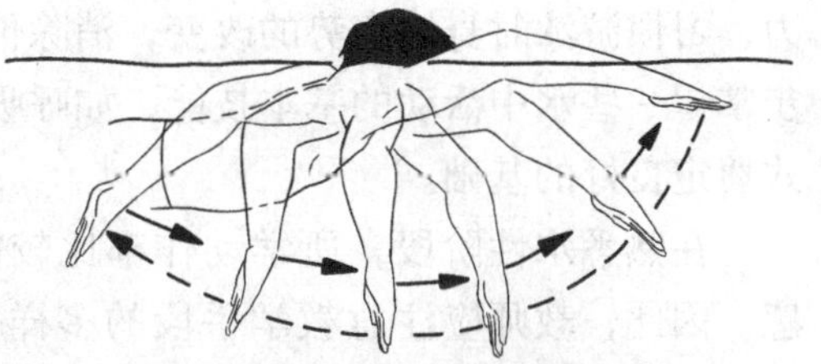

图 3－9　高肘屈臂划水

（四）加速划水

从阻力与物体运动速度的平方成正比的关系来看，加速划水对游进速度起着极其重要的作用。在划水过程中，加速划水是保证推进力增大的基本要素，加速度越大，推进力越大，身体位移的速度也就越快。游泳是一个周期性项目，一个动作周期由准备动作和有效动作组成，有效动作产生推动身体前进的力，准备动作不产生推进力。获得有效推进力的前提是进行有效划水，即在整个划水过程中，手臂能够较好地抓住静止的水或相对水流较慢的水，加快动作速度，如用力并加速完成划水、蹬夹腿时；而空中移臂、蛙泳收腿等就相对地放松。

（五）适宜的划频和划幅

游泳中决定游速快慢的是划频和划幅，它们是评定游泳技术的标准之一。要提高游速，就要增大划幅和加快划频，或保持其一而增大另一个因素。提高划频是通过加快划水速度和减少滑行时间来实现的；提高划幅则是通过加大划水力量和提高划水质量来实现的。要加快游速，应加大动作频率或划幅，或两者都增加，具体视个人情况而定。若能通过训练，找到适合自己的划频和划幅的结合点，就能更有效提高游速。

第四节　熟悉水性的方法

游泳是在水环境中以平卧姿势进行的，这就失去了视觉的帮助，对动作的控制、协调和运动技术的实现则更多需要本体感觉来完成。游泳运动改变了人们在陆上“脚踏实地”的感觉，水的特殊性往往使初学者感到很不适应，而恰当的熟悉水性练习能有效帮助初学者克服其所具有的负面心理。

熟悉水性是游泳教学中的一个重要环节，是初学游泳的一个必经阶段。其目的是让初学者了解与体会水的特性，逐步适应水环境，即习惯水浮力、压力和阻力，习惯游泳时身体姿势的改变，消除怕水心理，培养对水和游泳的兴趣，并初步掌握一些水中活动的基本技能，如呼吸、浮体、滑行等，为进一步学习各种泳式奠定良好的基础。

在熟悉水性阶段，所学动作都比较简单，练习起来比较容易，会产生枯燥感。因此，教师应注意教学手段的多样化，多采用游戏、比赛的形式来组织教学，以活跃教学气氛，调动学生学习的积极性。

一、水中行走

（一）基本要求

水中行走一般在浅水中进行。水中行走时大腿抬起的摆动幅度要比陆上行走大，落脚站稳后再提另一腿；两臂可在体侧缓慢拨水以保持身体平衡。练习时注意身体重心的移动与腿的动作协调一致；体会水的阻力和浮力，初步掌握在水中维持身体平衡的能力，消除怕水心理。

（二）练习方法

练习水中行走可采取多种形式，包括各种方向、不同速度的走、跑、跳、站立与下蹲等；可单人进行，也可以集体拉手、接力游戏等形式进行；还可在原地或行走中进行划臂练习，如前后左右方向的划水、“划船”、“划 8 字”等多种练习，以培养水感，体验水的支撑力。

二、呼 吸

(一) 基本要求

游泳时的呼吸不同于陆上呼吸，由吸气—闭气—呼气 3 部分组成；呼吸方式是用口吸气，用口或口与鼻呼气；呼吸动作是抬头或转头吸气；呼吸节奏是快吸气，缓慢而逐渐加速呼气。练习时，可先在陆上练习，之后再下水练习；在水中练习时尽量不要用手抹脸上的水。通过练习初步掌握游泳的呼吸方法，适应头浸入水时的刺激，消除怕水心理。呼吸是游泳教学的难点，贯穿整个教学始终，应引起师生重视。

(二) 练习方法

1. 闭气练习

扶池边或在同伴帮助下，用口吸气后闭气，下蹲慢慢将头浸入水中，停留片刻后站立，口鼻出水后，先呼气再吸气，反复进行（图 3－10）。

2. 呼气练习

头浸入水稍闭气后，用口或口鼻慢慢呼气，当口将露出水面时，呼气量加大，在脸部离开水面前将气呼尽，头出水后吸气。练习时可在同伴帮助下练习逐步过渡到个人徒手练习（图 3－11）。

3. 连续呼吸练习

站立在水中，水上吸气后下蹲，头浸入水中闭气片刻；然后在缓慢呼气的同时站立抬头，口出水面时快速呼气，出水后快而深地吸气；如此反复，连续练习。练习时体会“快吸”“稍闭”“慢呼”“猛吐”的要领（图 3－12）。

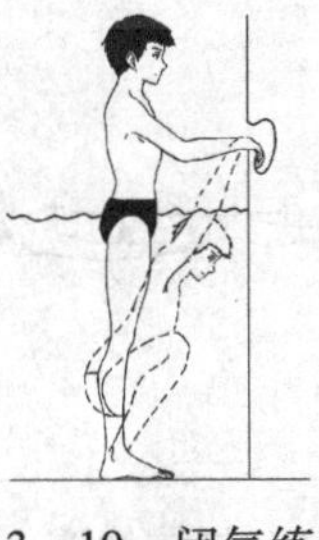

图 3－10 闭气练习

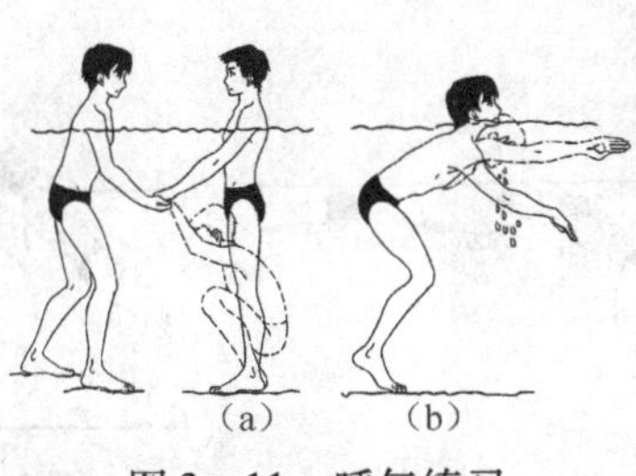

图 3－11 呼气练习

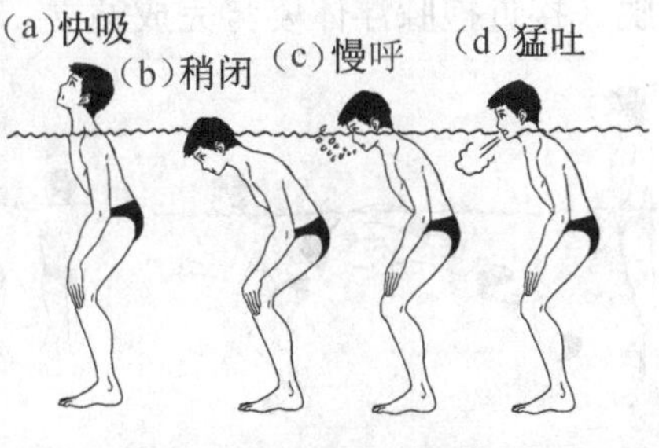

图 3－12 连续呼吸练习

三、浮体与站立

(一) 基本要求

想学会游泳，必须习惯漂浮的平卧姿势，并能从漂浮状态平稳地站立起来。通过该部分的练习可进一步熟悉水性，体会水的浮力，适应身体的漂浮姿势，逐步掌握在水中控制身体平衡的能力和站立的方法，增强学习游泳的信心，进一步消除怕水心理。

学习浮体前，应先学会掌握漂浮后的站立方法来维持身体平衡，以保证安全。首先需了解身体沉浮与呼吸的关系，充分利用呼吸来控制身体的沉浮。由于浮体练习要求充分吸气和较长时间的闭气，因此该练习应放在呼吸练习之后进行。若漂浮中将气呼出，人就会像湿水的海绵一样慢慢下沉。仰卧漂浮的练习可作为熟悉水性的一种方式，同时为学习仰泳打下基础，仰卧漂浮还是重要的自救技能，应在学习中加以重视。

（二）练习方法

1. 抱膝浮体

站立于水中，深吸气后，低头含胸，同时两脚轻蹬池底，提膝、收腹、抱腿、团身，下巴紧贴膝关节，身体尽量放松，背部露出水面自然漂浮于水中。站立时，两手松开，两腿下伸，脚触池底站稳，同时两臂前伸，手掌向下压水并抬头，两臂在体侧轻轻拨水维持身体平衡（图 3 – 13）。

2. 展体浮体

站立于水中，两脚并立，两臂伸直并拢前伸置于水面；深吸气后，身体前倾并低头，屈膝下蹲，两脚轻蹬池底，两腿放松上浮成俯卧展体姿势漂浮水中（图 3 – 14）。站立时，收腹、屈膝、收腿并下伸，脚触池底站稳，同时两臂向下压水并抬头，两臂在体侧轻轻拨水维持身体平衡。

3. 展体仰浮

站立于水中，两腿站立，深吸气后，头和上体后仰，并慢慢后倒于水中；同时两脚轻蹬池底，两腿放松上浮，髋部伸直，两臂置于体侧或在体侧轻轻拨水；目视上方，呈展体仰卧姿势漂浮（图 3 – 15）。站立时，低头、收腹、屈膝、收腿，接近抱膝浮体姿势完成站立。

图 3 – 13　抱膝浮体

图 3 – 14　展体浮体

图 3 – 15　展体仰浮

四、滑行

滑行练习在掌握水中漂浮的基础上进行，是熟悉水性阶段的重点。其目的是使学生体会和掌握游泳时身体的水平位置、平衡感觉和流线型姿势，提高学生在水中控制身体的能力，为学习各类游泳技术打好基础。

（一）基本要求

滑行应力求动作连贯、协调，要尽量延长闭气时间，做到滑得又远又稳。滑行时，腰腹部肌肉适度紧张，臂腿并拢伸直，头夹在两臂之间，身体保持流线型姿势，以减小滑行阻力。不宜过于抬头或低头，也不宜屈髋、屈膝或勾脚。

（二）练习方法

1. 蹬底滑行

站立在水中，两臂伸直并拢置于水面，身体前屈，吸气低头；两脚蹬离池底，两腿伸直并拢，身体呈流线型姿势俯卧于水面向前滑行（图 3－16）。

2. 蹬壁滑行

两腿并拢背靠池壁站立（或下蹲）水中，两臂伸直并拢同肩齐高置于水面。吸气后低头，头夹在两臂之间，上体前倒成俯卧姿势浸于水中；同时，两脚轻蹬池底向上屈膝收腿，并提臀至水面处，两脚在臀后紧贴池壁，两脚随即用力蹬壁，全身伸展沿水平方向蹬出，呈流线型姿势向前滑行（图 3－17）。

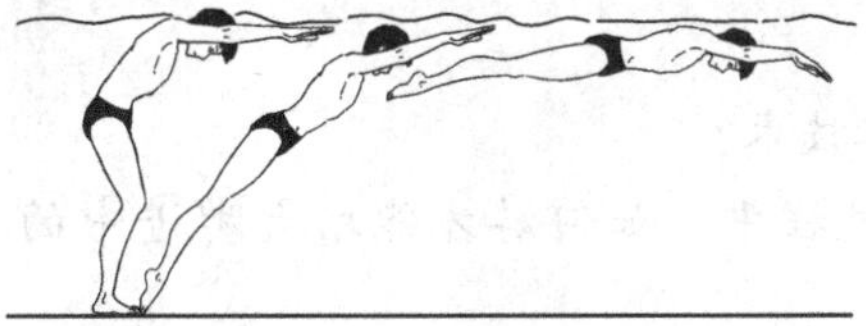

图 3－16　蹬底滑行

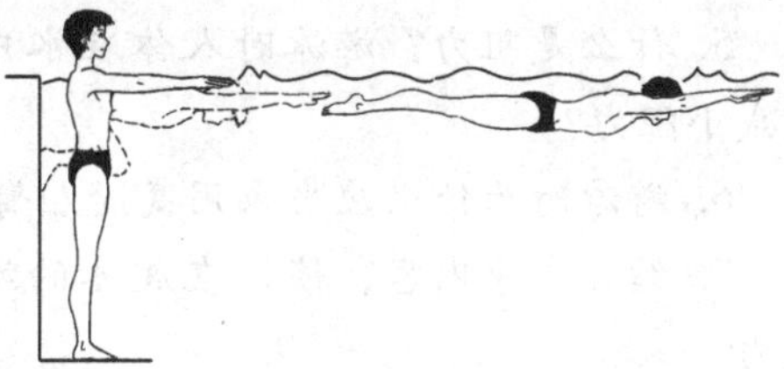

图 3－17　蹬壁滑行

五、水中游戏

在游泳教学和训练中，合理地安排一些游戏活动，既可以让学生熟悉水性，帮助学生掌握和巩固游泳技能，又可以活跃课堂气氛，有效地让学生集中注意力，提高学生的学习兴趣。可根据学生的年龄、性别等特点，设计不同的游戏，如火车赛跑（图 3－18）、织网捕鱼（图 3－19）、钻山洞、海底寻宝（图 3－20）、对顶打腿（图 3－21）、水下猜拳等，利用多种方式提高练习的趣味性。

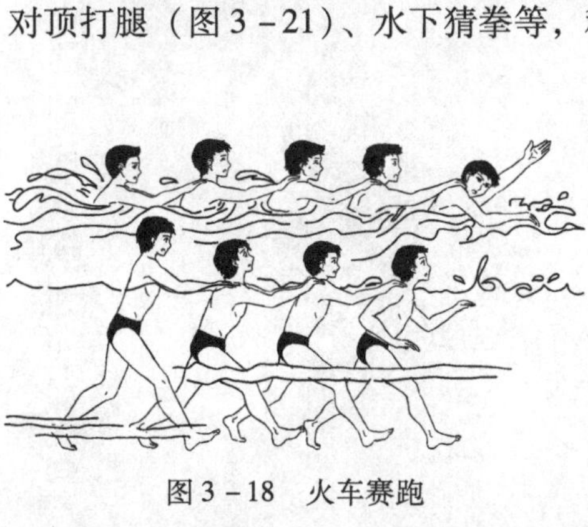

图 3－18　火车赛跑

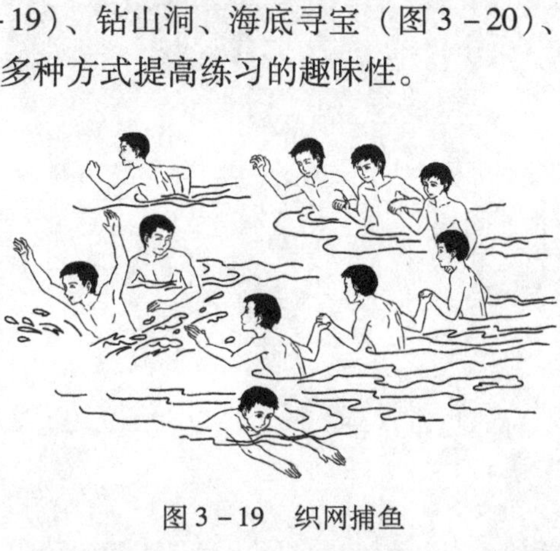

图 3－19　织网捕鱼

图 3－20　海底寻宝

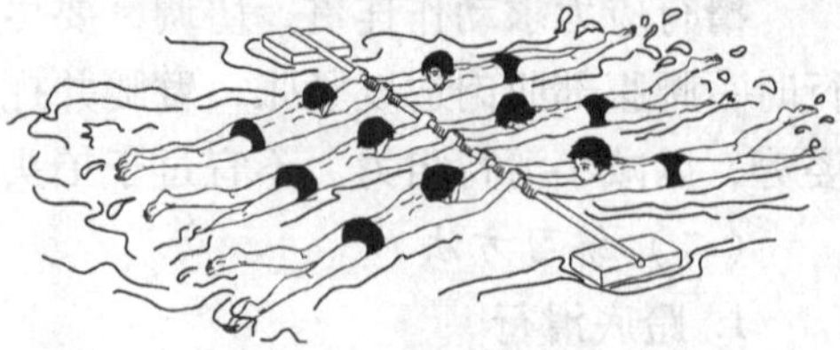

图 3－21　对顶打腿

思考题

1. 游泳时身体运动的轴和面是如何规定的？

2. 什么是游泳的划频和划幅？它们和游进速度有什么关系？

3. 人体在水中沉浮的条件及影响因素是什么？

4. 人体平卧在水中遇到下肢下沉时，如何调整重心位置，尽可能保持平衡？

5. 什么是阻力？游泳时人体在水中受到的阻力有哪几种？请举例说明。如何减小阻力？

6. 游泳时为什么应当采用高肘屈臂划水技术？

7. 结合本章内容，谈谈在爬泳的游进过程中，如何游才能增大游进中的推进力。

8. 游泳技术动作学习过程的各阶段有什么特点？

9. 游泳技术训练时，应从哪些方面来改进与提高自身的游泳技术？

10. 高水平游泳运动员在比赛中，可通过哪些方式来减小摩擦阻力？

11. 作为一名游泳教练，如何对 7 岁小朋友进行熟悉水性的教学与指导？

12. 作为一名游泳教练，如何对成年人进行熟悉水性的教学与指导？

第四章　蛙泳技术与教学

学习导航：

本章简要介绍蛙泳技术的发展演变，着重分析蛙泳技术，包括从各环节的基本技术到完整配合技术，并讲授学习蛙泳技术的步骤与方法，旨在使学生通过本章的学习和实践，能够掌握蛙泳技术的概念，有针对性地习得并提高自身的蛙泳技术，进一步发展水中运动的能力，具备一定的蛙泳技术教学指导能力。

第一节　蛙泳介绍

一、蛙泳技术的起源、发展与技术演变

蛙泳是模仿青蛙游动动作的一种游泳姿势，也是最古老的一种游泳姿势。由于人体俯卧在水面，划水和蹬腿的动作像青蛙在水中游进，所以被称为蛙泳。蛙泳移臂和收腿都在水下完成，给身体带来很大的阻力，使得身体前进的速度不均匀，因此它是4种泳式中（蛙泳、爬泳、仰泳、蝶泳）游速最慢的。但蛙泳也有其优点所在，蛙泳呼吸通过抬头低头完成，容易掌握；每个动作周期都包含一个滑行阶段，掌握后，学生很快能游较长距离。蛙泳是实用价值最为突出的泳式，除了健身锻炼外，还常用于水上救护、生产建设和军事训练等领域。

蛙泳的臂腿动作方向变化较多，内部技术动作是4种泳式中最为复杂的，其技术发展得也比较曲折。1904年圣路易斯奥运会上，蛙泳成为独立的比赛项目。经历过蝶式蛙泳、潜式蛙泳阶段以后，蛙泳才步入技术发展阶段，出现不同技术流派。1956—1960年间，我国著名运动员戚烈云、穆祥雄、莫国雄三人分别以“高航式”“半高航式”和“平航式”技术共5次打破男子100米蛙泳世界纪录。黄晓敏采用“潜冲式”蛙泳获得1988年汉城奥运会女子200米蛙泳银牌。20世纪80年代后，我国蛙泳技术得到较大发展，罗雪娟在2004年雅典奥运会上获得女子100米蛙泳金牌，显示出我国在蛙泳项目上的实力。随着技术的不断改进，现代蛙泳技术多采用以美国运动员巴罗曼为代表的波浪式蛙泳，充分利用躯干部大肌肉群的力量，协同身体发力，减小阻力。蛙泳技术在发展过程中经历了几个

阶段的技术演变：

（一）跑马式蛙泳

在比赛中，人们为了提高蛙泳的游进速度，在古代蛙泳的基础上尝试改变蛙泳的动作，如加长两臂划水的路线，两腿收回腹部再向后做蹬腿动作，这组动作游起时形似马跑，因而被称为“跑马式”。这种姿势在当时也取得过较好的成绩，匈牙利选手巴兰尼曾用这种技术在1907年创造了1分24秒的男子100米蛙泳世界纪录。但是，这种姿势的收手路线长，两腿收回的角度小，游起来身体起伏大，臂和腿的配合很不协调。随着蛙泳技术的不断变革和运动员水平的不断提高，这种技术逐渐被淘汰。

（二）古典式蛙泳

这种蛙泳技术酷似青蛙游泳时的动作，其腿部技术是在收腿时屈膝、髋，两膝向外侧平面收腿，两脚跟并拢；蹬腿时两脚向外侧蹬出，蹬直双腿后再向内夹水，蹬腿的过程中保持脚底对准后蹬方向。手臂的划水动作非常平直，而且划水路线较短，所产生的推进力较小，手臂划水主要是为了维持身体平衡和便于抬头呼吸。虽然比跑马式蛙泳配合相对合理，但是古典式蛙泳中手臂和腿部的配合不太协调，一个动作周期中停顿较多，游进速度很不均匀。

（三）蝶式蛙泳

由于以前的游泳比赛规则没有细致的规定，因此在传统的跑马式蛙泳和古典式蛙泳的基础上出现了蝶式蛙泳：两臂水下同时从体前向后划水至大腿两侧，加长划水路线，加大划水的推进效果，并且两臂划水结束后从体侧出水经空中向前移臂至肩前入水，这种技术动作减少了传统蛙泳从水中移臂的阻力。

蝶式蛙泳的腿部动作还是采用传统蛙泳的技术，但动作幅度减小，蹬水方向偏下，目的是使身体处于较高的水平位置，有利于发挥两臂的划水作用，也有利于两臂经空中前移，因而使游泳速度得到大大提高。这种姿势出现后，很快就流传开来。1936年柏林奥运会上出现了蝶式蛙泳和传统蛙泳并存的局面，蝶式蛙泳的出现使蛙泳的成绩大大提高。后面的1948年伦敦奥运会和1952年赫尔辛基奥运会上，除极个别者外，参加蛙泳项目的运动员都采用蝶式蛙泳技术，传统蛙泳暂时被“排挤”了。从1952年的奥运会之后，国际泳联为了维护名副其实的传统蛙泳技术，做出了将蝶式蛙泳和传统蛙泳分为两个单项比赛的决定。蝶式蛙泳逐渐演变成现代蝶泳，这为传统蛙泳得以保留并且为发展为现代蛙泳奠定了基础。

（四）潜水式蛙泳

把蝶式蛙泳和传统蛙泳分为两个项目后，国际泳联又做出规定，允许蛙泳在水下潜水游进。由于这一个决定，蛙泳技术又向游速快的水下蛙泳方向发展，从而产生了潜水蛙泳技术。采用这种技术的运动员在出发潜水30米以上、转身后潜水25米以上才浮出水面进行蛙泳游进，也取得了很好的成绩。理论研究认为，潜水能减少水平的波浪阻力，又能发挥两臂划水的力量，因而被越来越多的运动员采用。

在1956年墨尔本奥运会中，日本运动员古川胜采用潜水蛙泳以2分34秒07的成绩取得了男子200米蛙泳的冠军。他也是蛙泳技术发展过程中，在奥运会上最后一个采用潜水蛙泳获得冠军的运动员。

1956年的奥运会上，国际泳联认为，为了保证运动员的安全，并有利于观众观看比赛，决定禁止采用潜水蛙泳参加蛙泳比赛。为此，国际泳联先后两次修改规则：一是蛙泳两臂不能出水，二是不能潜水。规定在出发和转身，运动员可以在水下进行一次划臂和一次蹬腿，除此以外，在游进过程中头的一部分必须始终露出水面，两手两腿动作要对称；转身或到达终点时，双手必须同时在一个水面触池壁，两肩保持水平。这些规定促使蛙泳回到传统蛙泳中。

（五）高航式蛙泳

蛙泳技术一直在不断地改进和发展。世界各国在探讨蛙泳技术时，出现了各种流派。高航式蛙泳因游泳时身体位置较高而得名，其技术特点是蹬腿时抬起上身，头肩抬出水面，在蹬腿后滑行吸气，手臂的划水动作幅度很小，起到了腿、臂动作配合协调和平稳身体姿势的作用。这种技术主要依靠蹬腿动作获得推进力，适用于腿力强而臂力差的运动员。1957年，我国运动员戚烈云采用高航式蛙泳以1分1秒06打破了当时男子100米蛙泳1分13秒的世界纪录。

（六）平航式蛙泳

平航式蛙泳因游进时身体位置平衡而得名。其技术动作特点是：腿的蹬水路线较宽，蹬、夹动作紧密衔接；手的划水路线较长，能充分发挥划臂力量；划水时抬头呼吸，头部的起伏不大，不影响身体姿势；腿臂动作配合协调、连贯。1960年，莫国雄采用平航式蛙泳再次打破男子100米蛙泳世界纪录。

（七）半高航式蛙泳

半高航式蛙泳的技术特点介于平航式蛙泳和高航式蛙泳之间。半高航式蛙泳在当时算是一种先进的技术动作。1958—1959年，穆祥雄采用半高航式蛙泳3次打破男子100米蛙泳世界纪录。

（八）活塞式蛙泳

活塞式蛙泳的技术特点是划水时手幅度较小，蹬腿宽度较窄，呼吸较晚，动作频率较快。1961年，美国运动员亚斯特列姆斯基采用活塞式蛙泳创造了男子蛙泳100米1分07秒05和200米2分29秒06的世界纪录。

（九）波浪式蛙泳

这种蛙泳技术的出现与发展得益于蛙泳规则的修改。1986年12月，国际泳联对蛙泳规则进行了修改，规定在蛙泳的每个完整动作周期中，运动员头的某一部分必须露出水面。规则的修改使蛙泳技术发生了较大的变化，许多运动员采用了冲潜式的动作：在蹬腿时，并手、低头、伸肩、前冲与提臀，头部没入水中，这既减少了头露在水面上所受到的波浪阻力，又可以使身体随波浪的起伏而压浪前滑，像波浪一样前进。这时身体尽量地伸展，达到良好的流线型效果，加之整个身体没入水中，所受的波浪阻力极小，从而使蛙泳技术更趋完善、合理。波浪式蛙泳近来在国际泳坛得以广泛应用，蛙泳水平也因此有了显著提高。为了减少水的阻力及加强推进力，蛙泳的划手及蹬腿动作曾有过多次的改革，不过，基本泳姿就一直都没有多大的变化。

二、蛙泳竞赛规则

（1）在出发和每次转身后，运动员身体可没入水中并可做1次手臂充分向后划至腿部的动作。出发和每次转身后，在第1次蛙泳蹬腿动作之前，允许做1次蝶泳打腿动作。在第2次划臂两手至最宽点开始向内划水前，头的一部分必须露出水面。

（2）从出发和每次转身后的第1次手臂动作开始，身体保持俯卧，除转身动作外，任何时候都不允许身体呈仰卧姿势，只要身体呈俯卧姿势蹬离池壁，允许运动员在触壁后用任何方式转身。在出发后的整个游程中，动作周期必须是以1次划臂和1次蹬腿的顺序完成。两臂的所有动作应同时并在同一水平面上进行，不得有交替动作。

（3）两手应同时在水面、水下或水上由胸前伸出。除转身前、转身过程中及抵达终点前的最后1次划水动作外，肘部不得露出水面。两手应在水面或水下向后划水，除出发和每次转身后的第1次划水动作外，两手向后划水不得超过臀线。

（4）在每个完整动作周期内，运动员头的一部分必须露出水面。两腿的所有动作应同时并在同一水平面上进行，不得有交替动作。

（5）在蹬腿过程中，两脚必须做外翻动作。不允许做交替打腿或向下的蝶泳打腿动作。只要不接着做向下的蝶泳打腿动作，允许两脚露出水面。

（6）在每次转身和到达终点时，两手应分开在水面、水上或水下同时触壁（图4－1）。转身和到达终点前的最后1次手臂动作后可不接蹬腿动作。在触壁前的最后1次划水动作结束后，头可以没入水中。但在触壁前最后1个完整或不完整的动作周期中，头的一部分必须露出水面。

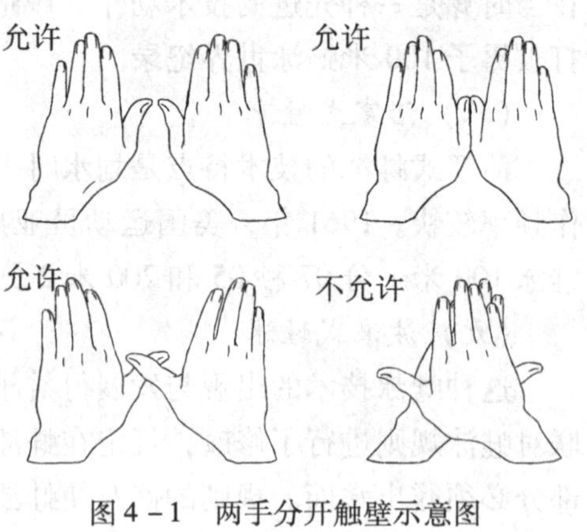

图4－1　两手分开触壁示意图

第二节　蛙泳技术分析

一、身体姿势

在蛙泳的游进过程中，身体位置随手臂和呼吸动作不断地变化。当蹬腿结束时，臂、腿应并拢伸直，身体保持一定的紧张度呈流线型姿势向前滑行（图4－2）。这种姿势可减少前进阻力，充分发挥臂腿作用，加快游速。

当前，平式蛙泳技术主要用于初级教学中，其身体位置相对水平，髋部始终接近水面，在抬头和低头的动作过程中进行呼吸，肩部不露出水面。

波浪式蛙泳是专业运动员所采用的技术，吸气在手臂内划过程中完成，此时头部与背部基本呈直线且与水面有一定倾斜角度，肩部露出水面，目视前下方，髋部下沉，大腿收得较少，使得整个身体姿势较平滑，从而减小阻力。

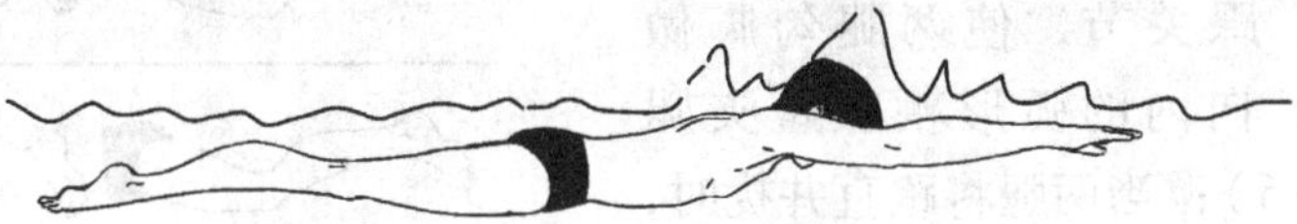

图4－2　蛙泳身体姿势

二、腿部技术

蛙泳腿部动作不仅有保持身体平衡的作用，而且是推动身体前进的主要动作之一。对于初学者来说，游蛙泳时的推进力绝大部分来源于蹬腿动作。蛙泳腿部动作分为收腿、外翻、蹬夹腿和滑行四部分，它们是紧密相连的完整动作。

1. 收腿

收腿为后续翻脚抓水、蹬夹腿创造有利的位置，它不但不产生推进力，而且还会造成阻力，因此这时既要尽量减少阻力，又要考虑到髋、腿协调配合的需要。

收腿时，两腿随着划手和吸气动作略下沉，同时两膝自然分开，屈膝屈髋，小腿和脚躲在大腿后侧随大腿向前收，脚跟尽量沿着水面向臀部靠拢［图4－3（a）—（c）］。收腿结束后，大腿与躯干呈120°—140°（图4－4），两膝内侧与髋关节同宽，小腿几乎与水面垂直，小腿与大腿之间40°—45°。收腿时，用力要小，速度要慢，以减小阻力。

2. 外翻

在蛙泳腿的技术中，外翻动作十分重要，它为蹬夹腿创造有利条件，将直接影响蹬腿效果。当腿收至脚跟接近臀部时，小腿和踝关节勾脚外旋，同时大腿膝关节内旋，脚在臀部外侧，脚趾指向外下方，脚和小腿的内侧对准蹬水方向以形成较好的对水面［图4－3（d）］。收腿与外翻是一个连续的完整动作过程，正确的外翻是在收腿结束前开始，在蹬腿开始时完成。

3. 蹬夹腿

蹬夹腿在外翻即将完成时开始。凭借两腿外翻创造的有利条件，充分利用髋部和大腿肌肉力量，依次伸展髋关节、膝关节、踝关节，使两腿勾脚做向后、向外、向内的弧形鞭状蹬夹腿动作（图4－5）；当两腿将蹬直并拢时，两脚踝关节主动内旋，用脚向内下方做有力的鞭水动作，同时两腿自然上摆到接近水面位置，以保持较好的身体姿势。鞭水动作结束，两脚接近水面自然伸直［图4－3（e）—(i)］。

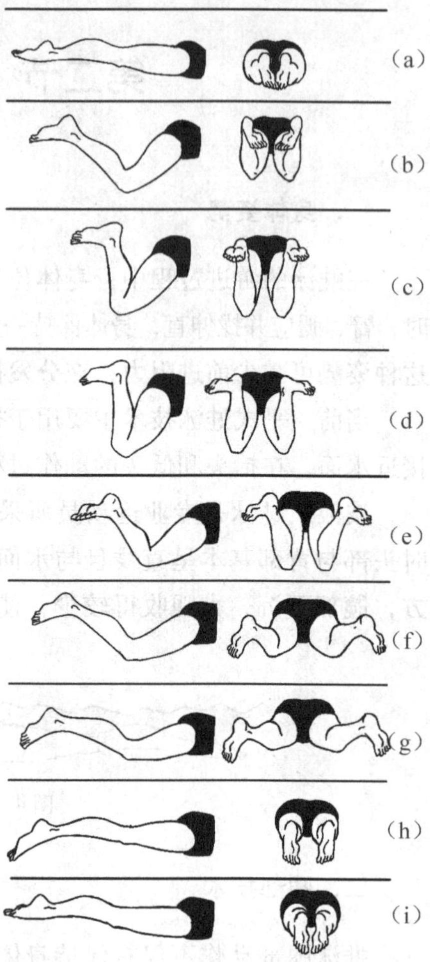

图4－3　蛙泳腿部连续动作

实际上在外翻的动作中，两膝向内、两脚向外的姿势已经为蹬夹腿确定了方向，完成蹬夹腿时，不要把注意力都用在向两侧蹬腿上，而忽视夹腿、并腿动作。蹬夹腿效果的好坏不仅取决于腿部关节移动的路线和方向以及蹬夹腿时的对水面，而且更取决于两腿蹬夹腿的速度和力量的变化。蹬夹腿的速度和力量都是在外翻抓水后由慢到快、由小到大的加速过程。

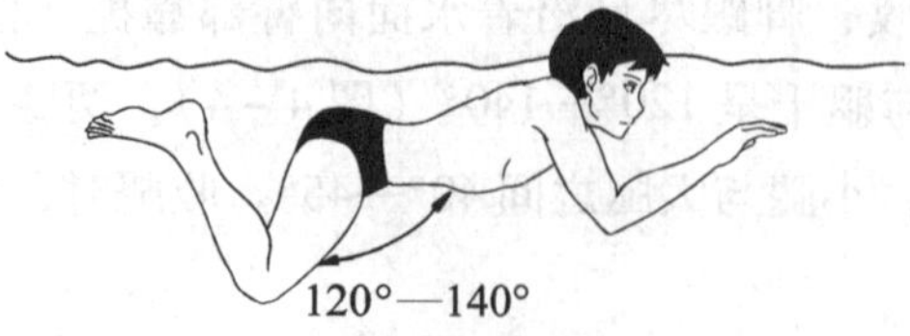

图4－4　蛙泳收腿结束

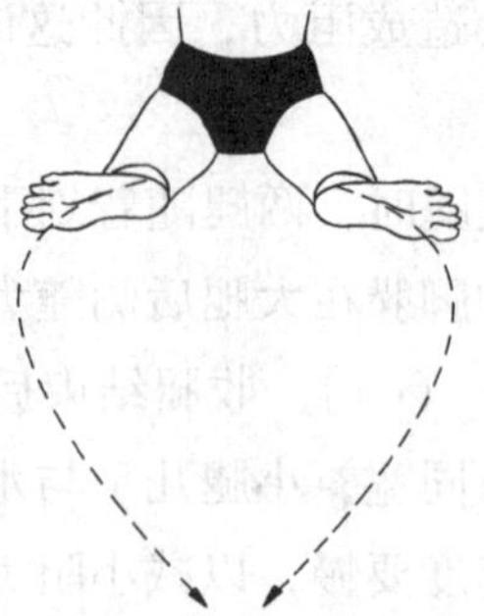
图4－5　蹬夹腿路线

4. 滑行

蹬夹腿动作结束后，两腿尽量伸直并拢，腿部肌肉和踝关节自然放松，借助蹬夹腿的惯性向前滑行。滑行既是腿部动作的开始，又是腿部动作的结束，从滑行距离可判断蛙泳腿部动作的效果，进而不断改进技术，提高成绩。

三、手臂技术

蛙泳的手臂动作可以产生较大的推进力，特别是波浪式蛙泳技术，它更强调发挥手臂划水作用。掌握合理的手臂技术，并与呼吸和腿部动作协调配合，能有效地提高游进速度。蛙泳臂的一个动作周期是由外划、内划、前伸三个阶段组成。

1. 外划

外划是从两臂前伸并拢、掌心向下的滑行姿势开始的。外划开始时，两臂内旋使掌心转向外下方，直到划至肩外（图 4－6）。一旦划至肩外，手臂应屈肘，使前臂内侧和手掌转为向外、向后，做好抓水准备，整个过程应保持高肘姿势。抓水结束时，肘关节约成 130°角，手臂位于肩的前下方（图 4－7）。外划开始时，可以屈腕，但在抓水时手掌和前臂应成直线。

抓水动作为后面的内划创造条件，同时有支撑躯干上部和稳定身体平衡的作用。外划动作的速度应较慢。

图 4－6　外划开始

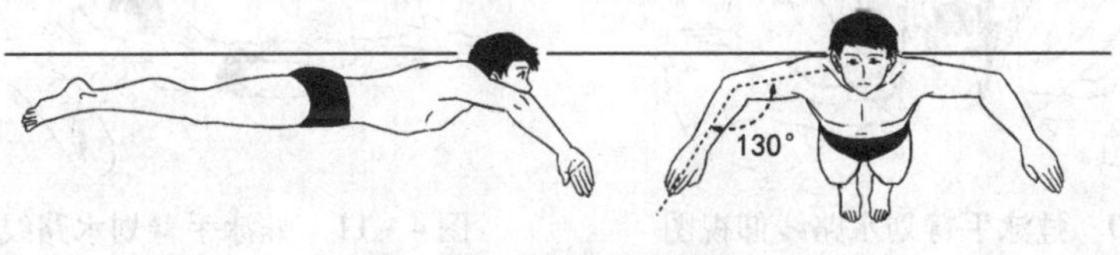

图 4－7　外划抓水结束

2. 内划

内划是划臂中产生推进力最大的阶段，是外划的继续。从抓水动作完成开始，随后手臂沿一个半圆形的轨迹依次加速向后、向下、向内和向上划水，直到手臂划至肩后，双手在肩下靠拢（图 4－8）。整个过程中，屈肘程度也逐步加大，肘关节也同时向下、向后、向内收，夹肘收至胸前，夹肘动作尽量贴近身体，以减小手臂与身体之间的空隙带来的形状阻力。

在划水过程中，前臂和上臂弯曲的角度在不断变化，肘关节的位置比手高，从抓水到内划过程中都保持高肘位置。手的动作应积极、快速、圆滑，划水速度应从慢到快，至夹肘收手时达到最快。

3. 前伸

前伸是在内划的基础上进行的。当内划接近完成时，两手在继续向内、向上划动的过程中逐渐转为向上、向前弧形运动至颌下，两手靠拢，掌心相对或向上，手指朝前。接着，肘关节不停顿地沿平滑弧线边夹肘边前伸，推动两手贴近水面向前伸出，掌心逐渐转为向下。前伸动作结束时，肩肘伸展，两手并拢，手腕自然伸直，手臂呈流线型沿直线前伸（图4－9）。

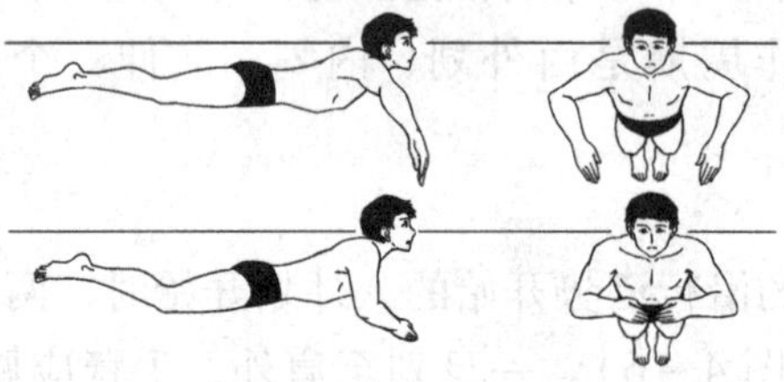

图4－8　内划

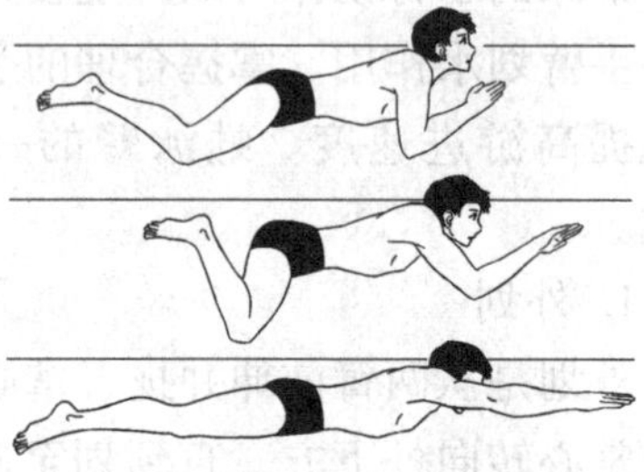

图4－9　前伸

蛙泳手臂部划水动作路线从俯视或仰视角度看都是椭圆形的（图4－10），从侧视面看是由浅到深再由下向上、向前的连贯过程（图4－11），手的运动是由慢到快的加速过程。前伸过程并不只是手臂向前伸直的过程，而是在伸臂的同时，头部、肩部、躯干以及髋关节都要借助手臂技术的前期动作过程及腿部产生的推进力做鱼跃前扑动作，“猫扑”入水，避免身体起伏过大而破坏整体节奏。

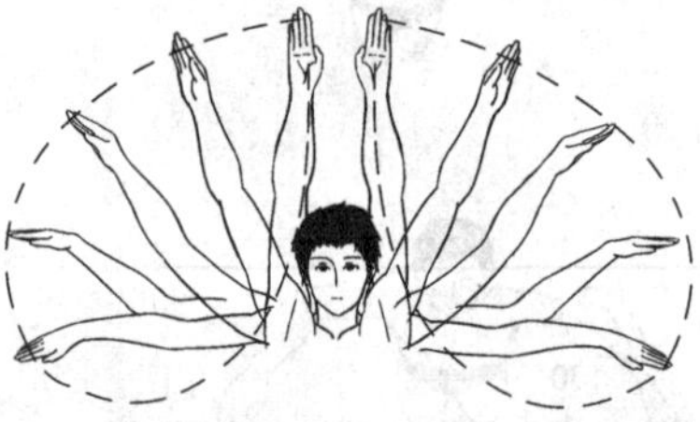

图4－10　蛙泳手臂划水路线仰视图

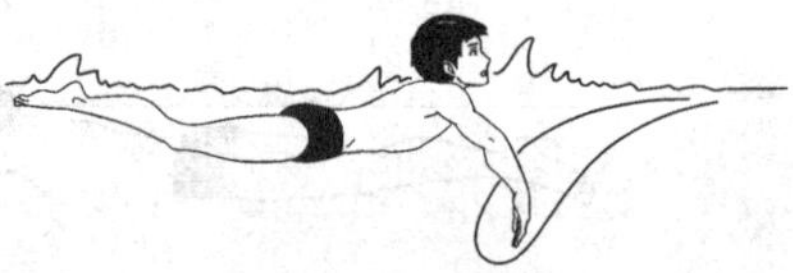

图4－11　蛙泳手臂划水路线侧视图

四、配合技术

1. 呼吸与臂的配合

蛙泳的呼吸与手臂动作是紧密相结合的，主要有“早呼吸”和“晚呼吸”两种技术。

早呼吸技术是在手臂开始划水时抬头吸气，即通过前伸下颌，使口露出水面吸气；整个呼吸时间较长，动作比较从容，适合初学者采用。

晚呼吸技术是在内划结束时吸气，通过强有力的划水动作使头和肩上升至水面时完成吸气；呼吸时间短，要求手臂动作紧凑连贯，常被专业运动员所采用。

无论采用哪种呼吸技术，均应在头口露出水面时将气吐完，并迅速吸气；继而随着向前伸臂而低头闭气；两臂开始外划时，逐渐呼气。

2. 完整配合方式

蛙泳臂、腿、呼吸的配合多采用1∶1∶1配合方式，即两臂划水1次，蹬腿1次，呼吸1次。蛙泳有三种不同的配合形式：一是连接式，即蹬腿结束后没有滑行阶段，手臂立即开始划水；二是滑行式，即蹬腿结束和划水开始之间有一个短暂的滑行阶段；三是重叠式，即蹬夹腿还没结束就已经开始划水动作。

3. 完整配合节奏

蛙泳的完整配合技术较复杂，为保持游速的均匀性，臂腿配合应尽可能使游进过程中每一动作周期内的每个动作都产生或保持推进力。常见的蛙泳臂腿配合技术（图4－12）是：手臂外划时，腿自然放松伸直；臂内划时收腿，手向前伸至约2/3部位时快速蹬腿。

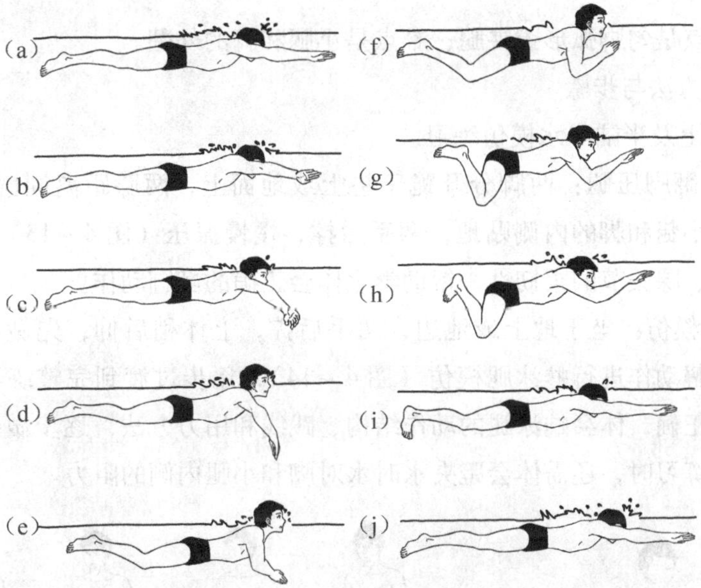

图4－12 蛙泳完整配合技术

波浪式蛙泳的配合节奏是“划水—前冲—蹬水”。手和腿的配合时机是当手臂前伸到3/4时，腿开始蹬夹水。此时头和躯干正在前冲，快速蹬夹水能够协助前冲完成并使头部保持在水面上。因此，一定要精确地把握蹬夹水的时机，不然会破坏配合的节奏。

前冲是波浪式蛙泳的独特之处，它发生在内划结束和蹬水开始之间，此时两肩尽量靠近，手和前臂正好在水面位置快速前伸。也就在此阶段，即划水结束而蹬夹水尚未开始阶段内，前冲动作产生维持身体前进的动力。如果前冲动作不积极、效果不好，那么配合中就会出现“脱节”现象，造成整个配合不协调连贯，进而影响游进速度。

第三节 蛙泳技术教学

一、腿部技术教学

1. 动作要领

两腿从并拢伸直开始，大腿带动小腿向前收，两腿边收边分；当大腿收至与躯干约120°—140°角时，两膝内扣并与髋同宽，小腿与水面垂直，两脚靠近臀部外侧，脚掌底朝上，两脚勾脚外翻，使脚内侧与小腿内侧对准后方；接着大腿发力，小腿和脚加速向后做弧形蹬夹水；蹬夹同时结束，两腿并拢伸直，身体呈流线型姿势滑行。

教学重点是勾脚弧形蹬夹腿；难点是小腿和脚的外翻。

2. 练习方法与步骤

（1）陆上及半陆半水模仿练习。

① 跪撑翻脚压腿：两脚分开跪于垫上或地面上，两膝距离同髋宽，勾脚，脚尖朝前，小腿和脚的内侧贴地，两手后撑，慢慢振压（图4－13）。该练习可提高膝关节、踝关节的柔韧性，帮助学生体会正确的翻脚动作。

② 坐撑模仿：坐于地上或池边，两手后撑，上体稍后仰，先做收、翻、蹬夹、停的分解动作进行蛙泳腿模仿（图4－14），逐步过渡到完整练习，观察腿部动作是否正确，体会蛙泳腿的动作结构、践线和用力方法，逐步做到慢收、快蹬；在池边练习时，还需体会蹬夹水时水对脚和小腿内侧的阻力。

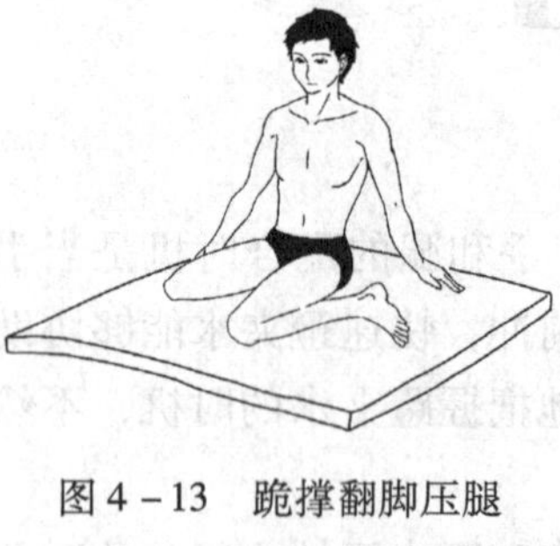

图4－13 跪撑翻脚压腿

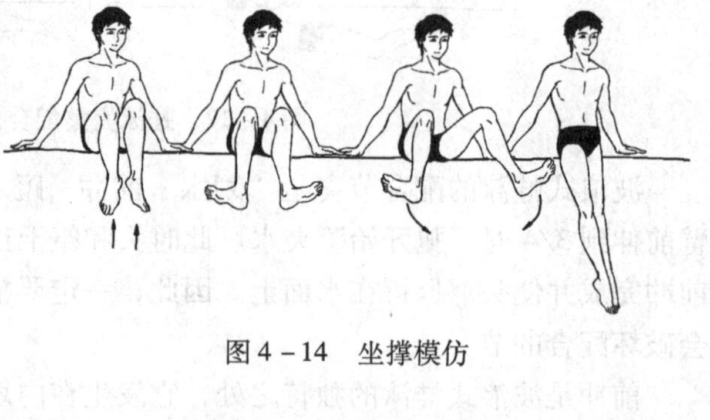

图4－14 坐撑模仿

③ 俯卧模仿：俯卧长凳或池边进行先分解后完整的蛙泳腿模仿，也可由同伴协助进行，体会或纠正动作（图4－15）。重点是在没有视觉帮助的条件下，依靠肌肉感觉体会外翻动作、脚的蹬夹路线及慢收快蹬的节奏。在池边练习时，还需体会肢体在水中的整体感觉，包括肢体表面与水的接触和完成动作时的

阻力。

④ 站立模仿：在陆上或水中站立，一腿支撑，另一腿进行先分解后完整的蛙泳腿模仿（图 4－16）。注意蹬夹时尽可能保持小腿和脚的内侧朝下，往支撑腿下压夹腿。先做分解动作练习，初步体会动作后再连贯完成。该练习也可用于纠正部分错误动作。

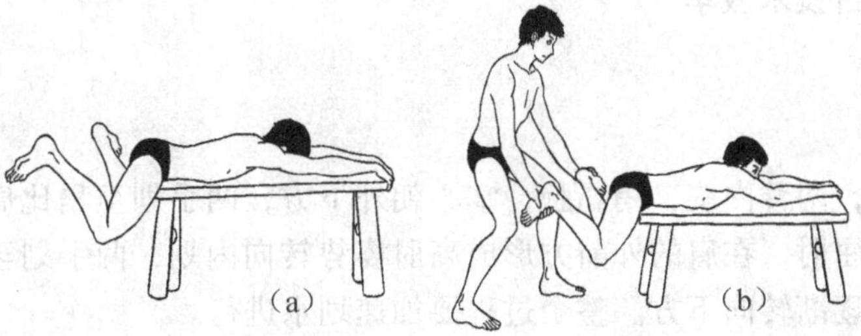

图 4－15　俯卧模仿

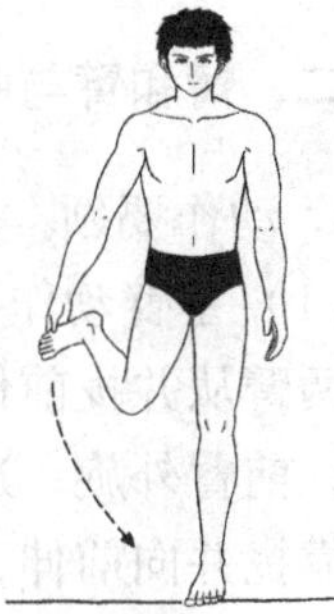

图 4－16　站立模仿

（2）水中练习。

① 扶边蹬腿：两臂伸直，肩放松，两手扶池边或池槽，低头含胸收腹，身体俯卧于水中练习完整蛙泳腿（图 4－17）；练习时，也可由同伴抓双脚帮助练习，然后再独立练习。开始练习时，注意体会身体在水中漂浮平衡的基础上做蛙腿的动作过程及效果。熟练后配合呼吸练习时，掌握好呼吸的配合时机，为正确完成蛙泳配合动作打好基础，两腿蹬夹结束后的并拢漂浮时轻轻抬头吸气，低头后再进行下一次的腿部动作。

② 滑行蹬腿：在蹬边滑行的基础上，两臂伸直，两腿做蛙泳腿动作练习（图 4－18）。依靠上述练习的肌肉感觉来体会蛙泳腿的动作效果及技术动作，可通过前进距离来判断蛙泳腿的动作效果，并不断改进提高。

③ 扶板蹬腿：两臂伸直，两手扶板俯卧于水中，两腿做蛙泳腿动作练习；在该练习的初级阶段，建议以低头闭气、抬头吸气的方式进行（甚至戴背漂也可），以帮助身体上浮，使脚的蹬夹水方向与路线更合理、正确；待熟练后可抬头蹬腿（图 4－19）。通过该练习体会依靠蹬夹水的力量推动身体前进的感觉，改进错误动作，熟练动态中的呼吸动作，提高耐力。

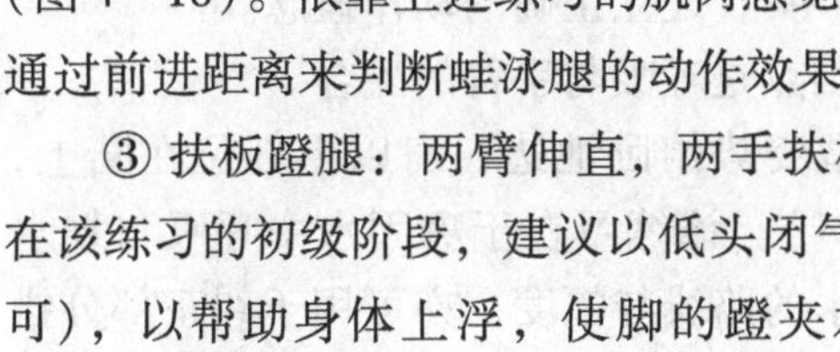

图 4－17　扶边蹬腿

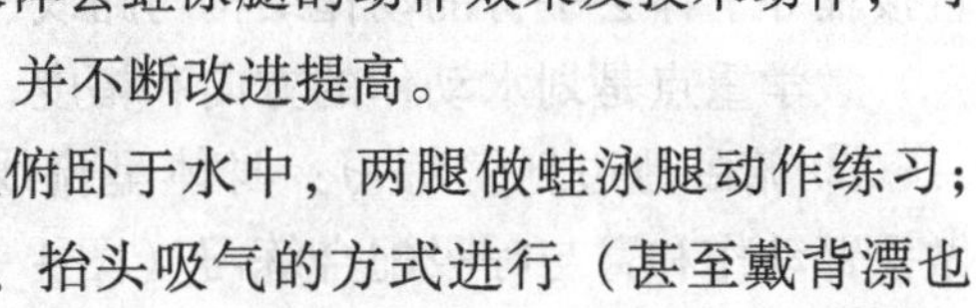

图 4－18　滑行蹬腿

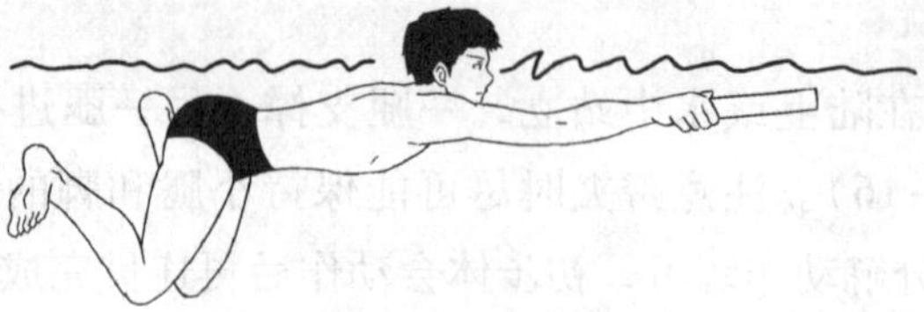

图4－19　抬头扶板蹬腿

二、臂和臂与呼吸配合技术教学

1. 动作要领

（1）手臂动作要领。

两臂从并拢前伸开始，两臂内旋，稍屈腕，掌心朝外下方，两手划至稍比肩宽时，前臂外旋，边划边屈肘，在肩的外前方形成高肘姿势转向内划，两手划至颌下靠拢并向前伸，掌心逐渐转向下方。整个过程要加速划水进行。

（2）臂与呼吸配合动作要领。

早呼吸：两臂外划时抬头，口露出水面时吸气，内划时闭气，臂前伸滑行时呼气。

晚呼吸：两臂外划时呼气，内划结束时口出水面吸气，前伸滑行时闭气。

手臂动作的教学重点是划水路线，难点是内划；臂与呼吸配合技术的教学重点是配合时机，难点是呼吸。

2. 练习方法与步骤

（1）陆上及半陆半水模仿练习。

① 站立模仿：两脚开立，上体前倾，两臂前伸并拢，先按外划、内划、前伸三步进行分解练习，再逐步过渡到完整练习（图4－20）。熟练后做臂与呼吸配合练习，外划时抬头吸气，前伸时低头闭气。练习时需要自己观察和在教师的直接辅导下体会手臂的动作结构与路线、节奏，建立正确的动作概念。

教学重点是划水动作的方向和幅度，难点是呼吸与手臂的配合。

② 俯卧池边划臂练习：身体呈流线型姿势俯卧池边，肩以上部位在陆上，做手臂动作和臂与呼吸配合练习（图4－21）。该练习在于巩固水中呼吸与划水的配合，体会划水时手臂对水的感觉及划水的路线与幅度，亦可用于纠正部分错误动作。

图4－20　陆上站立模仿

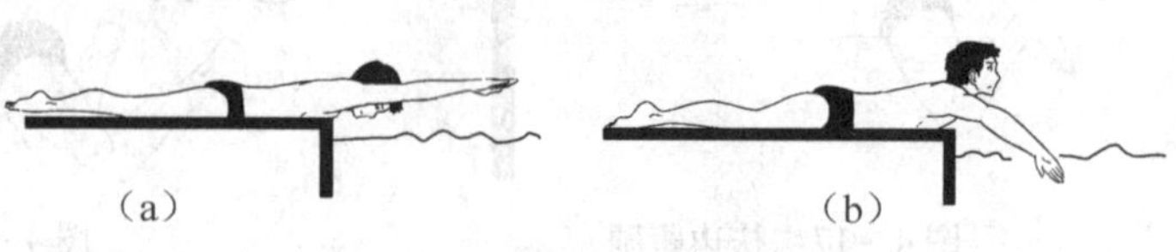

图4－21　俯卧池边划臂练习

（2）水中练习。

① 水中站立划臂：站在齐腰深的水中，上体前倾，低头，两臂前伸并拢，可直接做臂与呼吸配合的巩固性练习（图 4－22）。在有水阻力的情况下继续体会手臂划水动作感觉和路线，体会臂与呼吸的配合时机。熟练后，可一边走一边进行练习，两脚随手的划水动作而被动行进，体会划水对身体的推进作用，不要主动向前迈步（图 4－23）。

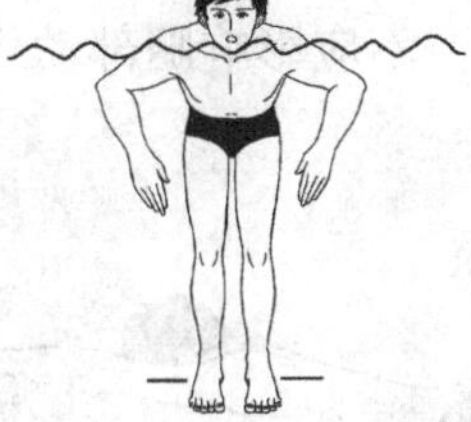
图 4－22　水中站立模仿

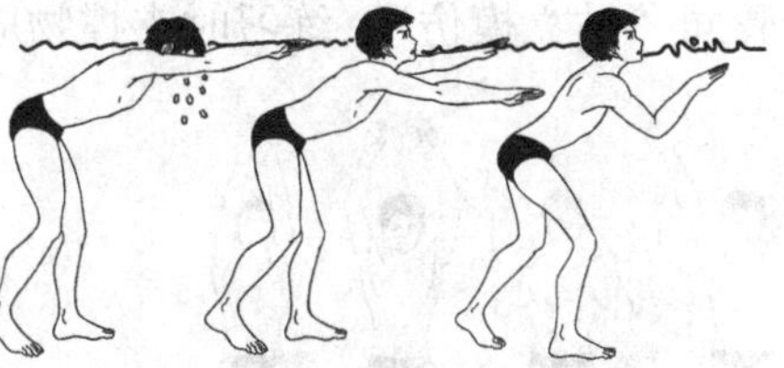
图 4－23　行进间划臂练习

② 辅助性划臂练习：身体呈流线型姿势俯卧水中，由同伴托住髋部进行练习（图 4－24）。在俯卧姿势下认识与巩固呼吸与划水的配合，继续体会动作过程中手臂划水的感觉。练习时同伴应随练习者的划水动作适当地前进。

③ 夹板划练习：大腿夹板使下肢上浮，身体呈流线型姿势俯卧水中，做两臂划水和臂与呼吸配合练习（图 4－25）。要求动作路线连贯圆滑，由慢到快加速划水，每次划水后手臂前伸并拢稍滑行，待身体稍稳定后再开始下一次划水动作；体会划水时身体被拉引向前的感觉。待学习蝶泳腿后，两者可配合练习，注意配合的协调性。

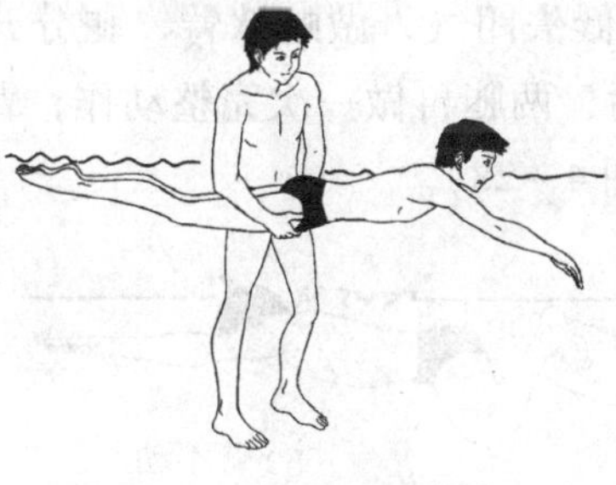
图 4－24　辅助性划臂练习

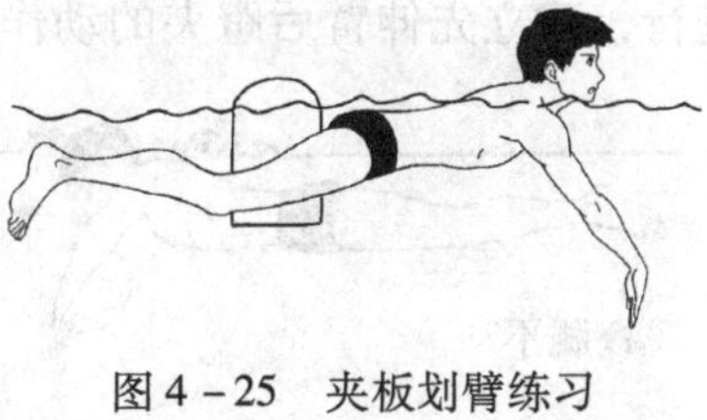
图 4－25　夹板划臂练习

三、完整配合技术教学

1. 动作要领

采用划臂一次，蹬腿一次，呼吸一次的配合技术。两臂外划时腿不动，抬头吸气；内划时收腿、闭气；两臂向前将伸直时蹬夹腿，头还原；臂腿伸直滑行时呼气。

教学重点是臂、腿的配合，难点是臂腿配合时机。

2. 练习方法与步骤

（1）陆上及半陆半水模仿练习。

① 站立模仿：并腿站立，两臂向上伸直并拢。一腿支撑，另一腿与臂配合模仿配合练习。可先进行两臂外划腿不动、内划时收腿、臂将伸直时蹬腿、臂腿伸直后稍停这4拍分解练习（图4－26），然后逐步过渡到连贯进行。注意建立“先臂后腿”的动作概念。在此基础上，增加与呼吸的配合进行练习。

② 俯卧模仿：俯卧在长凳、出发台或池边，模仿蛙泳配合动作（图4－27），练习步骤同“站立模仿”。练习时支撑物应置于腹下，不应影响腿部动作。

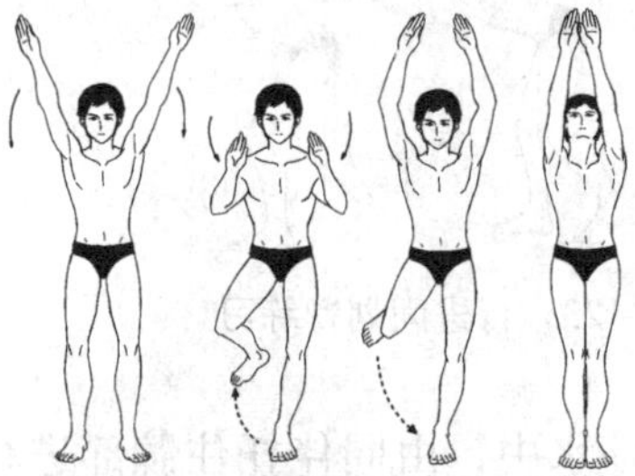
（a）（b）（c）（d）

图4－26 站立蛙泳配合模仿

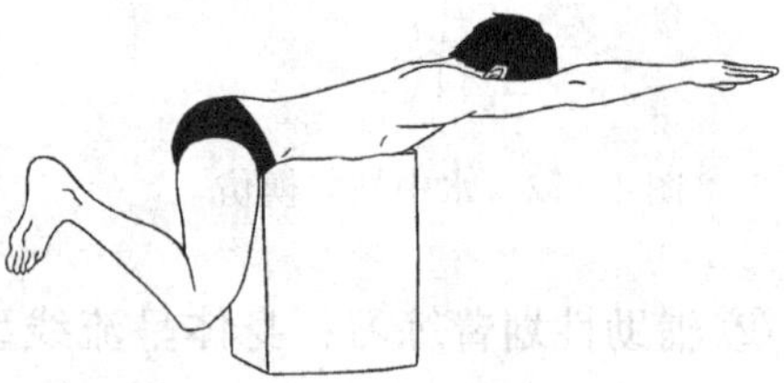

图4－27 俯卧配合模仿

（2）水中练习。

①“$n+1$”式配合游：蹬壁滑行后，两臂继续前伸并拢，低头闭气，以多次蹬腿一次划臂呼吸的形式游进。练习时不断巩固腿部的动作与效果，强化划臂与呼吸的能力，连续游进，提高耐力，为后续练习打下基础。注意换气时划臂动作不要太快，抬头动作不要太猛。

② 臂、腿分解配合游：蹬壁滑行后继续低头闭气，做蛙泳臂、腿分开的动作向前游进。两臂做一次划水动作前伸并拢后，两腿再做一次完整动作，臂、腿交替进行，建立先伸臂后蹬夹的动作概念（图4－28）。

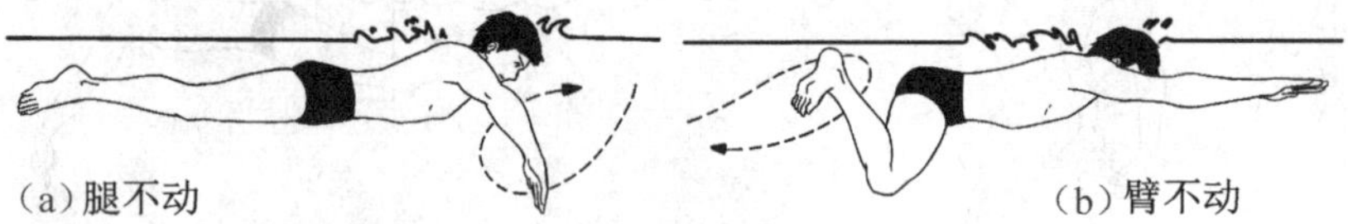
（a）腿不动 （b）臂不动

图4－28 臂、腿分解配合游

③ 完整配合游：通过上述练习，逐步过渡到正确的蛙泳完整配合技术，不断巩固蛙泳配合技术节奏，强化练习，增加游距。

四、常见错误动作与纠正方法

学习蛙泳时的常见错误动作及纠正方法如表4－1所示。

表4－1 蛙泳常见错误动作及纠正方法

部 位	常见错误	产生原因	纠正方法
腿部	平收腿	1. 动作概念不清。 2. 收腿时两膝外展	1. 讲解示范，陆上模仿加深体会。 2. 采用“矫枉过正”法，收腿时两膝并拢前收；采用条件限制法，用器材限制两膝外展
腿部	收腿时脚出水	1. 动作概念不清，只收小腿未收大腿或收大腿过少。 2. 收腿时头、肩过低	1. 明确收腿动作要领，要求收小腿的同时适度前收大腿。 2. 适当抬高头、肩位置
腿部	蹬水效果差或蹬不到水	1. 翻脚后未形成较好的蹬水面。 2. 蹬腿速度、力度不够。 3. 蹬腿方向不对，侧蹬过多	1. 改进翻脚动作，要求小腿内侧和脚内侧对水。 2. 加强腿部力量训练，加快蹬腿速度。 3. 采用“矫枉过正”法，蹬腿时方向尽量向后
腿部	收腿时，身体上下起伏	1. 收腿时头、肩过低或提臀。 2. 蹬腿方向过低，蹬腿时挺腹	1. 收腿时适度抬高头、肩的位置，上体保持平卧姿势，大腿带小腿前收。 2. 向后蹬腿，蹬腿时腰腹要保持适度紧张
腿部	无外翻动作或外翻不够	1. 动作概念不清。 2. 缺乏翻脚动作的肌肉感觉。 3. 踝关节柔韧性差。 4. 伸踝的错误动作定型	1. 讲解示范，明确翻脚动作要领。 2. 多做陆上模范练习，强化翻脚动作的肌肉感觉。 3. 加强踝关节的柔韧性训练。 4. 强调翻脚时的勾脚动作，反复进行踝关节的屈伸练习
臂部	直臂划水	1. 概念不清楚。 2. 手臂外划后，未及时转手屈臂	1. 讲解示范，明确动作要领，强调划水时臂应先直后屈。 2. 手臂外划后，应及时转手、屈臂内划
臂部	手掌抹水划水	1. 动作概念不清。 2. 划水时肘部下沉。 3. 手臂力量差	1. 讲解示范，明确划水动作要领。 2. 加强陆上模仿和水中有固定的支撑的练习，强调高肘划水。 3. 加强手臂力量训练
臂部	向后划水幅度过大	1. 动作概念不清楚。 2. 急于用力划水以推动身体前进	1. 讲解示范，明确划水动作要领。 2. 多做水中有固定支撑的练习。减小划水幅度，采用条件限制法，限制手臂后划过多

续表

部位	常见错误	产生原因	纠正方法
配合	“假呼吸”，吸不到气	1. 吸气前未呼气或呼气不充分。 2. 口未能露出水面。 3. 不敢张口吸气或用鼻吸气	1. 提早呼气，口出水时加速呼气。 2. 提早抬头时间，外划时即开始抬头吸气。 3. 多做水中有固定支撑的练习，强调用口呼气、吸气
	手臂前伸时，边伸边划	1. 动作概念不清。 2. 急于划水或急于抬头吸气。 3. 错误动作定型的影响	1. 讲解示范，明确伸臂动作要领。 2. 强调要有明显的滑行阶段。 3. 加强陆上模仿和水中有固定支撑的练习
	蹬腿同时伸臂	1. 动作概念不清楚。 2. 急于收腿。 3. 内划后伸臂不及时，在胸前有停顿	1. 讲解、示范，明确臂腿配合的动作要领。 2. 加强陆上模仿、水中分解练习，强调先伸臂后蹬腿。 3. 内划后及时伸臂，逐步加速完成

思考题

1. 为何蛙泳是4种泳式中游速最慢的泳式？

2. 蛙泳腿部技术可划分为哪几部分？

3. 如何有效完成蛙泳臂与呼吸配合技术？

4. 蛙泳完整配合动作要领是什么？如何对7岁青少年进行蛙泳完整配合技术的教学？

5. 波浪式蛙泳技术的身体姿势有什么特点？

6. 波浪式与平式蛙泳的腿部动作主要有哪些区别？

7. 作为游泳教练，在蛙泳教学中，如何预防学生手臂向后划水幅度过大的错误动作？

8. 作为游泳教练，在蛙泳教学中，如何纠正学生呼吸不足甚至吸不到气的现象？

第五章　爬泳技术与教学

学习导航：

本章简要介绍爬泳技术的发展演变，着重分析爬泳技术，包括从身体姿势、手臂、腿部各基本技术环节到完整配合技术，并讲授学习爬泳技术的步骤与方法，旨在使学生通过本章的学习和实践，掌握爬泳技术概念，有针对性地学会并提高自身的爬泳技术，进一步发展水中运动的能力，具备一定的爬泳技术教学指导能力。

第一节　爬泳介绍

一、爬泳技术发展

爬泳的历史悠久，从我国和其他国家的古代遗物中，都可以发现类似于爬泳的游泳姿势。

爬泳在西方竞赛里第一次出现于 1844 年伦敦的一个游泳比赛中。当时参赛的南美印第安人选手使用此姿势轻松击败了使用蛙泳的英国选手。在 1870—1890 年期间，英国游泳运动员特拉金（John Arthur Trudgen）去南美洲从印第安人那里学会了爬泳（详细日期不定，大多文献引用 1873 年）。但是，当特拉金参加英国比赛时，他错误地使用了蛙泳的踢腿动作。此后，他做的糅杂姿势被称为“特拉金式”姿势。此姿势比蛙泳快，而且易被英国人接受，很快成为游泳的主流姿势。

1896 年第一届奥运会的游泳比赛只设自由泳 1 个项目，因此参赛运动员的比赛姿势五花八门，有狗爬泳、蛙泳、侧泳、大爬泳等，这些姿势难以满足运动员竞速的要求。1900 年第二届奥运会上，匈牙利人哈尔曼采用两臂轮流划水、拖腿的方法获得了男子 4000 米自由泳比赛的铜牌。随后在 1904 年第三届奥运会上哈尔曼又取得了男子 50 米和 100 米自由泳比赛的金牌。1903 年，英国运动员理查德·卡维尔创新地采用两腿有节奏地向后下打水的技术，这种游法是现代爬泳技术的雏形。1922 年，美国运动员韦斯摩勒总结前人优点，采用流线型身体姿势、6次打腿2次划臂的爬泳技术，创造了男子100米、200米和400米自由泳的世界纪录。其后，韦斯摩勒在1924年、1928年奥运会的自由泳比赛中连夺金牌，他的技术在当时被视为爬泳技术典范，虽存有不少缺点，但在框架结构上奠定了现代爬泳的技术基础。

二、自由泳比赛规则

在竞技游泳比赛中，并没有设立爬泳这一项目，但有自由泳项目。由于自由泳项目中允许运动员采用任何姿势参加比赛，而爬泳的速度是所有游泳姿势中最快的，因而几乎所有参加该比赛的运动员都采用爬泳游进，故人们也将爬泳称为自由泳。

（1）自由泳比赛中，运动员可采用任何泳式。但在个人混合泳及混合泳接力比赛中，自由泳是指除蝶泳、仰泳、蛙泳以外的泳式。

（2）每次转身和到达终点时，运动员身体的某一部分必须触及池壁。

（3）在整个游程中，运动员身体的某一部分必须露出水面。在出发和每次转身后，允许运动员身体完全没入水中，在15米之内（含15米）运动员头的一部分必须露出水面。

第二节　爬泳技术分析

一、身体姿势

1. 保持良好的流线型姿势

爬泳游进中为最大限度地减小阻力，身体应充分伸展、保持流线型姿势（图5－1）。优秀的爬泳运动员在游进中表现出来的流线型身体位置具有“高、平、直、尖、紧、稳”的特征。“高”是指身体位置与水平面的距离，“平”是指身体的位置与水面的平行程度。运动员应保持头部位置与水面平行，眼睛看池底而非前下方，通过打腿来尽量保持头、肩、髋、腿、脚在同一水平面。良好的打腿能力是保持高、平位置的基础。“直”是指身体伸直、拉长，手尽量前伸，腿尽量向后伸直向后下方打水，身体充分伸展呈一条直线，肩、髋和腿作为一个整体有节奏地转动，而不是侧向摆动。“尖”即要求手脚并拢，尽可能形成流线型头圆尾尖的形状。“紧”是指身体要夹紧，包括肩部和臀部收紧。身体紧不仅能保持良好的滑行，而且有利于提高身体的控制能力，是运动员游进过程中身体发力以及力量传递的基础，也是达到“稳”的必要条件。

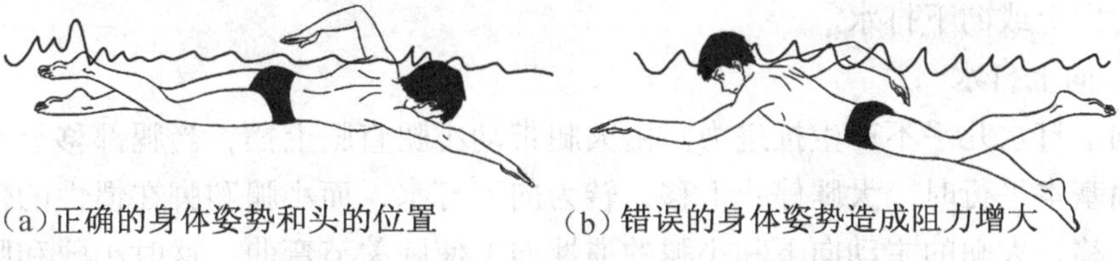

（a）正确的身体姿势和头的位置　　（b）错误的身体姿势造成阻力增大

图 5－1　爬泳正确和错误的基本身体姿势

2. 身体有节奏地转动

爬泳游进过程中，身体会随划水和呼吸动作绕纵轴而有节奏地转动，主要依靠人的核心力量来完成肩部、髋部和腿的整体转动（图 5－2），躯干的转动要大于肩部的转动。划手时腰部首先发力，通过身体的滚动，逐步向肩、臂、手传递；打腿也是腰部发力，通过髋向大腿、小腿、脚传递。身体的合理转动有利于手臂出水和空中移臂，便于头转出水面吸气，同时能较好地发挥上肢和肩带肌群的力量，有利于增加身体侧卧姿势的时间，保持良好的流线型姿势，减小阻力。

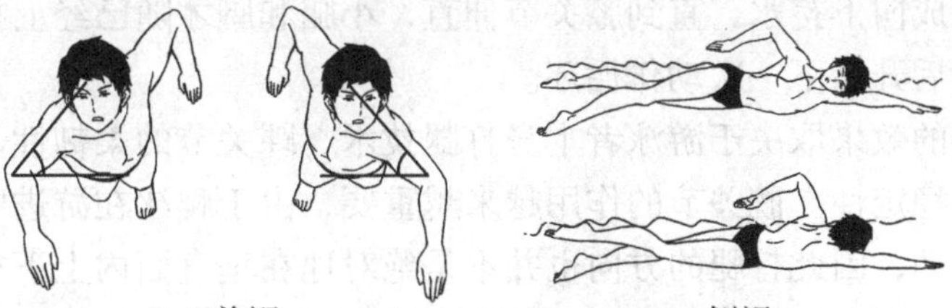

（a）前视　　（b）侧视

图 5－2　身体围绕纵轴的转动

二、腿部技术

爬泳腿部动作为两腿交替上下打水，其最主要作用是维持身体平衡，保持身体的水平位置，配合划水动作，协调全身肌肉用力。同时，爬泳打腿也能产生一定的推进力。我国著名游泳教练陈运鹏曾多次指出，少年儿童时期的基础训练是极为重要的，青少年训练中抓好腿的训练，才能为后期的发展打好技术基础。

爬泳打腿时，两腿自然伸直，脚稍内旋，以髋关节为轴，由髋部发力，带动小腿和脚做上下交替的鞭状打水，动作有力而富有弹性（图 5－3）。向上打腿时直腿上抬，向下打腿时脚背向后下方用力，两脚打腿幅度一般在 30—40 厘米。爬泳腿部动作由向上打水和向下打水组成，其中向下打水较用力，向上打水相对放松。由于腿部各关节和环节构成了一个类似链状的结构，爬泳中向上打水和向下打水之间的界限并不十分分明，即大腿、小腿和脚并没

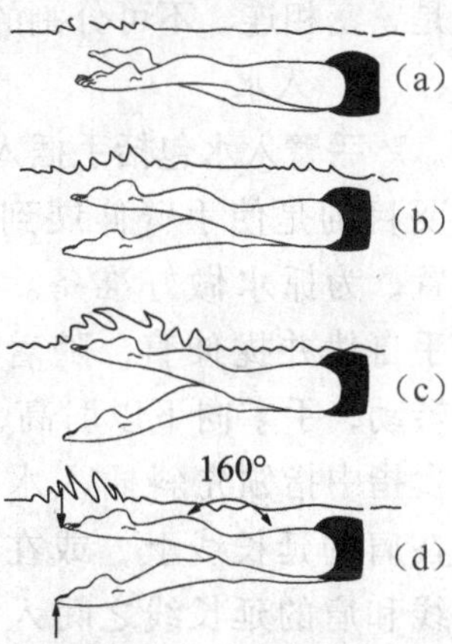

图 5－3　爬泳打腿

有同时向上或向下打水。

1. 向上打水

向上打水几乎不产生推进力。由大腿带动小腿直腿上摆，当腿部移至水面并与水面基本平行时，大腿停止上移，转为向下打水，而小腿和脚在惯性的作用下继续上移，大腿的主动向下和小腿的惯性向上使膝关节弯曲，这时小腿和脚达到最高点，接近水面或略露出水面。

向上打水时，大腿伸展，腘绳肌、大腿内收肌和臀大肌收缩使腿上移。当大腿停止上移后，腘绳肌在缝匠肌、股薄肌、排肠肌的协同作用下将小腿和脚继续上抬，使膝关节屈曲。小腿上打时，脚不能高出水面太多，否则会失去部分浮力，使身体下沉并让脚在下打时带入大量的气泡，影响打水效果。

2. 向下打水

小腿和脚上打结束后，在大腿的带动下开始向下打水。由于膝关节的弯曲，小腿和脚的打水方向是后下方。当大腿向下打水至最低处并开始向上打水时，小腿和脚仍未完成向下打水，直到膝关节伸直，小腿和脚才随已经上抬的大腿转入向上打水，然后开始下一次动作循环。

爬泳打腿的效果取决于游泳者本身打腿技术、踝关节的柔韧性、腿部肌肉力量及核心区的稳定性。髋关节的作用越来越重要，由于爬泳在游进中身体围绕纵轴有节奏地转动，因此打腿的方向也并不是绝对地在垂直面内上下往复，而是围绕身体纵轴转动侧向打腿。爬泳打水动作应该向下屈腿打水，向上直腿打水，打水幅度在30—40 厘米为宜。

三、臂部技术

爬泳手臂的划水动作是身体前进的主要推进力。臂部动作可分为入水、划水、出水和空中移臂 4 个环节。在一个划臂的动作周期中，划水阶段会产生推进身体前进的力，而入水、出水和空中移臂是不产生推进力的，但每一动作环节都是紧密相连、不可分割的。

1. 入水

手臂入水包括手插入水中和手臂入水后的前伸动作。这个阶段手臂动作的主要目的是使手臂伸展到合适位置，为抓水做好准备。入水时手自然并拢伸直，随着身体的转动，手掌向下以肘高、手低、食指中指领先斜插入水的方式在肩的延长线上，或在身体中线和肩的延长线之间入水［图 5－4（a）］。

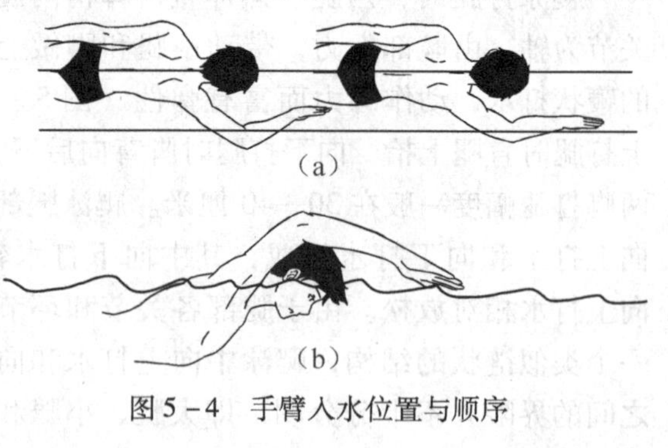

图 5－4　手臂入水位置与顺序

手臂入水的顺序是手—前臂—上臂［图5-4（b）］，入水后随着身体的转动，手臂在水下沿身体延长线尽量向前伸展，手前伸至最远处有20—25厘米。前伸动作尽量圆滑，避免产生太大的阻力，手腕自然微曲，掌心可转向下。在手臂接近伸直或完全伸直时，臂部肌肉应该达到适宜长度，做好向下划水的准备。

2. 划水

划水是指手臂从入水结束到提肘出水前在水下的整个动作过程。划水可分为下划、内划、上划3个阶段。对于游泳者来说，手臂协同配合身体转动和打腿动作，在水下完成整个划水动作后，手掌所描绘出的形状是一条稍微弯曲的“S”形（图5-5）。

（1）下划。

下划阶段主要目的是为抓水动作做准备。手臂入水后随着身体的转动向前伸，伸到最远处时立即开始做向下、向后的抓水动作，逐渐屈肘使肘高于手形成高肘姿势，使手掌和前臂最大限度地朝下方对准水，像是前伸手臂做抱球（发力点）的动作，有将自己的身体向前拉引的感觉（图5-6）。该过程中上臂不要过分地下压，在屈肘的过程中上臂保持与水面平行，手臂会出现略向外划，但不必过于关注这个动作，一味强调“S”形路线中的外划动作容易造成游泳者划水太靠外。

抓水虽然是整个划水周期中速度相对较慢的部分，但对后面划水的效果起着至关重要的作用。当前爬泳技术最重要的一个特征就是注重肩的前伸和积极的抓水动作，以便早发力，使手臂更早地进入高效划水阶段。

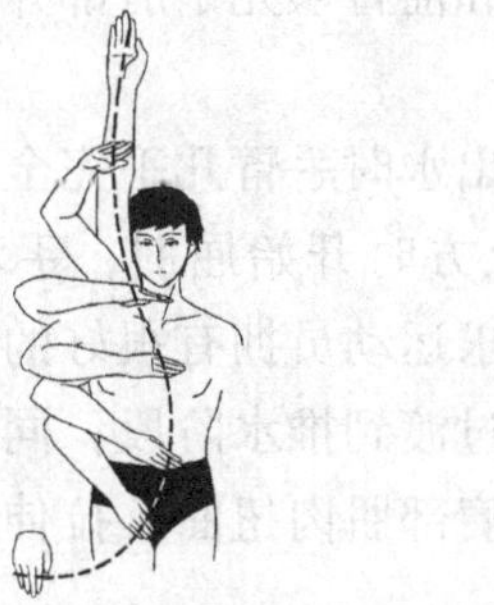

图5-5　手掌划水后的动作轨迹

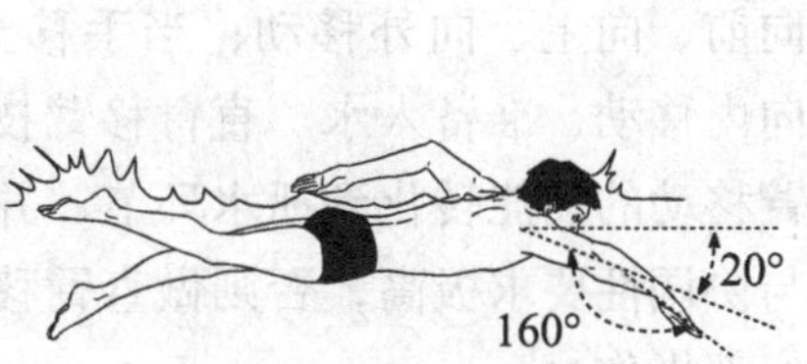

图5-6　下划

（2）内划。

当手掌和小臂向后对准水，手臂形成高肘姿势后，游泳者应协同身体转动来发挥背部和肩带的肌肉群的力量进行划水（图5-7）。当手臂向后划水至身体中线、胸部下方时，内划阶段结束。在内划阶段中，手掌几乎是垂直向后的，肘关节弯曲程度逐渐加大，其目的是获得阻力推进力，为加速上划做准备。

（3）上划。

从手臂与水平面垂直开始到出水前的过程为向上划水（图5-8）。上划是划水过程中发挥力量最大、推进效果最佳的阶段，大部分游泳者身体前进的最大速度就发生在此阶段。

手臂完成内划动作，划过肩下垂直面后，手臂沿曲线向上、向外、向后加速推水，手划至大腿侧面结束。在上划过程中，在逐渐伸腕的同时，肘关节不能完全伸展推水，以保证前臂在推水过程中向后的划水方向，避免手掌随臂的后伸向上拨水，使身体下沉。

图5－7　内划

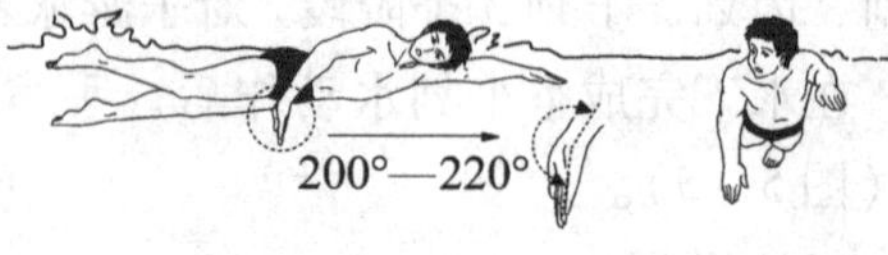

图5－8　上划

3. 出水

划水结束后，借助推水后的惯性，利用三角肌、肩带肌肉的收缩及身体绕纵轴的转动，肘外旋，小拇指朝上，掌心朝向大腿，将臂部提出水面（图5－9）。出水时，肩略早于臂，动作连贯而不停顿，手臂放松，肘微屈。出水的顺序是肩—上臂—前臂—手。

4. 空中移臂

空中移臂是出水的继续，不能停顿。移臂要自然放松，多数运动员采用高肘移臂，便于入水后快速抓水。在出水开始时，肘关节就已经弯曲，随肩和上臂向前上方移动（图5－10）。移臂动作应借助肩关节的自然内旋，由上臂带动前臂和手移动，肘领先于手；手臂移过肩后，手和前臂领先于肘部并向前伸出，掌心也由后上方转向前下方，手在肩前入水。

也有一些运动员采用直臂移臂技术，即出水时手臂几乎完全伸直，手在肘上直臂向前、向上、向外移动；当手移至肩上方时开始屈肘，手和前臂向前、向下、向内移动，准备入水。直臂移臂技术要求运动员拥有很好的抓水能力，能够将手臂移动的动能转化到抓水环节，并顺利过渡到推水阶段；同时，对运动员柔韧性与协调性要求极高，否则做直臂移臂时肩部肌肉扭曲、拉伸幅度大，很容易出现肩部损伤。

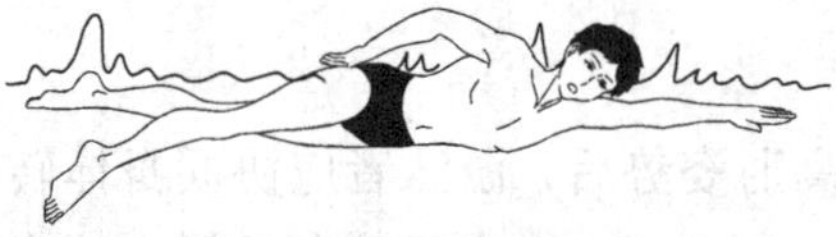

图5－9　出水

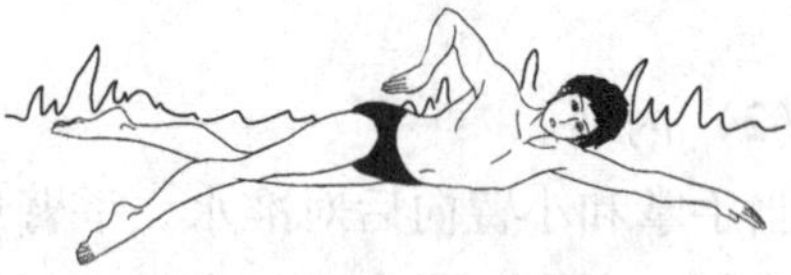

图5－10　空中移臂

四、配合技术

1. 呼吸与臂的配合

呼吸是爬泳技术中的一个难点，采用了人们所不习惯的侧向转头吸气动作来完成（图5－11）。在游进过程中，划手与呼吸动作随着身体转动而进行，手臂入水后，开始慢慢呼气；当臂划至头或肩下时，随着身体的转动开始侧向转头，呼气量增加；手出水时嘴露出水面，在移臂的前半部分完成吸气，之后闭气，随着躯干转动和手臂前移还原头部，眼睛正视池底，开始下一个呼吸周期。

吸气时，头应随身体的转动而转动，不要向前向上抬头；转头动作不宜过大过猛，以免造成身体摆动，破坏身体的流线型姿势。游爬泳时，最好能掌握轮流向两侧吸气的技术，可以使身体的转动较为对称，平衡两臂的划水效果，同时在比赛中便于观察两侧的对手。

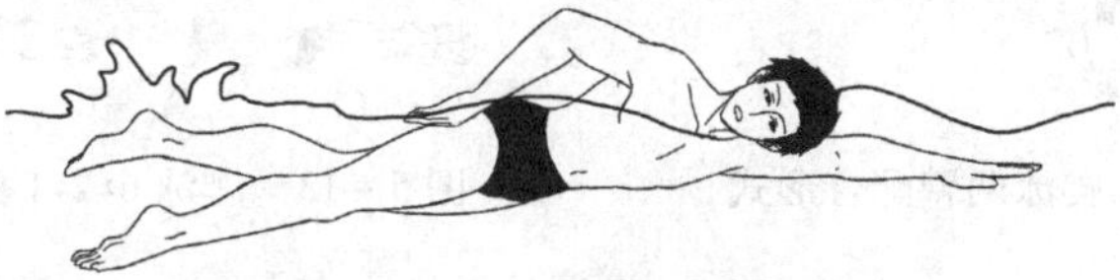

图5－11　侧向转头吸气

2. 两臂的配合

爬泳两臂正确合理的配合技术是保证游速均匀的重要条件，根据划水时两臂所处的相对位置，将爬泳两臂的配合大致分为前交叉、中交叉和后交叉3种形式（图5－12）。

（1）前交叉：一臂入水时，另一臂处于肩前方，与水平面约成30°角［图5－12（a）］。

（2）中交叉：一臂入水时，另一臂处于肩下方，与水平面约成90°角［图5－12（b）］。

（3）后交叉：一臂入水时，另一臂划至腹部下方，与水平面约成150°角［图5－12（c）］。

有人认为中前交叉是最为合理的配合方式，因为它可以让运动员游进时始终有一臂处于前伸位置，使身体保持较长长度，流线型好，阻力小。

3. 完整配合技术

爬泳的完整配合技术是指在一个划水动作周期中臂、腿和呼吸的比例。爬泳配合技术常见有多种形式，其中6∶2∶1的配合技术是较常见的，即一个完整动作周期中，打腿6次、划臂2次和呼吸1次（图5－13）。这种配合技术能充分发挥打腿作用，动作连贯协调，便于保持良好的身体姿势。此外，还有4∶2∶1和2∶2∶1以及不规则比例等多种配合技术。不管采用哪种爬泳配合技术，其根本要求都是全身各个部分的动作要协调一致，游起来轻松自然，且整体效果好。

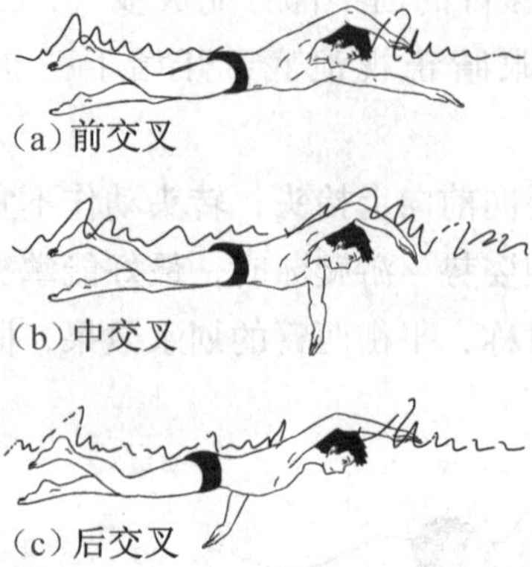

图 5 – 12　爬泳两臂配合形式

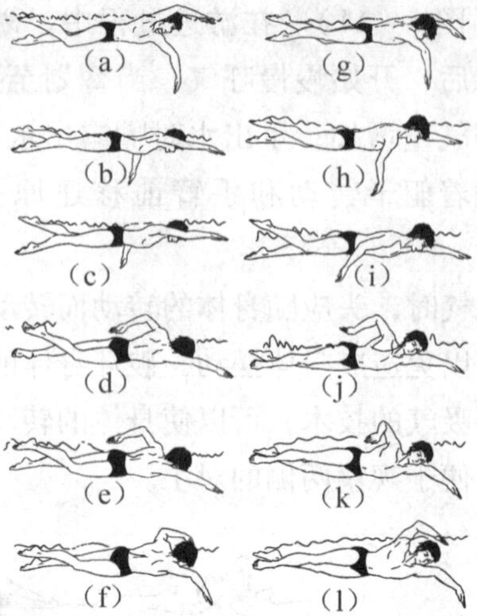

图 5 – 13　爬泳 6∶2∶1 的配合技术

第三节　爬泳技术教学

一、腿部技术

爬泳打腿是整个爬泳技术的基础。腿部动作相对简单，但呼吸是采用人们不习惯的侧面吸气，掌握起来较难。因此，在腿部动作教学中应同时进行身体转动和呼吸的配合教学。

1. 动作要领

两腿自然伸直，脚稍内旋，以髋关节为轴，大腿发力带动小腿和脚做上下交替的鞭状打水。上打时，直腿上抬；下打时，稍屈膝，以脚背向后下方用力打水。两腿打水幅度为 30—40 厘米。

教学重点是大腿发力，难点是鞭状打水。

2. 练习方法与步骤

(1) 陆上及半陆半水模仿练习。

① 坐撑打腿：坐在地上或池边，上体稍后仰，两手后撑，两腿自然伸直，脚稍内旋，上下交替打腿［图 5 – 14 (a)］。观案动作完成情况，可先进行直腿练习，再逐渐放松膝关节，逐步过渡到鞭状打腿。打腿时，脚趾应指向对岸，不要向上［图 5 – 14 (b)］；整个过程中体会用力位置及对水感觉。

② 俯卧打腿：俯卧于地上或池边练习打腿。在地上练习时要求腿和脚不要碰地面；在池边练习时要求髋关节在池沿处，双腿置于水面，做爬泳打腿模仿练习（图 5 – 15）。需要注意的是，俯卧打腿在不依靠视觉帮助的条件下练习，依

靠肌肉感觉逐步掌握爬泳腿部动作。

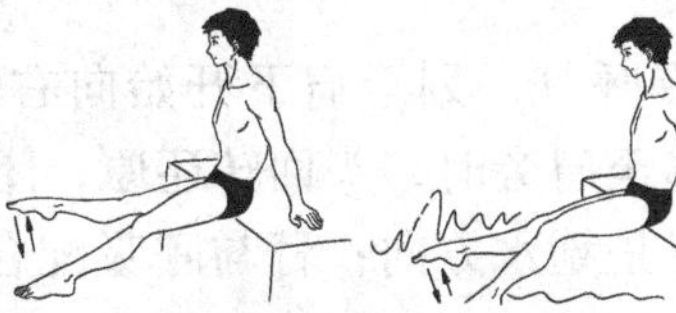

（a）　（b）

图 5－14　坐撑打腿

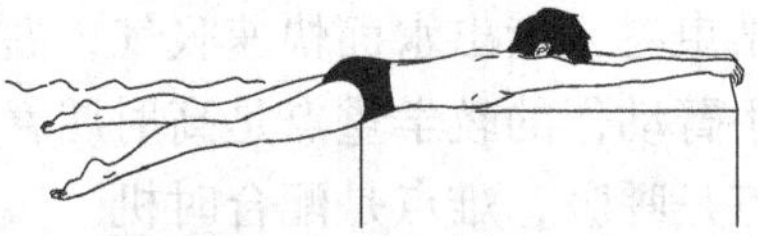

图 5－15　俯卧池边打腿

（2）水中练习。

① 扶边打腿：手扶池槽，两臂前伸，肩放松，低头目视池底，身体平卧于水中，两腿上下交替打腿（图 5－16）。配合抬头吸气，换气时要求打腿不停，躯干和臀部尽量处于高平姿势。也可一手扶边，一臂置于体侧，配合身体转动进行转头换气完成打腿练习。

② 滑行打腿：蹬壁滑行后，在保持流线型姿势的基础上做爬泳打腿练习（图 5－17）。注意力集中于打腿的技术动作与打腿效果上，可通过滑行打腿距离判断打腿效果。

图 5－16　扶边打腿

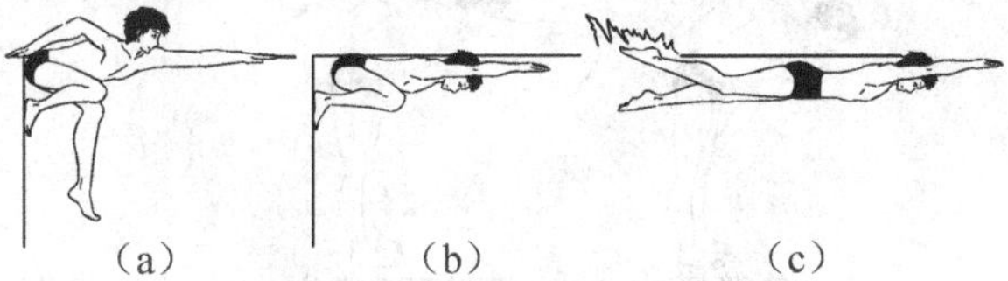

（a）　（b）　（c）

图 5－17　滑行打腿

③ 扶板打腿：两臂前伸直臂扶板，身体平卧水中，做爬泳打腿练习（图 5－18）。练习时可先配合低头闭气、抬头吸气的动作进行，熟练后可一直抬头打腿。注意打腿时身体姿势的保持，尤其是腰腹部位。随着打腿能力的提高，逐步增加打腿距离、打腿速度和重复次数。也可一臂扶板，一臂置于体侧，随着身体的转动进行转头换气并做打腿练习（图 5－19）。

图 5－18　扶板打腿

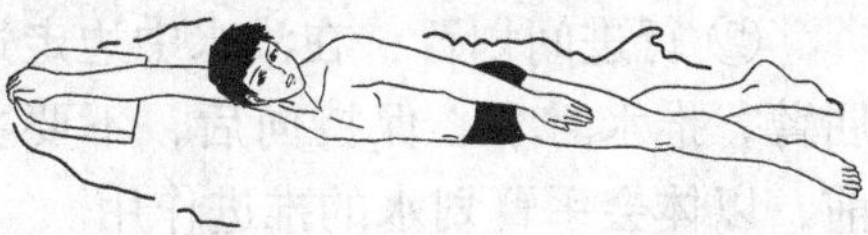

图 5－19　扶板转头与吸气打腿

二、臂部技术和臂与呼吸配合技术

1. 动作要领

（1）臂部技术。

两臂交替在同侧肩前入水前伸，然后向后下方高肘屈臂抱水，并在身体下方沿身体中线向后加速划水，手划至大腿旁出水，经空中移臂再入水。一臂入水时，另一臂正在划水。

（2）手臂与呼吸配合技术。

以向右转头吸气为例，右臂入水时开始慢慢呼气，划至肩下开始向右转头，划水结束时，嘴出水面快速吸气，右臂出水前移至肩旁时，头回转还原，闭气。

手臂动作的教学重点是高肘屈臂划水，难点是划水方向；臂与呼吸配合的教学重点是呼吸，难点是配合时机。

2. 练习方法与步骤

（1）陆上模仿练习。

① 站立模仿：教师讲解示范，通过正面、侧面示范使学生清楚划水动作概念及其结构（入水与出水的位置、路线、方向、节奏）。要求以两脚平行开立或成弓箭步，以上体前倾的姿势进行模仿练习（图 5－20）。练习时先模仿单臂动作，再模仿两臂配合动作。单臂模仿时可分为入水前伸、划水、移臂进行模仿。

② 臂与呼吸配合模仿：基本动作与“陆上模仿练习①”相同，臂部动作熟练后加上呼吸配合，要求划水时身体（髋部）适度转动，头随之转动吸气（图 5－21）。

（a）单臂模仿　（b）两臂配合模仿

图 5－20　陆上手臂模仿练习

图 5－21　陆上手臂与呼吸配合模仿练习

（2）水中练习。

① 站立划臂：站立于浅水中，上体稍前倾，两臂在水中做“陆上模仿练习①”。单臂练习时，另一臂可在体侧或前扶池边（图 5－22）。体会在有阻力的条件下完成划臂动作的过程。熟练后可配合呼吸练习，练习时面部必须没入水中；转头吸气时，头部和上体不能抬离水面（图 5－23）。

② 行进间划臂：在浅水中边走边做划臂动作（图 5－24）。要求划水时高肘屈臂，推水时掌心保持向后，不要主动向前迈步，靠划水产生的力带动身体向前，以体会手臂划水的推进作用。

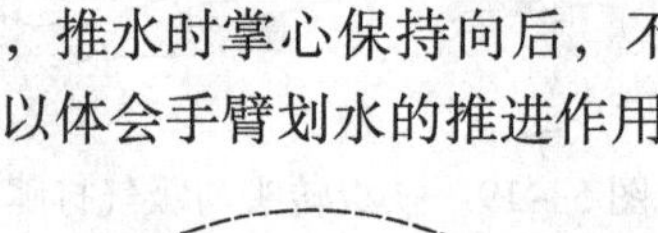

图 5－22　水中手扶边练习划臂

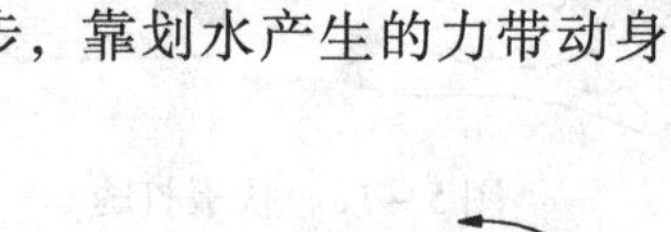

图 5－23　水中臂与呼吸配合练习

③ 夹板划臂：俯卧水中，大腿夹板以浮起下肢，两臂交替划水向前游进（图 5－25）。可先做“前交叉”配合，再过渡到其他方式的交叉配合。可配合转头呼吸动作反复练习，逐步延长练习距离，强化手臂动作。

图 5－24 行进间划臂

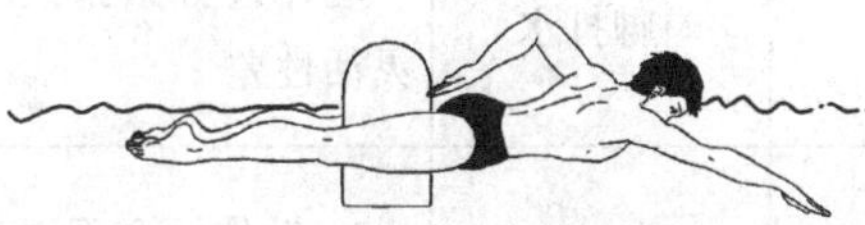
图 5－25 夹板划臂

三、完整配合技术

1. 动作要领

身体平直俯卧水中，两臂交替向后划水，两腿不停顿地上下打腿，身体绕纵轴左右转动的同时配合头部向侧面转头吸气。

教学重点是臂与呼吸的配合，难点是臂腿、呼吸与躯干滚动的整体动作的协调一致。

2. 练习方法与步骤

（1）陆上模仿练习。

原地踏步或行进间配合模仿：上体稍前倾，两臂交替划水，两脚原地踏步或向前行走。先做腿臂配合动作，再配合转头呼吸。

（2）水中练习。

① 单臂分解配合练习：一臂扶板（也可不用），另一臂划水，并按臂与呼吸配合的要领进行呼吸（图 5－26）。划一侧手臂时在同侧呼吸，要求耳朵紧贴前伸手臂，划水、打腿与身体有节奏地转动相协调一致，并配合转头吸气。

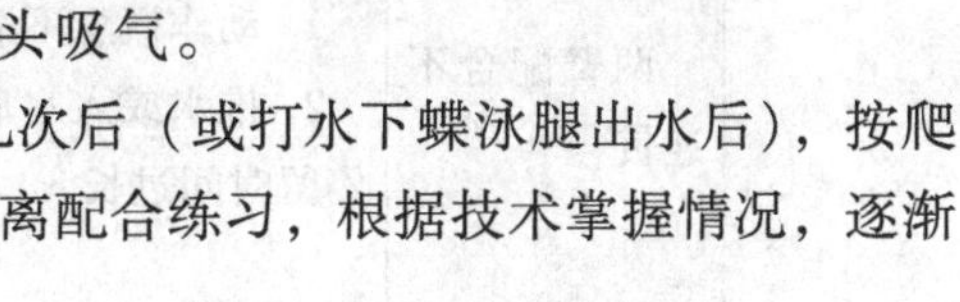
图 5－26 单臂分解配合练习

② 完整配合练习：蹬壁滑行，打腿几次后（或打水下蝶泳腿出水后），按爬泳完整配合的要领进行练习。先进行短距离配合练习，根据技术掌握情况，逐渐增长游距。

四、爬泳常见错误及纠正方法

学习爬泳时的常见错误动作及纠正方法如表 5－1 所示。

表5－1 爬泳常见错误动作及纠正方法

动作部位	常见错误	产生原因	纠正方法
腿部	小腿打水（屈膝打腿）	1. 动作概念不清。 2. 大腿向上打水幅度不够	1. 讲解示范，明确动作要领。 2. 直腿上抬，体会大腿带动小腿的动作，强调大腿上抬
	勾脚打水	动作过分紧张或踝关节灵活性差	1. 绷直脚尖打水。 2. 多做踝关节灵活性练习
臂部	划水时手掌抹水	1. 动作概念不清。 2. 沉肘划水。 3. 手臂力量差	1. 讲解示范，明确动作要领。 2. 强调高肘屈臂划水，掌心向后。 3. 加强手臂力量训练
	臂入水后向下压	1. 直臂划水。 2. 急于划水	1. 提高入水后的手臂控制能力；强调高肘屈臂划水。 2. 入水后不要立即用力划水，应先向前伸臂，再高肘屈臂抱水、划水
	划水路线短	1. 过早划水。 2. 无推水动作	1. 入水后向前充分伸臂后再抓水、划水。 2. 推水结束时，手触到大腿侧面
	手臂出水移臂困难	1. 肩膀没有转动。 2. 划水动作不到位。 3. 划水结束时掌心向上，没有伸腕推水动作。 4. 划水后段直臂向上划水	1. 提高核心稳定性，加大转肩的幅度。 2. 划水时，手掌四指指向池底，掌心向后划水至大腿出水。 3. 进行陆上模仿，反复练习伸腕动作，要求掌心向后推水。 4. 强调划水后段向后伸臂推水
	两臂配合不连贯	1. 动作概念不清。 2. 推水或入水后，手臂停留时间过长	1. 讲解示范，明确动作要领。 2. 多做连贯配合动作模仿练习，强调推水和提肘出水动作一气呵成，强调一臂移至头的侧上方时另一臂开始划水

续表

动作部位	常见错误	产生原因	纠正方法
配合	抬头呼吸	1. 动作概念不清。 2. 害怕喝水、呛水	1. 讲解示范，明确动作要领。 2. 加强呼吸练习，消除不良心理。 3. 强调转头吸气的动作，头部要和身体一起转动
	吸不进气	1. 呼气不充分。 2. 吸气深度不够。 3. 吸气过晚	1. 反复练习加速呼气，强调口出水前将气呼完。 2. 加大吸气深度，可利用呼吸管练习。 3. 适当提早呼气和吸气时间
	配合动作不协调	1. 动作概念不清。 2. 配合节奏紊乱。 3. 动作紧张。 4. 腿部动作迟缓	1. 讲解示范，明确动作要领。 2. 多做陆上模仿练习，注意正确的配合节奏。 3. 多进行放松慢游练习和呼吸练习。 4. 加强打腿动作练习
	身体左右扭动	1. 手臂入水时超过身体中线。 2. 身体过于放松和打腿能力差	1. 讲解示范，明确动作要领。 2. 加强核心力量练习，提高腿部打水能力

思考题

1. 爬泳技术中，身体围绕纵轴有节奏地转动有哪些积极作用？
2. 如何有效完成爬泳臂与呼吸的配合技术？
3. 爬泳两臂划水的配合方式有几种？每种方式各有何特点？
4. 爬泳手臂划水是产生推进力的主要阶段，划水技术分为哪几部分？
5. 如何对初学者进行爬泳技术教学？
6. 作为游泳教练，在爬泳教学中，如何预防入水点过中线的错误动作？
7. 作为游泳教练，在爬泳教学中，如何预防和纠正身体侧摆游进的现象？

第六章　仰泳技术与教学

学习导航：

本章简要介绍仰泳技术的发展演变，着重分析仰泳技术，包括从基本技术各环节到完整配合技术，并讲授学习仰泳技术的步骤与方法，旨在使学生通过本章的学习和实践，能够掌握仰泳技术，有针对性地习得并提高自身的仰泳技术，进一步发展水中运动的能力，具备一定的仰泳技术教学指导能力。

第一节　仰泳介绍

一、仰泳技术发展演变

仰泳是人体仰卧在水中游进的一种泳式。其历史较为久远，在西藏日喀则扎什伦布寺的一幅壁画中就有明代妇女游仰泳的记载，国外在18世纪末也有了相关记载。最初的仰泳是人们在蛙泳或踩水时发现的，只要把身体仰卧向上，臂、腿稍做动作就可以漂浮、游动和轻松休息。

仰泳后来发展为仰卧水上，以两臂同时在体侧向后划水、两腿做蛙泳蹬夹腿的动作游进，该动作类似于蛙泳，故称作“蛙式仰泳”。18世纪末期，仰泳已较流行，但因游进速度较慢，在比赛中很少被采用。1900年第二届奥运会增设仰泳项目比赛。1902年开始有人在游仰泳时采用类似爬泳的两臂轮流划水技术，后来发展出两臂上下交替打腿的技术，称为“爬式仰泳”。1912年第五届奥运会，美国运动员哈里·赫布纳采用爬式仰泳获得男子100米仰泳冠军，证实了爬式仰泳的技术优越性。从此，在仰泳比赛中蛙式仰泳被取代，仰泳技术不断得到发展。仰泳时水中呼吸受到的限制少，仰卧水中舒适放松，游起来比较自如，为中老年人所喜爱，也是休闲的泳式。

我国仰泳在中华人民共和国成立后进步很快，1953年我国优秀运动员吴传玉在世界青年友谊运动会的游泳比赛中以1分06秒4的优异成绩夺得男子100米仰泳金牌。1994年贺慈红在第七届世界游泳锦标赛中打破女子100米仰泳的世界纪录，并获得女子100米和200米仰泳的冠军，这标志着我国仰泳运动员有了可喜的进步。2015年傅园慧在第十六届世界游泳锦标赛中以27秒11获得女子50米仰泳冠军。2016年徐嘉余以52秒31的成绩获得里约奥运会男子100米仰泳项目银牌。2017年徐嘉余以52秒44优异成绩获得世界游泳锦标赛男子100米仰泳冠军，成为中国首位在男子仰泳项目上获得世界大赛冠军的运动员，并于2019年成功卫冕。

二、仰泳竞赛规则

（1）在出发信号发出前，运动员应在水中面对出发端，两手抓住出发握手器。禁止两脚蹬在水槽里、水槽上或脚趾勾在水槽沿上。使用仰泳出发器时，两脚脚趾必须与池壁或触板接触，严禁勾在触板上沿。

（2）出发时和每次转身后，运动员应以仰卧姿势蹬离池壁，并在整个游程中保持仰卧姿势，允许身体做转动动作，但最大转动幅度不得与水平面达到90°。头部位置不受此限。

（3）在整个游程中，运动员身体的某一部分必须露出水面。在出发和转身时，允许运动员身体完全没入水中。出发和每次转身后15米内（含15米），运动员头的一部分必须露出水面。

（4）在转身过程中，运动员必须在各自泳道内用身体的某一部分触壁。转身过程中允许肩的转动超过垂直面至俯卧姿势，之后立即做1次连贯的单臂划水或双臂同时划水动作，并以此动作作为转身动作的开始。

（5）运动员到达终点时，必须是在各自泳道内以仰卧姿势触壁。

第二节 仰泳技术分析

一、身体姿势

良好的身体位置是仰泳技术中最重要的一点。仰泳的身体位置是要把身体尽可能多的浮出水面，身体应保持水平状态和良好的流线型姿势，通过收腹将身体尽量地伸展，保持脊柱挺直，形成在水中阻力最小的流线型姿势。同时，身体要尽量高，保持“高、平、直，稳”的身体姿势（图6-1）。

游进中，为保持良好的流线型姿势，头和躯干应保持平稳，腰腹部应保持适度紧张。头对控制身体姿势和位置起着“舵”的作用，因而要保持稳定，应自然平枕水中，双耳位于水面下，水面约与头顶中部相平，整个脸露出水面，目视上方。头部过于后仰，会使髋部上抬，脚和腿露出水面，影响打腿效果，并使身体呈反弓形，破坏流线型姿势；如刻意低头收下颌，会使头部抬高，髋部和腿下沉，导致身体“坐”在水中，从而增大阻力（图6-2）。

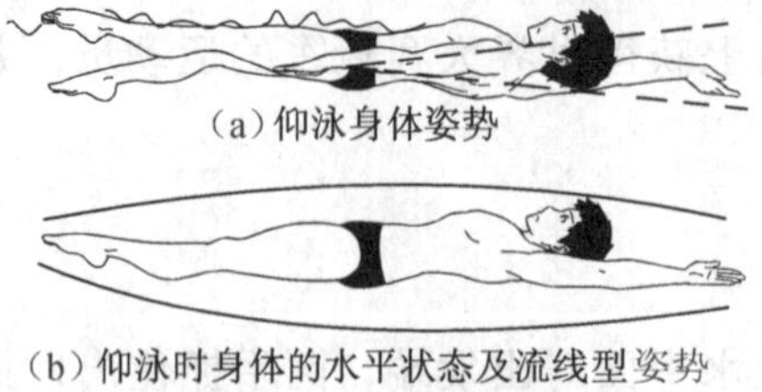

图6-1 仰泳身体姿势

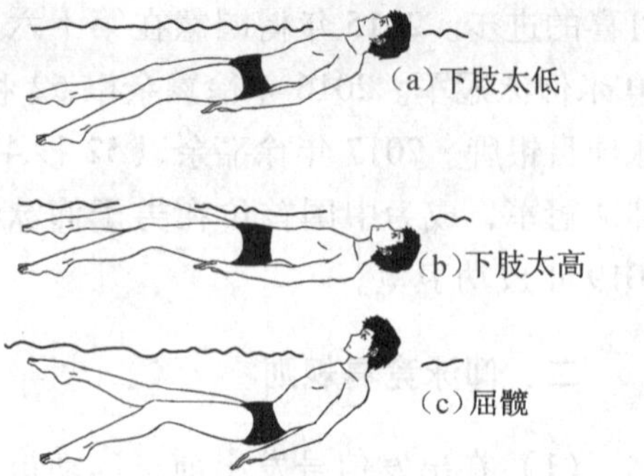

图6-2 不好的身体姿势

随着人们对身体转动及其作用的认识不断深入，现代仰泳越来越强调身体转动。仰泳游进时，身体要围绕纵轴转动，由髋部开始发力，身体所有的转动均应由髋部带动（图6-3）。身体的转动有利于保证划水的深度，使划水手臂处于较好的位置上，更好地发挥手臂力量，也有利于手臂出水和向前移臂。

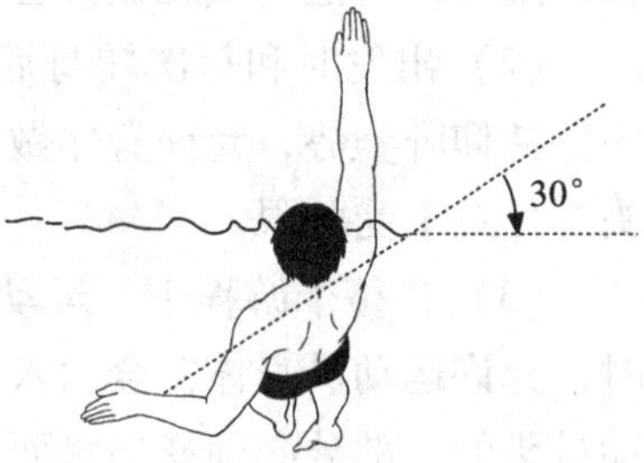

图6-3 仰泳身体转动

二、腿部技术

在仰泳游进的过程中，依据不同阶段出现的腿部动作，可将仰泳腿部动作分为水下反蝶泳腿和仰泳腿部动作两部分。

1. 水下反蝶泳腿

水下反蝶泳腿是运动员出发或每次转身后，在水下做仰卧蝶泳腿部动作。其技术动作要求与蝶泳腿部动作一样，只是平卧姿势不同。在完成水下反蝶泳腿时，上半身（包括手臂和头部）均应保持稳定，所有力量均来自身体的核心区域。

2. 仰泳腿部动作

仰泳腿部动作的作用是让腿部保持较高的位置，维持身体平衡，减小身体侧向摆动，使身体保持较好的流线型姿势，并产生一定的推进力。

仰泳腿部动作以髋关节为轴，髋部发力，大腿带动小腿和脚做上下鞭状打水动作，直腿下压，屈膝上踢，由“上踢”和“下压”两部分组成。与爬泳的腿部动作相似，仰泳的腿部动作也是鞭状打腿和转动式打腿；不同的是，仰泳腿产生推进力的动作是“上踢”，打腿时的膝关节弯曲角度（约135°）和打腿幅度（约45厘米）都比爬泳稍大一些［图6-4（a）］，但应始终处于身体截面内。如前所述，仰泳时身体转动的幅度较大，因此，仰泳腿的动作并不是垂直打腿，而是随着髋关节的转动做向内上方踢水、向外下方下压的动作［图6-4（b）］。

（1）下压。

由于水的阻力，下压动作的开始部分是直腿完成的。下压时，膝关节和踝关节自然放松，大腿带动小腿往下压，到达一定深度后，大腿停止下压并转入上踢，此时，小腿和脚在惯性作用下继续下压，使膝关节弯曲；之后，小腿和脚在大腿的带动下依次结束下压动作。因此下压动作的后半段是屈膝完成的，小腿前部和脚背形成一个良好的对水截面，有利于上踢产生推进力。

（2）上踢。

上踢是产生推进力的动作，需要用较大的力量和较快的速度来完成。上踢时，脚内旋，大腿带动小腿和脚屈膝向上踢水；在上踢过程中逐渐伸膝，当大腿向上移至接近水面时转为下压。此时，小腿和脚在惯性的带动下继续向上加速踢水，膝关节完全伸直，形成鞭状踢水动作，结束上踢动作（图6－5）。此时脚尖应接近水面或略微出水面，膝关节和小腿不应出水面，踢出的水花应像开锅的水，沸腾而不四溅。

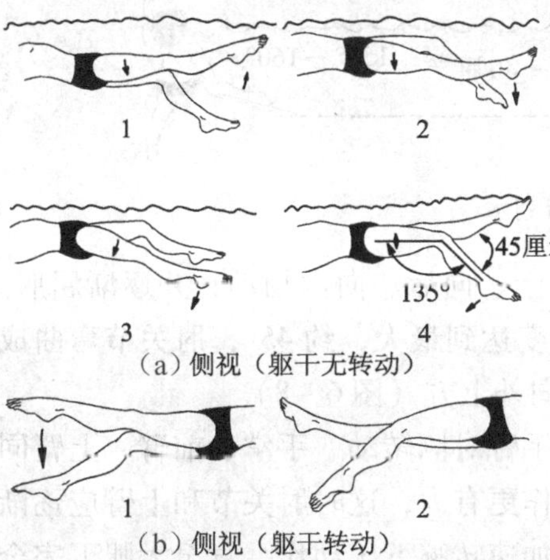

图6－4　仰泳腿下压连续过程

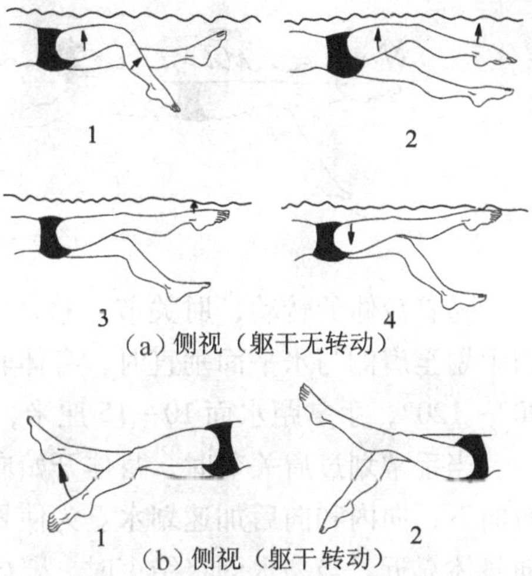

图6－5　仰泳腿上踢连续过程

三、臂部技术

仰泳的手臂动作是产生推进力的主要来源，划水技术的好坏直接影响了仰泳游速。仰泳臂部动作由入水、划水、出水和空中移臂4部分组成，其中，划水是产生推进力的主要阶段。仰泳的臂部动作应与身体的转动协调配合。

1. 入水

入水动作本身并不产生一定的推进力，但入水动作的好坏却直接影响后续划水动作的效果。从入水动作开始，臂就应与身体的转动相协调。一臂入水时，手臂伸直，掌心朝外，手掌与前臂成150°—160°，以小拇指领先，在头前同侧肩的延长线上快速切入水中（图6－6）。同时，身体（特别是髋部、肩部）向同侧转动，两腿侧向打腿，这样可减小入水时产生的阻力，也可加大手臂的入水深度。

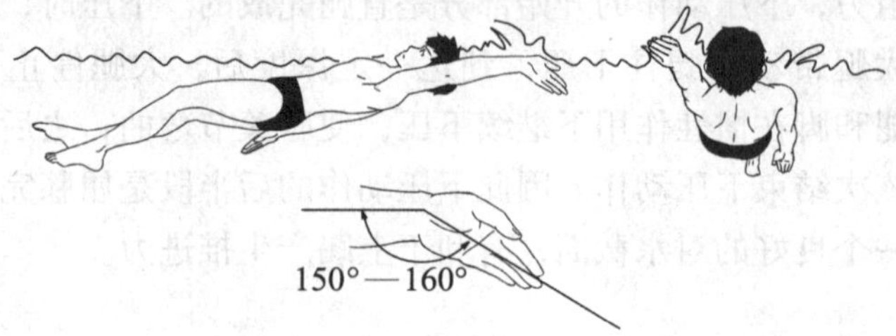

图6-6 手臂入水

2. 划水

手臂入水后，利用移臂时产生的动量和身体的转动，使手臂向下前伸；同时积极伸肩，引导手掌和前臂抓水，手臂外旋、屈腕、屈肘，使前臂内侧和手掌对准后下方形成抱水动作，并有压水的感觉。划水结束时，肩部保持较高位置，肘部微屈约成150°—160°，手掌距水面30—40厘米（图6-7）。

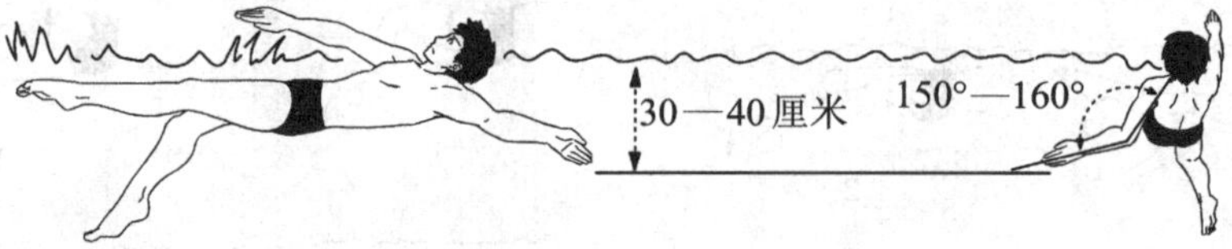

图6-7 手臂划水

随着身体的转动，肘关节下移，手掌向上、向后、向内划动，并逐渐屈肘。当手划至肩侧与水平面垂直时，身体转动幅度达到最大，约45°，肘关节弯曲成90°—120°，手掌距水面10—15厘米，指尖向外上方（图6-8）。

当手掌划过肩关节时，身体开始向划水手臂对侧转动，手掌、前臂、上臂同时向下、向内和向后加速划水。为使划水动作更有力，这时肘关节和上臂应逐渐向身体靠近。当划水即将结束时，臂内旋做加速转腕下压动作，直至大腿下完全伸直。手腕和手的动作速度应很快，如同甩鞭子一样。划水结束时，手掌朝下，手臂伸直，手位于大腿侧下方，距水面40—50厘米（图6-9）。

从图6-9可以观察到仰泳手臂的划水路线呈“S”形。整个划水过程，掌心一直在不停地改变朝向，目的是让手臂能处于最好的对水位置。

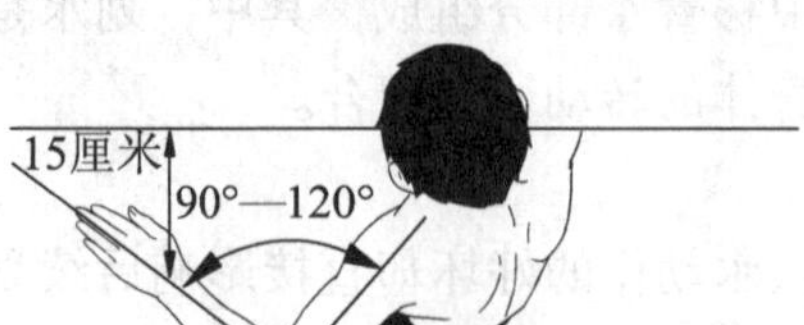

图6-8 推水至肩外侧的手臂姿势

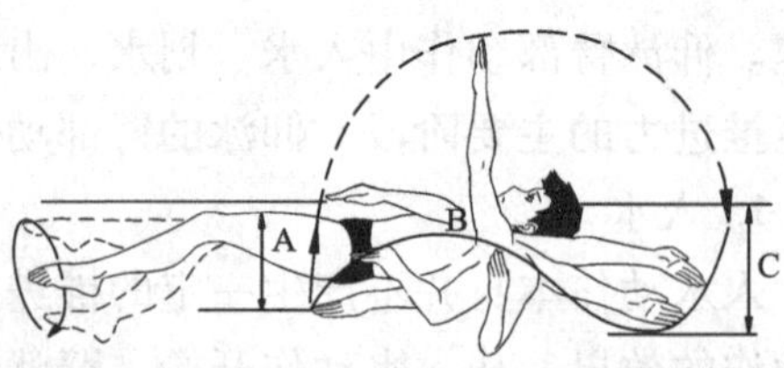

图6-9 手臂划水路径

3. 出水

划水结束后，手臂立即外旋，掌心转向大腿外侧，借助手向下压水的反作用力和身体向对侧的转动，收缩肩部肌肉，迅速提臂出水。出水时手臂伸直，压水提肩，使肩部先出水，然后带动上臂、前臂和手依次出水（图 6－10）。出水时大拇指领先出水。

4. 空中移臂

手臂出水后，应迅速以直臂方式沿肩的垂直面向肩前移动，上臂贴耳朵。在空中移臂过程中，出水时的大拇指领先，移至肩的垂直部位后，逐渐转为小拇指领先，为入水做好准备（图 6－11）。移臂时，手臂要伸直放松，移臂的轨迹应该是一个垂直的半圆。

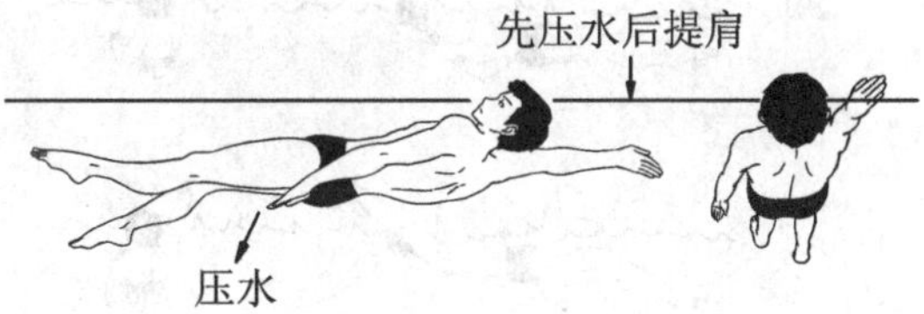

图 6－10　出水

图 6－11　空中移臂

四、配合技术

1. 两臂的配合技术

和爬泳一样，仰泳是采用两臂轮流划臂的技术进行游进，两臂配合应保证身体得到连贯均匀的推进力，使身体尽可能匀速前进的同时还可节约体能。目前普遍采用的是中后交叉的配合方式，即一臂入水时，另一臂划水结束；移臂处于划水的中部，另一臂在移臂的中部，两臂基本处于相反位置，这种配合能保证推进力的连贯性和速度性。在任何情况下，手掌都不能在推水结束时停顿。

2. 呼吸与臂的配合技术

相对其他泳式，仰泳的呼吸技术比较简单，一般是两臂各划 1 次，呼吸 1 次，呼吸要有节奏。多数运动员采用一臂移臂时呼气，另一臂移臂时吸气的配合方式。呼吸时注意头部保持稳定。

3. 完整配合技术

在仰泳的完整配合中，每一个动作环节都要协调配合（图 6－12）。躯干、髋部的转动带动手臂和腿部的动作协同配合，使得仰泳完整配合动作更舒展、顺畅。当代仰泳运动员多采用 6 次打腿、2 次划臂、1 次呼吸的配合技术，也称 6∶2∶1 配合。

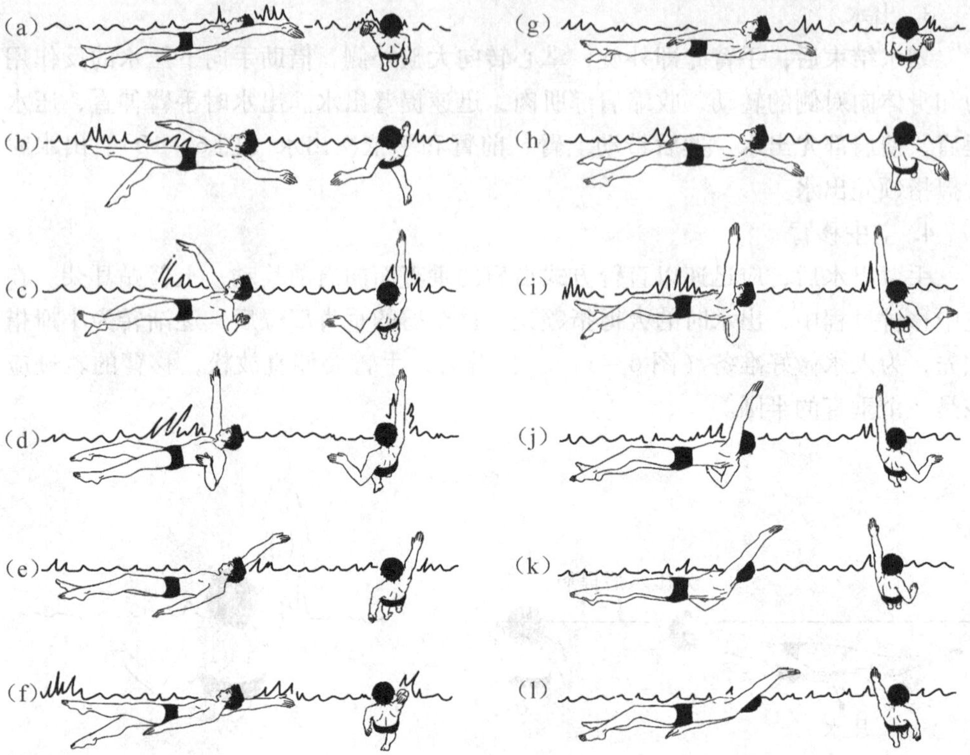

图 6－12　仰泳完整配合

第三节　仰泳技术教学

一、腿部技术

1. 动作要领

两腿自然伸直，脚稍内旋，以髋关节为轴，大腿发力带动小腿和脚做上下交替的鞭状打水。下打时，直腿下压；上打时，稍屈膝，脚背向后上方用力踢水。两腿打水幅度 40—50 厘米。

教学重点是大腿发力，难点是鞭状打水。

2. 练习方法与步骤

（1）陆上及半陆半水模仿练习。

① 坐撑模仿练习：参考爬泳的坐撑模仿练习，重点体会动作过程与发力顺序。

② 仰卧池边模仿练习：在上一练习姿势的基础上以平躺姿势进行，使学生不依靠视觉而依靠肌肉运动感觉体会仰泳腿部动作及对水的感觉。

（2）水中练习。

① 辅助性打腿练习：练习者仰卧水中，头放平，两臂置于体侧，由同伴托其腰部进行打腿练习（图6－13）。同伴帮助练习者维持正确的身体姿势，同时随练习者打腿前进而移动，并逐渐减小帮助力度，直至练习者能独立完成。重点体会良好的身体姿势（包括头部的位置）和打腿过程。

② 助浮打腿练习：将扶板置于腹部及大腿上半部分，做抱板打腿练习。重点是保持良好的身体姿势与平衡，体会打腿效果。

③ 仰卧滑行打腿练习：两手抓池槽，两脚在接近水面处紧贴池壁，仰头后两手松开并置于体侧，伸髋，蹬离池壁呈仰卧姿势进行打腿练习（图6－14）。注意蹬离池壁的顺序，保持平直的身体姿势，掌握平衡，体会打腿过程与效果。

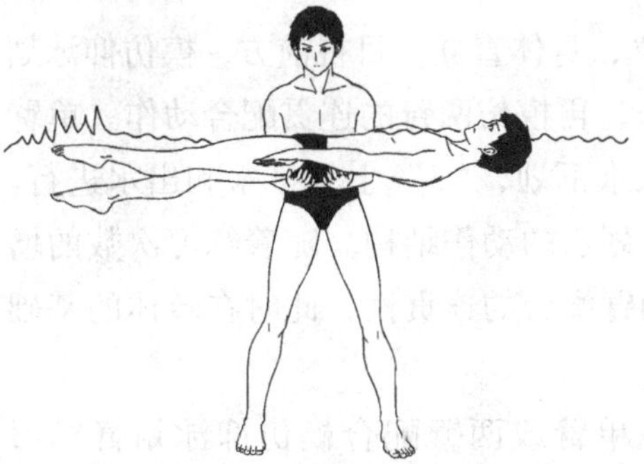

图6－13　辅助性打腿练习

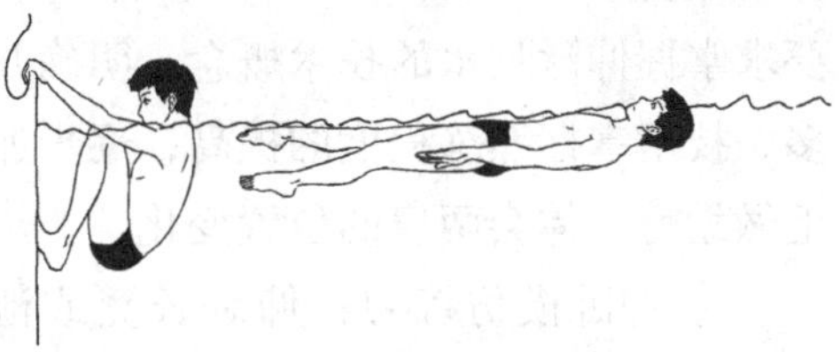

图6－14　仰卧滑行打腿练习

④ 手臂前伸打腿练习：开始姿势同“水中练习③”，蹬离池壁后，单臂前伸，身体呈流线型姿势进行打腿练习（图6－15）。熟练后，可双臂前伸打腿。要求通过调整手臂位置来改善身体的流线型姿势，掌握身体和头部的控制能力，不断巩固打腿技术，提高耐力。

⑤ 转体打腿练习：身体仰卧漂浮在水中，两臂置于体侧，两腿交替打水。在头部保持稳定的基础上身体随打腿动作从一侧向另一侧转动（图6－16）。要求身体作为一个整体转动，特别是髋部及两腿的转动。

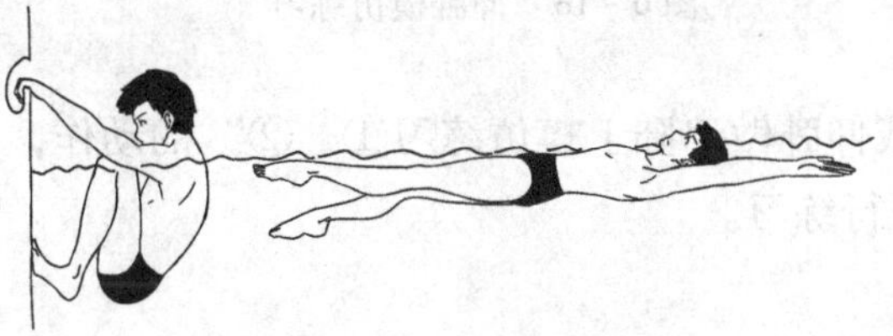

图6－15　手臂前伸打腿练习

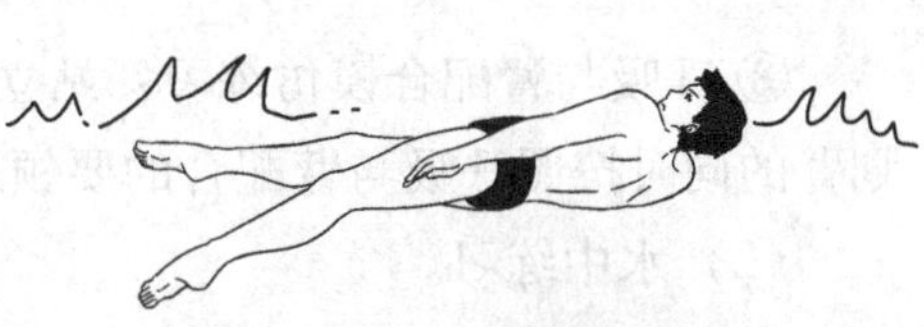

图6－16　转体打腿练习

二、臂部动作和臂与呼吸配合技术

1. 动作要领

（1）臂部动作。

两臂轮流在同侧肩前直臂入水，向前、向下、向外屈腕抓水后，高肘屈臂在体侧向后加速划水，划至大腿旁鞭状下压，提肩直臂出水，经肩的垂直面上直臂向前移臂入水。一臂入水时，另一臂结束划水。

（2）臂与呼吸配合。

两臂各划1次，呼吸1次；一臂移臂时吸气，另一臂移臂时呼气。

教学重点是划水的路线，难点是身体转动与划水的配合、高肘屈臂动作。

2. 练习方法与步骤

（1）陆上模仿练习。

① 站立模仿练习：两腿并立或前后站立，身体直立，目视前方，模仿仰泳划臂动作（图6－17）。可先进行单臂分解模仿，再模仿两臂的连贯配合动作。单臂分解模仿时，可按口令“1”移臂，“2”入水下划，“3”上划推水和出水进行。要求掌握仰泳划水的技术概念，明确并体会划水的动作结构。随着练习次数的增多，技术掌握熟练程度的提高，逐步加快两臂配合的连贯性，此时在转体的基础上做划臂，体会两肩的位置变化。

② 仰卧模仿练习：仰卧长凳或池边，单臂或两臂配合模仿仰泳划臂练习（图6－18）。要求体会划水路线及肌肉用力感觉，同时注意身体的转动与两臂划水的协调配合。

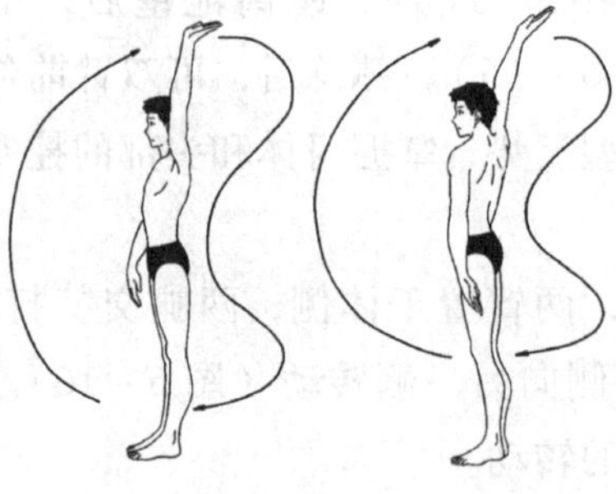

图6－17　站立模仿练习

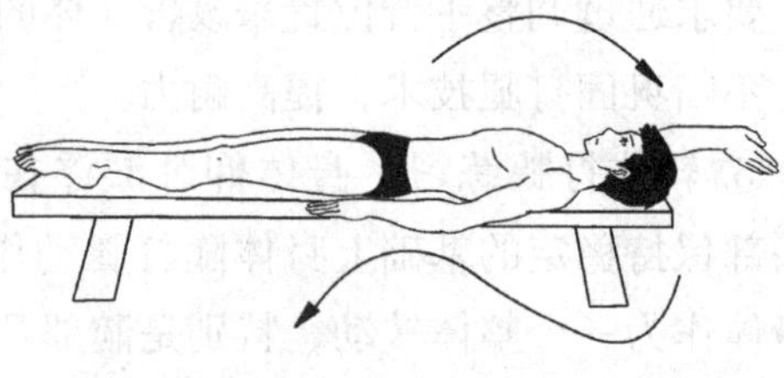

图6－18　仰卧模仿练习

③ 呼吸与臂配合模仿练习：站立或仰卧做“陆上模仿练习①、②”的动作，划臂的同时按照呼吸与臂配合的要领进行练习。

（2）水中练习。

① 辅助性划臂练习：由同伴抱住双腿或握住脚踝，使练习者仰卧水中做划臂练习（图6－19）。练习时，同伴可适当配合练习者的划臂动作帮助其转动身

体，使练习者体会划臂与身体转动的协调配合。练习者还应体会划臂的动作过程与效果以及肌肉感觉。

② 夹板划水练习：两腿夹板，身体仰卧水中做两臂划水练习（图6－20）。要求控制好身体平衡，保持较好的身体姿势下进行练习，体会划臂的过程与效果，体会两臂的连贯性与身体转动的协调性，掌握划水的发力与节奏。

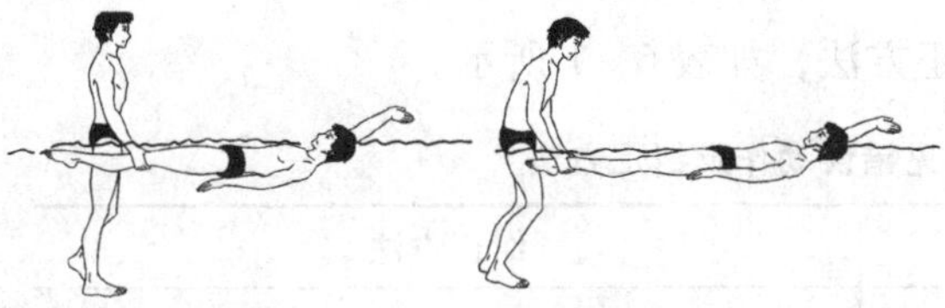

图6－19 辅助性划臂练习

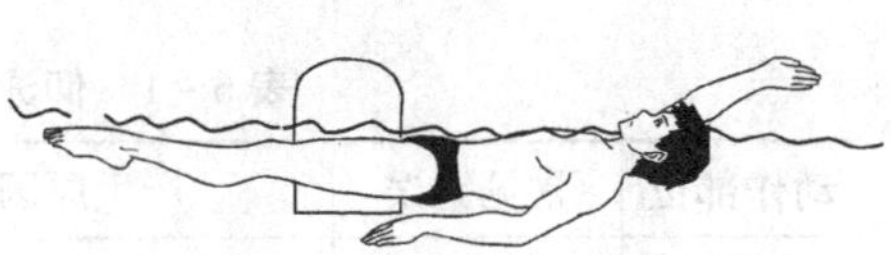

图6－20 夹板划水练习

三、仰泳完整配合技术

1. 动作要领

身体平直仰卧于水面，两臂交替划水时，两腿不停地交替打水，打水6次，划臂2次，呼吸1次，即6∶2∶1配合方式。

教学重点是臂腿的配合、高肘屈臂划水，难点是肩和身体的转动配合。

2. 练习方法与步骤

（1）陆上模仿练习。

踏步配合：两脚并拢站立，原地踏步做仰泳完整配合模仿练习。

（2）水中练习。

① 完整配合：仰卧滑行水中打腿，两臂轮流划水，头部保持稳定，进行配合练习。若学生臀部下沉，可佩戴背漂等助浮性器材进行练习（图6－21）。要求手腿不停，使其从整体上清楚仰泳的游进方式与身体姿势。先进行短距离练习，待配合连贯顺畅后，再适当增加一定距离，同时逐步强化手臂技术动作。

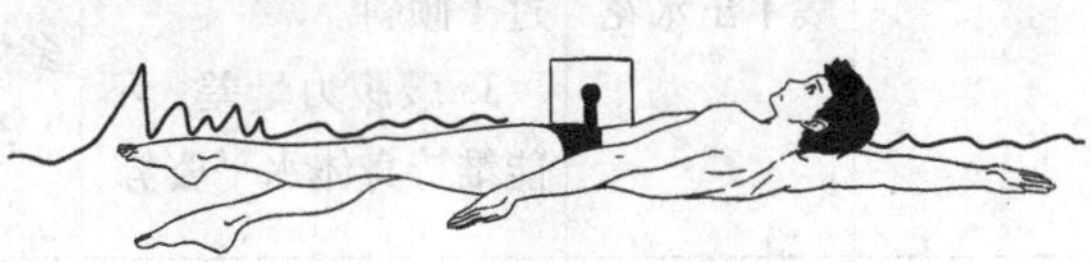

图6－21 助浮性配合练习

② 单臂仰泳分解练习：仰卧打腿不停，一臂置于体侧，另一手臂进行动作练习。两腿快速有力地打水，维持较高的身体位置，体会划水的技术路线与节奏，掌握身体转动与打水、划臂的配合技术。熟练之后，再练习双臂划水高肘屈臂的技术。

③ 仰泳单臂拉水线划水练习：仰卧打腿，身体靠近泳道线（以右侧为例），

左臂置于体侧，右臂前伸，右手抓住泳道线慢慢向后拉，然后继续向后下方推水。推水结束时提肩出水，经空中移臂再次入水完成下一次的拉水线过程。返回时，则换左手进行拉水线练习。练习时，注意手入水时不要戳到水线，避免受伤。要求体会划水时的用力过程、高肘屈臂技术、划水节奏以及发力的时机与过程。

四、常见错误动作及纠正方法

学习仰泳时的常见错误动作及纠正方法，如表6-1所示。

表6-1 仰泳常见错误动作及纠正方法

动作部位	常见错误	产生原因	纠正方法
腿部	小腿踢水	1. 动作概念不清。 2. 以膝关节为轴	1. 讲解示范，明确动作要领，强调以髋为轴。 2. 强调直腿下压后大腿带动小腿的踢水方式。 3. 多做直腿打腿模仿练习
	打腿时膝部出水	1. 屈髋沉臀。 2. 大腿直腿下压不够。 3. 提膝踢水	1. 充分伸展髋关节，大腿积极下压，上踢时膝部及时制动。 2. 强调踢水时膝不上提。 3. 强调打腿方向，多做直腿打腿模仿练习
	腿下沉，踢不出水花	1. 动作概念不清，踢水方向不对。 2. 头高腿低，身体过于倾斜。 3. 腰腹力量差，不能维持身体水平姿势	1. 讲解示范，明确动作要领，强调向后上方踢水。 2. 要求身体平躺，保持正确的仰卧姿势。多做仰卧浮体和呼吸练习，消除怕水心理。 3. 加强腰腹力量训练
臂部	入水点过宽或过窄	1. 动作概念不清。 2. 移臂时手臂姿势及路线不对。 3. 身体转动不够。 4. 肩关节灵活性差	1. 讲解示范，明确动作要领。 2. 强调在垂直面上直臂移臂，多做陆上和水中练习。 3. 适当加大躯干绕纵轴转动的幅度。 4. 加强肩关节灵活性训练

续表

动作部位	常见错误	产生原因	纠正方法
臂部	手背拍击水面入水	1. 动作概念不清。 2. 肩关节灵活性不够。 3. 身体协同配合不协调	1. 讲解示范，明确动作要领。 2. 加强肩关节灵活性训练。 3. 提升打腿能力，与髋关节协同转动，使身体侧卧配合手臂入水
	臂划水用力过早、过猛	1. 动作概念不清。 2. 急于划水。 3. 身体平衡稳定性差	1. 讲解示范，明确动作要领。 2. 强调入水下滑做抓水动作后再开始划水。 3. 适当放松，划水时逐渐加速，不宜爆发式用力。 4. 提高打腿能力和身体仰卧、侧卧姿态下的平衡能力
	拖肘划水或直臂划水	1. 动作概念不清。 2. 没有做好抓水动作和屈臂动作。 3. 手臂入水顺势拖肘后划	1. 讲解示范，明确动作要领。 2. 多分解练习入水后的抓水、划水动作。 3. 强调手臂入水、抓水成倒高肘姿势后再划水，感受手掌前臂内侧对水的划水感觉
	两臂配合不连贯	1. 动作概念不清。 2. 划水结束时手臂在体侧停顿	1. 讲解示范，明确动作要领。 2. 多做两臂配合模仿练习，体会两臂不停顿划水并始终处于相对位置的要领。 3. 强调推水结束时，借助反作用力迅速提臂出水
配合	头高脚低，“坐”着游	1. 收腹屈髋，臀部下沉。 2. 怕呛水，头部位置太高。 3. 腰腹和下肢力量差	1. 要求稍仰头，微挺胸腹，髋关节展平，头后部浸入水中。 2. 加强仰浮、仰卧滑行和打腿练习，提高水中仰卧姿势的控制能力，形成良好的仰卧姿势。 3. 加强腰腹及下肢力量训练
	配合动作不协调、不连贯	1. 腿慢手快。 2. 呼吸紊乱。 3. 手臂配合脱节	1. 加强打腿练习，积极快速而不停顿地打腿，适当放慢划水频率。 2. 消除紧张心理，注意呼吸节奏，强调手臂与呼吸的正确配合方式。 3. 强调推水结束时，快速提臂出水

续表

动作部位	常见错误	产生原因	纠正方法
配合	侧向摇摆，蛇形游进	1. 移臂时不在垂直面上，侧摆移臂。入水点偏内或偏外。 2. 划水过程不合理。 3. 打腿能力差。 4. 身体转动不够甚至没有转动。 5. 身体核心稳定性差	1. 多做正确的移臂动作模仿。强调垂直面上移臂，入水点在肩的延长线上。 2. 强调入水后先滑行再抓水，然后划水；以高肘屈臂姿势完成正确的划水路线。 3. 加强腿部技术、力量的练习，提高腿部效果和平衡能力。 4. 强调身体要随划臂动作沿身体纵轴左右转动，包括侧向打腿的配合。 5. 加强身体核心力量练习，提升核心稳定性

思考题

1. 游仰泳时如何保持良好的身体姿势？

2. 如何练习仰泳腿部技术动作？有哪些练习可提升仰泳打腿能力？

3. 仰泳臂部技术的动作要领是什么？

4. 如何改进仰泳打腿时膝关节出水的错误动作？

5. 作为游泳教练，在仰泳教学中，如何预防学生手臂入水时过宽或过窄的错误动作？

6. 作为游泳教练，在仰泳教学中，如何预防和纠正学生身体侧摆游进的现象？

第七章　蝶泳技术与教学

学习导航：

本章简要介绍蝶泳技术的发展演变，着重分析蝶泳技术，包括从各基本技术环节到完整配合技术，并讲授学习蝶泳技术的步骤与方法，旨在使学生通过本章的学习和实践，能够掌握蝶泳技术的概念，有针对性地习得并提高自身的蝶泳技术，进一步发展水中运动的能力，具备一定的蝶泳技术教学指导能力。

第一节　蝶泳介绍

一、蝶泳技术的发展演变

蝶泳是4种竞技泳式中最晚发展起来的，其从蛙泳技术发展演变而来，是第二快的泳式。因两臂同时移臂和划水的动作外观像蝴蝶展翅，这种泳式被称为蝶泳。由于蝶泳的腿部动作酷似海豚，所以蝶泳打腿又称为“海豚腿”。蝶泳动作节奏鲜明，游进时躯干在水中连续起伏，这对身体的肌肉力量、协调性和柔韧性都有较高的要求。

1933年，有运动员在蛙泳比赛中首次采用两臂同时向后划水至大腿、再经空中向前移臂入水的动作参加比赛，这种技术逐渐风行，在当时被称为“蝶式蛙泳”。1936年，国际泳联决定，允许运动员在蛙泳比赛中采用蝶式蛙泳。

几乎在蝶式蛙泳出现的同时，一些教练员和运动员模仿海豚躯干和尾鳍上下摆动的波浪式打水动作，将其与当时流行的蝶泳手臂动作相结合，大大提高了蝶泳的游进速度。这种上下打腿的蝶泳被称为“海豚泳”。但因当时游泳规则的限制，这种技术还不能出现在正式的蛙泳比赛中。

1952年第十五届奥运会后，国际泳联通过决议，承认蝶泳为独立的泳式，将蝶泳和蛙泳分开比赛和记录成绩，并准许运动员在蝶泳中做垂直面上两腿同时上下打水的动作，为蝶泳的发展开通了新路。1953年，匈牙利运动员首次在比赛中采用海豚式蝶泳，并取得优异的成绩，连续创造新的世界纪录。此后，海豚式蝶泳迅速流行起来。

早期的海豚式蝶泳的技术特点是躯干和腿有明显的大波浪动作；臂入水较深，前伸后有停顿，以腿的动作为主，动作幅度大，但动作脱节不连贯。从1956年墨尔本奥运会开始，出现身体较平稳、波浪动作小、两腿做不间断小波浪打水、以臂为主的技术，蝶泳技术进入一个新的发展阶段。20 世纪 50 年代后期，我国运动员王强立曾多次做过“潜水海豚泳”的尝试，即出发后在水下做海豚式打腿潜游 30—40 米，然后转为以正常蝶泳的动作游进。该技术的出现曾引起国际游泳界的关注。1998 年，国际泳联规定，将蝶泳出发和转身后在水下潜游的距离限制在 15 米之内。

长期以来，美国、澳大利亚、日本等国家的蝶泳成绩比较突出。经过几十年的不断完善，现代蝶泳形成了身体姿势高平、小波浪、快频率、节奏鲜明、以两臂划水为主、在一个动作周期中划 1 次水打 2 次腿、配合协调连贯流畅的动作特点。

二、蝶泳竞赛规则

（1）从出发和每次转身后的第一次手臂动作开始，运动员身体应保持俯卧姿势。任何时候都不允许运动员转成仰卧姿势。只要身体呈俯卧姿势蹬离池壁，允许运动员在触壁后用任何方式转身。

（2）在比赛全程中，运动员的两臂必须在水面上同时向前摆动，并同时在水面下向后划水。

（3）所有的上下打腿动作都必须同时进行。两腿或两脚可不在同一水平面上，但不允许有相对交替的动作。不允许蹬蛙泳腿。

（4）在每次转身和到达终点时，运动员的两手应分开在水面、水上或水下同时触壁。

（5）在出发和每次转身后，允许运动员在水下做一次或多次打水动作和一次划水动作，这次划水动作必须使身体升到水面。允许运动员在出发和每次转身后潜泳，在 15 米内运动员的头必须露出水面。运动员必须使身体保持在水面上，直至下次转身或到达终点。

三、蝶泳技术关键

1. 身体波浪动作

蝶泳的核心技术是从头到脚的身体波浪，是一种在身体中重复传递的波浪，它最初是由头和胸部的微小动作引发，在身体下方传递的过程中逐渐增大，经腰部、腿、脚踝，形成波浪动作结束时必不可少的鞭打动作。

2. 头部位置和动作

当头作为身体的领先部分移过水面时，身体的位置和动作需从不吸气的俯卧姿势和吸气时与手的配合来考虑。人体在俯卧时，颈部肌肉应放松且随头部前伸，面部朝下，帮助身体前进。在有呼吸的周期中，头部波浪动作应该尽量地小，并且头部尽可能贴近水面。

3. 打腿

打腿是在身体波浪尾部产生的最后推进力，包括两脚的鞭打和大腿肌肉的收缩，其有效性依靠于身体波浪的正确性。在日常训练中，可使用脚蹼进行有效的打腿训练，以促进身体形成正确的波浪动作，提高脚踝的柔韧性，增强核心力量和腿部力量，并且改善身体的流线型姿势。

第二节　蝶泳技术分析

一、身体姿势

在蝶泳的游进过程中，身体各部分上下起伏，没有一个固定的身体位置；头部、躯干和腿沿身体横轴做波浪状的传递式起伏，形成有节奏的波浪运动。这种波浪式的身体姿势，是由于蝶泳臂、腿及呼吸的特殊技术而自然形成的，主要表现为头、背、臀及腿部有节奏地上下波动。

正确的头部运动有利于身体的波浪形成。吸气时，前伸下巴且尽可能贴近水面，使头和躯干成一条直线。不应有明显的抬头动作，造成臀部下沉，破坏身体的水平姿势。背部随身体波浪起伏，始终保持在水面上或紧贴水面，避免过多的垂直运动从而增加前进的阻力。随着蝶泳动作的完成，臀部的移动也应呈小波浪式，在手臂入水时露出水面且向前上方移动（图7－1），过高和过低的臀部位置都会影响身体的平衡和打腿的推进力。

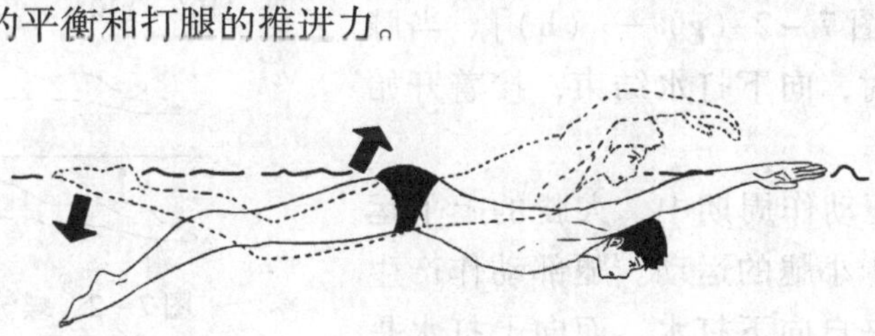

图7－1　蝶泳入水压肩提臀

二、腿部技术

蝶泳打腿又称为海豚式打腿，其对保持良好的身体姿势和形成自然的波浪式节奏提供一定的推进力，并起着十分重要的作用。海豚腿的打水动作与躯干动作紧密相连，由腰部发力，通过髋、膝、踝依次传递完成，两腿同时做上下方向的“鞭状”打水。强而有力的打腿动作确保了蝶泳游进时身体的平衡和良好的配合时机。

世界游泳教练员联合会在《游泳教练圣经》（*The Swim Coaching Bible*）中指

出，人们将4种传统泳式中没有的海豚式打腿泳式称为“第五种泳式”。现已证明，海豚式打腿游进的泳式较水面游进的泳式速度快。潜泳与水面游进一样，其本质也是打腿次数、打腿频率及打腿次数与频率间的相互关系。游泳者不能只靠身体的波浪动作，还要靠膝、踝的协调配合，才能做出有效的打腿动作。

蝶泳打腿由1次向上打水和1次向下打水组成。打腿时，两腿自然并拢，两脚稍内旋成“内八字”，两腿的动作应同时进行，否则即为犯规。在蝶泳配合中，运动员应掌握正确的打腿动作概念，即腿部动作是身体波浪动作的延续，与划臂动作协调配合，因此不需刻意加大打腿动作的力量。

当上一个向下的打水动作结束，两脚下打至最低点时，膝关节伸直，臀部上升至水面，髋关节弯曲约至160°［图7－2（a）］；接着两腿伸直向上移动，髋关节逐渐展开，臀部下沉［图7－2（b）—（d）］；在两脚和小腿继续向上时，大腿开始下压，膝关节随两腿下压动作而自然弯曲［图7－2（e）］；随大腿继续加速向下，屈膝程度增加，脚上抬接近水面，臀部下降至最低点，膝关节屈成约110°—130°，脚和小腿准备向下打水［图7－2（f）］；随大腿加速下压，脚和小腿加速向后下方推水；在两脚继续向后下方推水动作尚未结束时，大腿开始向上移动，由于大腿向上移动和脚加速向下打水，形成鞭状打水动作［图7－2（g）—（h）］。当膝关节完全伸直时，向下打水结束，接着开始下一轮打水动作。

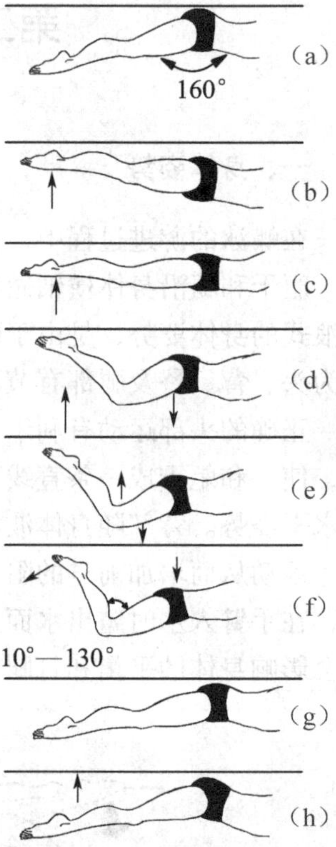

图7－2　蝶泳打腿顺序

在每个打腿动作周期中，大腿的上下运动应始终领先于小腿的运动。腿部动作产生的推进力主要来自向下打水，而向上打水是为向下打水做准备，使双脚能从一个有利位置开始向下加速鞭打。可见，踝关节的柔韧性对蝶泳打腿动作至关重要，其良好的伸展性可让腿部在下打过程中长时间保持向后对水的位置。

三、臂部技术

蝶泳手臂划水产生的推进力是推动身体前进的主要动力。蝶泳的臂部动作与爬泳相似，不同的是蝶泳两臂同时对称划水，而爬泳是两臂交替划水。蝶泳臂的划水是两臂在肩前入水前伸后，同时对称地在身体下方向后划水，划至大腿时出水，经空中移臂再次入水。蝶泳手臂动作包括入水、划水、出水和空中移臂4个紧密相连的动作阶段，手臂的划水路线呈双“S”形（图7－3）。

1. 入水

入水动作应借助空中移臂的惯性顺势完成，入水位置是在两肩的延长线上或略宽于肩。入水时，肩关节尽量前伸，前臂外旋，手掌略向外侧切入水，手在水面下的深度尽量要浅，接着前臂、上臂依次入水（图7－4）。手在入水时，眼睛目视池底，同时进行第一次蝶泳腿的下打动作，配合压胸、压肩、提臀动作。

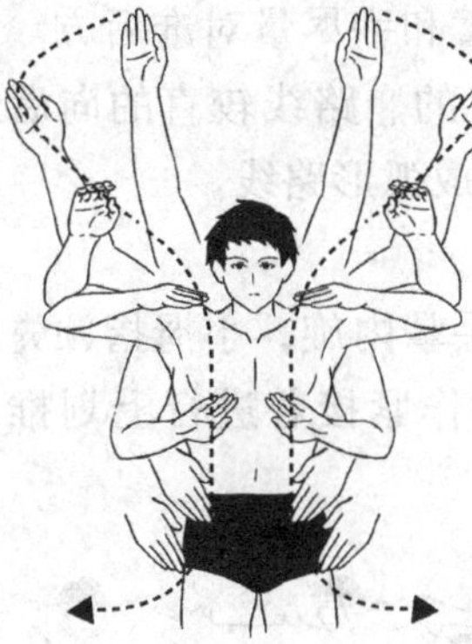

图7－3　蝶泳手臂划水路线

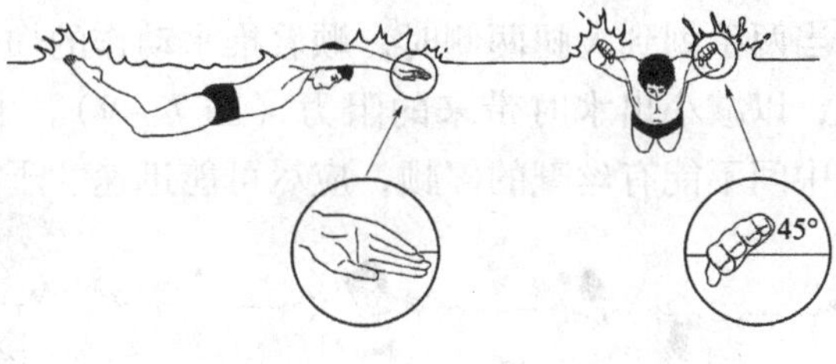

图7－4　入水

2. 划水

（1）外划。

外划抓水阶段正处于腿向下打水使臀部上升、肩部下压、身体向前的阶段。双手向外下方移动，划至肩的延长线外侧，在接近抓水位置时屈肘，使上臂和前臂的下方向后对准水（图7－5）。外划不产生推进力，是寻找支撑点的阶段，因此动作相对较慢。应尽可能伸肩伸臂，将背阔肌等肌群尽量伸长，为接下来产生推进力的内划阶段做好准备。

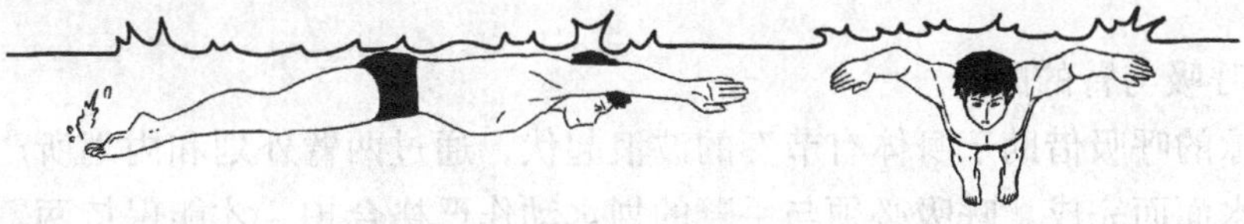

图7－5　外划

（2）内划。

两手抓水后，继续屈肘，并保持高肘姿势（图7－6），手臂继续向外旋转，两手沿向外下方向的弧形路线至肩前，手接近划水路线的深处；两手继续向内弧线划水，肘关节弯曲程度逐渐加大，当划至肩下方靠近身体中线时，两手间的距离最近，结束内划，准备上划（图7－7）。

图7-6　内划高肘姿势

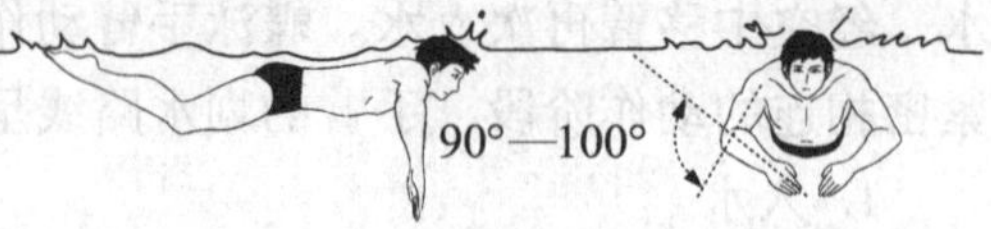

图7-7　内划结束

（3）上划。

上划是内划动作的继续，此时手臂内旋，双手向后、向外、向上做弧形加速推水动作至大腿旁。划水时要逐渐伸肘、伸腕，使前臂和手尽量对准后方。该阶段注意避免直接向上推水的错误；前半部分应有较大的、路线较直的向后运动（图7-8），后半部分则有较大的向外、向上动作，构成弧形路线。

3. 出水

当两手划到大腿两侧时，顺着推水动作的惯性，手掌内旋，小拇指领先侧切出水，以减小出水时带来的阻力（图7-9）。出水动作紧接着进行上划推水动作，中间不能有丝毫的停顿，应尽可能迅速、干脆。

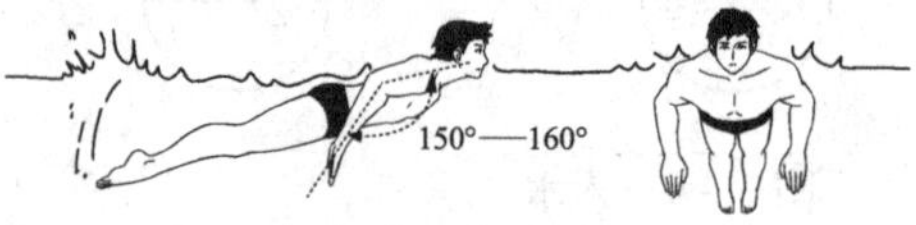

图7-8　上划的向后运动

图7-9　出水动作

4. 空中移臂

手臂出水后，在肩的带动下在身体两侧经空中前移到头前准备入水。移臂过程中手臂放松，大拇指朝下，手背向前，利用推水产生的惯性沿身体两侧以低平的直臂姿势前摆；移臂时肩部不能离水面太高，应将头与肩部保持一条直线，同时肩关节良好的灵活性会促使移臂动作更加轻松自然。

四、配合技术

1. 呼吸与臂的配合

蝶泳的呼吸借助于身体有节奏的波浪起伏，通过两臂外划和内划所产生的升力露出水面而完成。呼吸必须与手臂的划水动作严格合拍，才能保持两臂划水的持续，并保证协调连贯地完成配合动作。因此，正确的呼吸时机是在手臂外划时开始，随着躯干的起伏同步进行吸气，然后伴随空中移臂顺势低头。即两臂外划抓水时，头开始上抬；两臂内划过程中继续抬头［图7-10（a）］；内划结束两臂划至肩下时头抬出水面，前伸下颌［图7-10（b）］；在两臂推水及空中移臂的前半段吸气［图7-10（c）—（d）］；两臂前摆准备入水时迅速低头，稍闭气后开始呼气［图7-10（e）］。

2. 完整配合技术

正确的蝶泳配合技术应该速度均匀、节奏性强、动作连贯，每次打腿的间歇时间大致相同，打水连贯有力。目前，大多数运动员采用2∶1∶1的配合方式，即打腿2次，划臂1次，呼吸1次。两臂入水时，腿第一次向下打水；当两臂划至胸腹下方时，腿开始第二次向下打水；臂推水结束，第二次向下打水结束；移臂时，腿又向上准备做下一周期的打水动作（图7－11）。

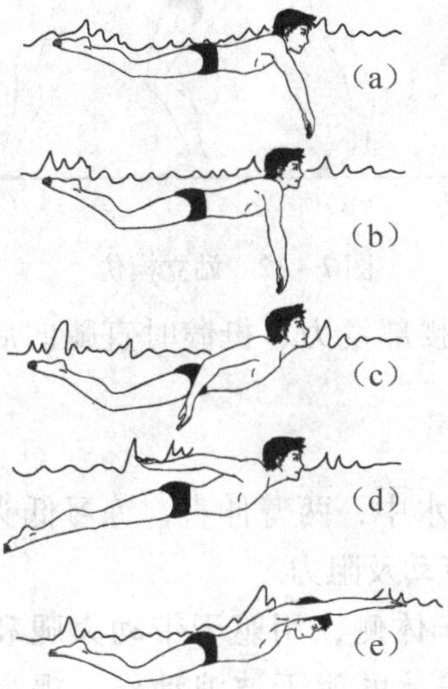

图7－10 呼吸与臂配合

图7－11 蝶泳完整配合技术

第三节 蝶泳技术教学

与其他泳姿相比，蝶泳技术的学习对学习者的水性、身体协调性及臂、腿、腰腹的肌肉力量都有较高要求，较难掌握，因此通常在掌握其他泳式后，最后学习蝶泳技术。

教学重点是身体姿势和腿部动作，难点是完整配合的节奏。

一、躯干与腿部技术

1. 动作要领

两腿自然伸直并拢，脚稍内旋，由腰部发力，带动臀部、大腿、小腿和脚做鞭状打水。下打时提臀伸膝，脚背向后下方用力打水；上打时挺腹，腿部自然伸直。两脚打水幅度为40—50厘米。

教学重点是掌握躯干波浪动作，难点是躯干发力顺序下的鞭状打水。

2. 练习方法与步骤

（1）陆上模仿练习。

① 站立模仿：原地站立或背靠墙站立，两臂置于体侧或上举伸直并拢，模仿蝶泳的躯干与腿动作（图7－12）。练习时将动作分解为挺腹、屈髋屈膝、提臀伸膝3拍练习，逐步将3拍连贯起来，并加快节奏。练习时重点体会身体躯干的波浪动作。

（a）预备　（b）　（c）　（d）

图7－12　站立模仿

② 单腿站立模仿：一腿站立于池边或台阶上，另一腿与躯干配合模仿练习蝶泳躯干与腿的波浪动作。重点体会腰部发力、挺髋时直腿向后、收腹时屈膝向前的前后摆动的鞭状打水动作。

（2）水中练习。

① 扶边打腿：两手扶边或池槽，身体俯卧水中，两臂伸直，练习低头闭气打腿。体会俯卧姿势下的身体波浪动作和水的流动及阻力。

② 俯卧徒手打腿：蹬边后漂浮，两臂置于体侧，用躯干带动大腿和小腿练习蝶泳打腿。可配合抬头换气，不断巩固蝶泳的躯干波浪动作，提高身体的控制能力。熟练后可将手臂前伸并拢，身体呈流线型姿势练习滑行打腿（图7－13）。同时也可配合蛙泳手臂动作换气，注意吸气时手臂与腿的配合要协调有节奏。

③ 扶板打腿：两臂前伸，两手扶板，保持头和肩部相对稳定，连续做蝶泳打腿动作向前游进（图7－14）。先以低头闭气、抬头吸气的方式进行打腿练习，熟练后逐步延长练习距离，提高动作实效性，再抬头练习蝶泳腿。

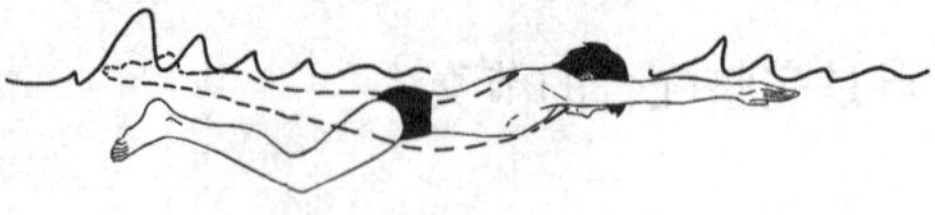
图7－13　滑行打腿

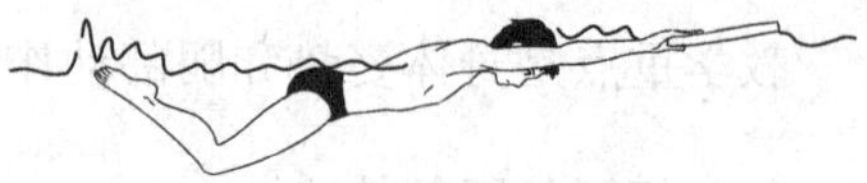
图7－14　扶板打腿

二、臂部技术和臂与呼吸配合技术

1. 动作要领

（1）臂部动作。

两臂同时对称在肩前入水，向外下后方屈臂、转腕、抱水后，在身体下方保持高肘屈臂向内、向后、向外加速划水，划至大腿旁出水，经空中前移再次入水。

（2）臂与呼吸配合动作。

臂入水时呼气，划水时开始抬头，推水时吸气，移臂时闭气。

教学重点是高肘屈臂划水，难点是臂与呼吸配合。

2. 练习方法与步骤

（1）陆上模仿练习。

站立模仿：两脚平行或前后开立，上体前倾进行模仿手臂练习（图 7 – 15），逐步配合呼吸练习。重点体会手臂动作的划水路线、节奏与低平移臂的技术概念，学会把握手臂与呼吸的配合时机。

（2）水中练习。

① 站立模仿：站在浅水中做蝶泳划臂练习。在学习蝶泳划水路线、节奏的基础上，通过水的流动和阻力，体会划水产生推进力的动作过程，动作熟练后加上呼吸的配合。可先原地练习，之后随臂的推进作用边走边做，不断巩固臂部动作和臂与呼吸配合技术。

② 辅助性划臂练习：在同伴抱持双腿的帮助下做划臂练习（图 7 – 16）。可先闭气练习，再加上呼吸配合。体会在水中以正常俯卧姿势完成臂部动作过程中的路线、节奏以及水的阻力。

③ 夹板划臂：俯卧水中，两腿夹板做划臂与呼吸配合练习，进一步控制身体平衡，体会动作的发力过程。

图 7 – 15　站立模仿

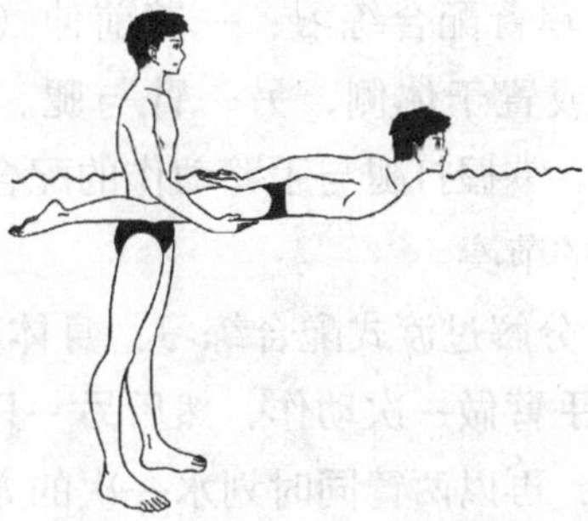

图 7 – 16　辅助性划臂练习

三、完整配合技术

1. 动作要领

蝶泳配合方式是 2∶1∶1，即打腿 2 次、划臂 1 次、呼吸 1 次。两臂入水前伸时进行第一次打腿，划水时开始呼气；两臂推水时打第二次腿，抬头吸气；空中移臂时闭气。

教学重点是臂腿的配合，难点是臂腿配合的节奏。

2. 练习方法与步骤

（1）陆上模仿。

① 臂腿配合练习：原地站立，模仿蝶泳两臂划臂和躯干的波浪式摆动。当两臂上摆至肩的前方“入水”时，躯干完成第一次波浪式摆动，呈提臀、屈髋、挺膝的姿势；当两臂“推水”至大腿旁“出水”时，躯干完成第二次波浪式摆动，呈屈髋的自然站立姿势(图 7 – 17)。练习时体会身体的波浪状摆动与两臂动作配合的时机,力求动作协调自然。

② 完整配合模仿：在“陆上模仿练习①”的基础上，加上呼吸动作进行完整配合模仿练习。

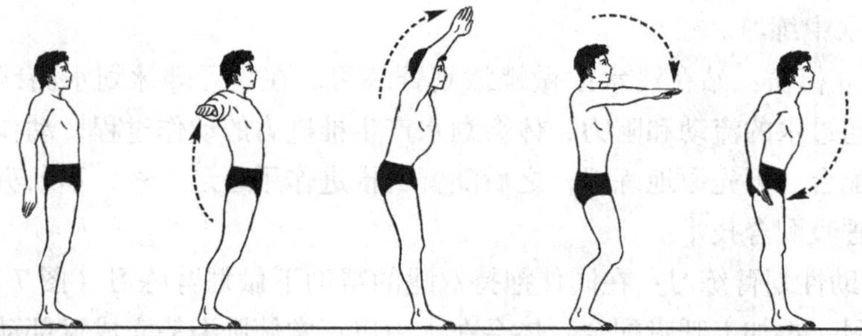

（a）（b）（c）（d）（e）

图 7 – 17　陆上蝶泳配合模仿

（2）水中练习。

① 单臂配合练习：一臂前伸（可徒手或扶板）或置于体侧，另一臂与腿、呼吸做配合练习。掌握打腿与手臂动作的配合时机，体会配合的节奏。

② 分解过渡式配合练习：身体俯卧水中，先一只手臂做一次动作，然后另一只手臂做一次动作，再以两臂同时划水一次的方式进行游进练习（图 7 – 18）。不断熟练配合动作，保持动作节奏，提高蝶泳技术配合的准确性。

③ 完整配合练习：按照 1 次划水，打腿 2 次，呼吸 1 次的节奏进行蝶泳完整配合练习。

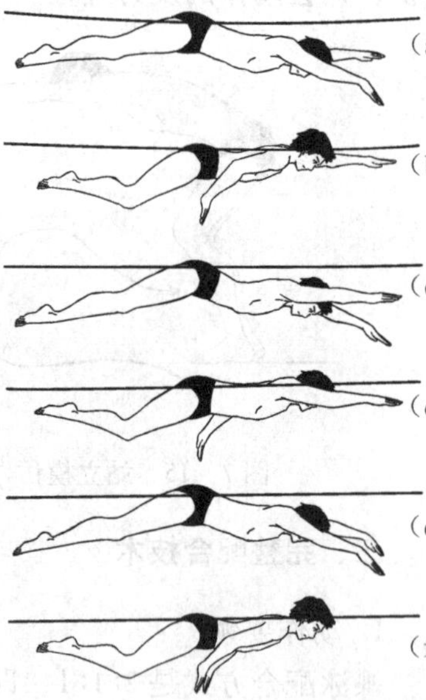

（a）（b）（c）（d）（e）（f）

图 7 – 18　分解过渡式配合练习

四、常见错误动作及纠正方法

学习蝶泳时的常见错误动作及纠正方法如表 7 – 1 所示。

表7－1　蝶泳常见错误动作及纠正方法

动作部位	常见错误	产生原因	纠正方法
躯干和腿	屈髋打腿	1. 动作概念不清。 2. 上打时未展髋。 3. 下打时收腹过度	1. 讲解示范，明确动作要领。 2. 强调向上打腿时展髋。 3. 减小打腿幅度
	屈伸小腿打腿	1. 动作概念不清。 2. 躯干未参与动作	1. 讲解示范，明确动作要领。 2. 多做以腰带动的模仿练习，强调腰部发力。 3. 强调向上打腿时直腿上抬
	躯干无波浪动作	1. 动作概念不清。 2. 下打时提臀不够	1. 讲解示范，明确动作要领。 2. 可多做扶板打腿练习，强调腿下打收腹提臀，腿上打时保持直腿以使髋部自然下沉。 3. 可多做潜水打腿练习，加大躯干动作幅度，体会身体的波浪动作
	身体起伏过大	1. 动作概念不清。 2. 手臂入水时头部下潜过深。 3. 手臂划水时向下压水，头部上抬吸气。 4. 打水太深，过于屈髋	1. 讲解示范，明确动作要领。 2. 保持头肩部位相对稳定，入水时不过分低头。 3. 划水时保持高肘屈臂姿势，前伸下颌吸气，不过分抬头抬肩。 4. 可多做扶板小波浪打腿练习
臂部	直臂划水	1. 动作概念不清。 2. 屈肘伸肘肌肉群力量不足。 3. 错误动作定型的影响	1. 讲解示范，明确动作要领。 2. 加强屈肘伸肘肌肉群的力量练习。 3. 多做陆上和水中有固定支撑的划水练习，强调高肘屈臂与划水路线
	手臂出水、移臂困难	1. 对该阶段动作概念不清楚。 2. 出水时掌心向上。 3. 移臂开始时低头过早	1. 讲解示范，明确该阶段动作要领、动作路线。 2. 明确在正确的划水路线中的掌心方向变化。 3. 移臂后半段时低头入水
	划水路线短	1. 入水后未做抓水动作，急于下划。 2. 怕吸不到气，无推水动作或推水不充分	1. 入水后先前伸滑行，再外划抓水。 2. 多做陆上模仿练习和水中夹板低头闭气的划水练习，身体保持相对水平姿态，强调两手推至大腿旁。 3. 强调推水后段抬头吸气

续表

动作部位	常见错误	产生原因	纠正方法
配合	臂腿配合脱节	1. 动作概念不清。 2. 手臂入水后停留太久。 3. 两次打腿过于紧凑，第二次打腿过早结束	1. 讲解示范，明确动作要领。 2. 陆上模仿，强调第一次下打与外划抓水同时完成；第二次打腿与推水同时进行并在臂出水时完成。 3. 可多做蛙泳长划臂结合海豚打腿的练习，寻找配合衔接时机
	躯干无波浪动作	1. 动作概念不清。 2. 手臂入水，未积极前伸、压肩、提臀	1. 讲解示范，明确动作要领。 2. 陆上反复模仿练习并在水中练习，强调手臂入水前伸、压肩、提臀
	抬不起头，吸不到气	1. 抬头过晚。 2. 划水效果差	1. 多做模仿练习，注意头与手臂动作的配合时机，开始向后划水就逐渐抬头并吸气。 2. 加强手臂动作规范性和动作效果

思考题

1. 如何提升蝶泳腿部技术动作的效果？

2. 如何有效完成蝶泳臂与呼吸配合技术？

3. 蝶泳完整配合动作要领是什么？如何对10岁青少年进行蝶泳完整配合技术的教学？

4. 蝶泳技术的身体姿势有何特点？

5. 在打腿技术上，蝶泳与爬泳有哪些不同？

6. 作为游泳教练，在蝶泳教学中，如何改进学生游进中无波浪的现象？

7. 作为游泳教练，在蝶泳教学中，如何纠正学生呼吸不足甚至吸不到气的现象？

第八章　出发技术与教学

学习导航：

本章简要介绍出发技术的发展演变及类型，重点分析蹲踞式、抓台式出发技术和仰泳出发技术，并讲授相应的学习步骤与方法，旨在使学生通过本章内容的学习与实践，能够掌握和运用各种出发技术，进一步提升水中运动的综合能力，具备一定的出发技术教学指导能力。

第一节　出发技术介绍

出发是游泳比赛的开始。在分析比赛技术参数时，出发一般是指从出发信号发出起，到运动员的头到达15米处，这段距离内的所有动作。根据游泳竞赛规则，个人项目（仰泳除外）和自由泳接力项目应从出发台出发；仰泳项目和混合泳接力的第一棒应从水中出发。目前，游泳比赛中台上的出发技术有蹲踞式出发、抓台式出发和摆臂式出发3种类型，摆臂式出发主要用于接力项目。

一、出发技术发展演变

出发台出发技术是在长期的竞赛实践中不断发展演变而来的。早期的游泳池没有出发台，也没有统一的出发规范，运动员在池边准备出发时的动作五花八门，有立有蹲。在第五届奥运会的游泳比赛中，虽然在出发技术上没有太多改进，但设置了供运动员各自游进的泳道。

摆臂式出发是最早发展起来的出发台出发技术。准备姿势是两臂向后伸，起跳时两臂前摆带动身体向前跃出，即“直接前摆式”（图8－1）。后来演变出“预先后摆式”（图8－2）、“绕环摆臂式”（图8－3）、“抓台式”（图8－4）、“团身式”（图8－5）、“蹲踞式”（图8－6）等不同的出发技术。

预先后摆式出发技术改变了直接前摆式技术准备姿势的手臂位置，使两臂下垂，增加向后摆动的过程，再向前摆，带动身体向前跃出。该技术动作比较自然，预摆动作有利于加大摆臂速度，使身体向前跃得更远。

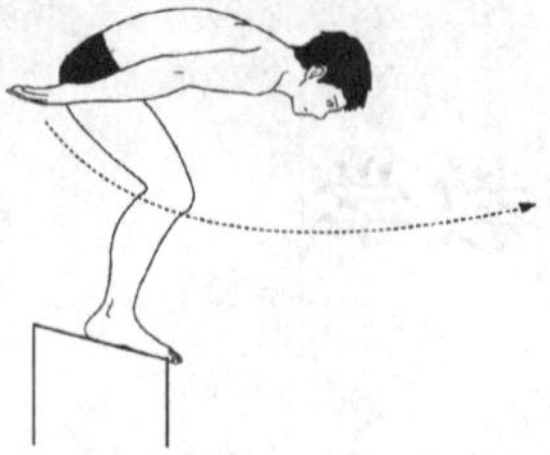

图 8－1　直接前摆式

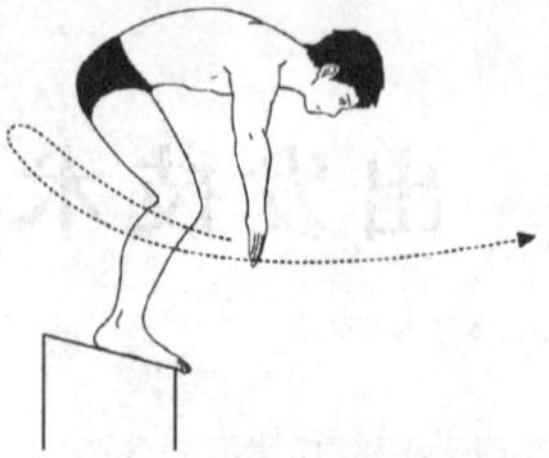

图 8－2　预先后摆式

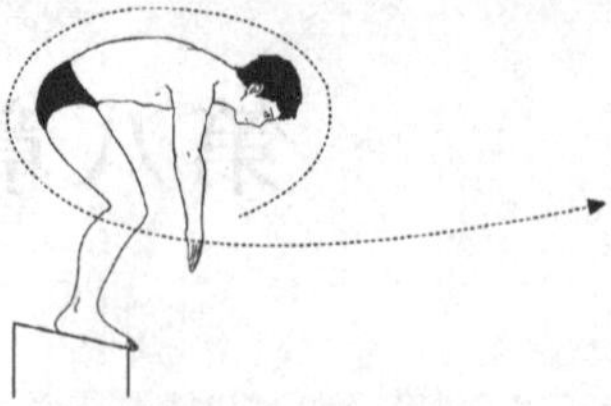

图 8－3　绕环摆臂式

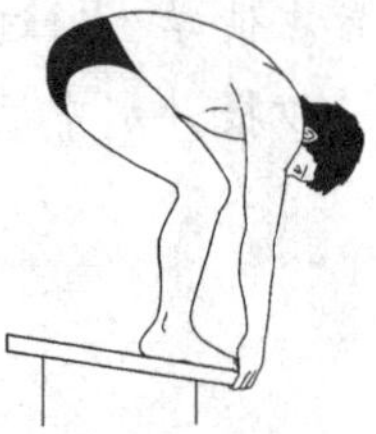

图 8－4　抓台式

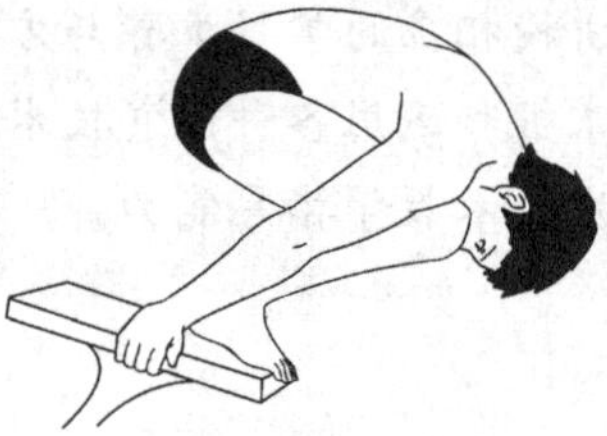

图 8－5　团身式

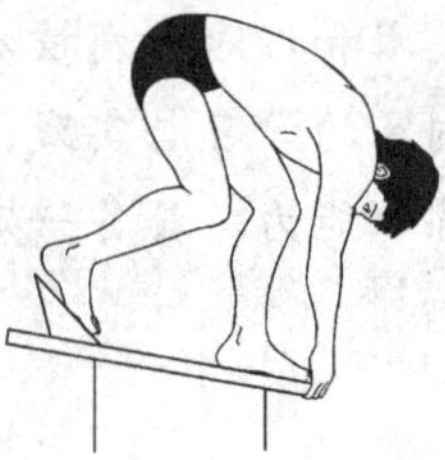

图 8－6　蹲踞式

但人们后来发现，两臂的预先后摆并不能使身体重心前移，于是发展出绕环摆臂式技术。出发时，两臂先向前、向上、向外摆起，再向后、向下、向内呈弧形绕环摆至体后，经大腿两侧向前摆出，带动身体向前跃出。手臂的弧形摆动有利于加大摆臂速度，增大离台力量，使人体腾空较高，入水点较远。但这种预备姿势不够稳定，台上启动较慢。目前，该技术主要在接力比赛交接棒时被采用。

20 世纪 60 年代末期，出现了抓台式出发技术。准备姿势是两手抓住出发台前沿，起跳时通过两臂的主动提拉，促使身体重心迅速前移。该技术简单易学，身体姿势稳定，不容易犯规，启动快，入水早，是目前运用较广泛的一种出发技术。但这种技术的摆臂速度较慢，手臂制动所产生的动量转移小，因而蹬台力量较小，入水点较近，滑行速度较慢。

随后出现一种团身式出发技术。准备姿势是两手在两脚之后，从侧面抓住出发台夹住身体，团身，身体前倾，身体重心垂线超出出发台前沿。出发时，松手即可快速启动。该技术让运动员提高身体稳定性、不易犯规、启动快，但准备姿势时的手臂、腿部肌肉过于紧张，蹬台力量较小，入水点较近。

1974 年出现并逐渐流行起来的蹲踞式技术类似于短跑的起跑动作。2008 年后，新型出发台的后部增加了可调节式踏板，使该技术迅速为高水平运动员所广泛运用，成为当今大型游泳赛事中主流的出发技术。该技术的准备姿势是两脚前后分开，一脚抓住出发台前沿，另一脚蹬在出发台后部的踏板上，两手抓住出发台前沿。这种技术能有效防滑，稳定身体，不易犯规，同时能充分发挥两臂提拉和推压的作用，增大后腿的蹬台力量，入水点较远，滑行速度较快，入水较浅，易于迅速出水起游。

在出发技术的发展演变过程中，出发后的腾空和入水姿势也有重大变化。运动员长期以来采用身体在空中挺直、入水角度较小的“展体式”入水技术，这种技术比较简单、安全，容易掌握，但由于入水时身体所受到的水阻力较大，使用此技术时滑行速度会受到一定影响。20 世纪 70 年代中后期出现一种“洞式”入水技术，入水阻力小，水中滑行速度快。目前许多高水平运动员都采用这种技术。

二、出发规则

（1）自由泳、蛙泳、蝶泳、个人混合泳及自由泳接力比赛的运动员必须从出发台出发。当执行总裁判发出长哨声信号后，运动员应站在出发台上；当发令员发出“各就位”的口令后，运动员应立即做好出发准备姿势，即至少有一只脚位于出发台的前端，手臂位置不限；当所有运动员都处于静止状态时，发令员发出出发信号。

（2）仰泳比赛、混合泳接力比赛的第 1 棒必须从水中出发。当执行总裁判发出第 1 声长哨声后，运动员应立即下水；当执行总裁判发出第 2 声长哨声信号后，运动员应迅速游回池端；当所有运动员都做好出发准备时，发令员发出“各就位”口令；当所有运动员都处于静止状态时，发令员发出出发信号。

（3）任何运动员在出发信号发出之前出发，应判犯规。如果出发信号发出后发现运动员抢跳，应继续比赛，在该组比赛结束后取消抢跳运动员的录取资格；如果在出发信号发出前发现运动员抢跳，则不再发出发信号，待取消抢跳运动员比赛资格后，执行总裁判再以长哨声（仰泳为第 2 声长哨）开始重新组织其余运动员出发。

三、出发台

依据现行的《游泳竞赛规则 2019—2022》规定，出发台应正对泳道的中间，其前缘应高出水面 0.50—0.75 米。出发台的台面面积至少为 0.50 × 0.50 米，台面应由防滑材料覆盖，其向前倾斜的角度不超过 10°。出发台前缘应与池壁在同一垂直面上。出发台可设置可调节踏板，出发台的两侧可设置出发握手器。出发台必须坚固且没有弹性，并应保证运动员出发时能在前缘和两侧抓住出发台。

出发台必须设有横式和竖式的仰泳出发握手器，高出水面 0.30—0.60 米。横握手器与水面平行，竖握手器与水面垂直。握手器应与池壁在同一垂直面上，不得突出池壁。可以在出发台上设置仰泳出发器。仰泳出发器的踏板高 8 厘米，至少 65 厘米长，下端厚 2 厘米，倾斜角度为 10°；踏板可以调节到水上 4 厘米至水下 4 厘米处。出发壁架上面的手动旋转系统可以将壁架的高度调到不同位置。它的握把表面防滑，可防止运动员出发时手部滑落。仰泳出发壁架可改善运动员出发时的启动蹬力和入水后的轨迹，可帮助他们在出发时增加自己距离水面的高度。

第二节　出发台出发技术及教学

一般将出发台出发技术动作过程划分为准备姿势、起跳、腾空和入水、滑行和出水起游4个阶段。

一、蹲踞式出发技术

蹲踞式出发技术由田径短跑技术移植而来，是目前很多高水平运动员所采用的出发技术。蹲踞式出发离台速度快，重心低，比较稳定，不易抢码犯规。

1. 准备姿势

听到“各就位”信号后，两脚前后开立，用较有力的脚置于出发台前部，脚趾勾住前缘；另一只脚置于台的后部（或踏板），双手正抓出发台前缘［图8－7（a）］。

2. 起跳

出发信号（一般是笛声或枪声）发出后，手臂拉动身体向前下移动，后脚用力后蹬，两手前摆；当躯干前移出台面时，前脚在身体前移中蹬离，加速前冲［图8－7（b）］。

3. 腾空和入水

前脚蹬离后两腿并拢，身体保持一定紧张度并呈流线型姿势，按臂、头、躯干、腿的顺序依次入水［图8－7（c）—（d）］。

4. 滑行和出水起游

入水后身体保持流线型姿势，利用起跳所获惯性在水中向前滑行，一般到身体滑行速度接近游速时停止滑行。蛙泳项目一般滑行距离较长，滑行速度开始下降时使用长划臂技术，将身体升到水面起游。爬泳运动员出发入水滑行（滑行距离视比赛距离而不同）后，先做若干次水下海豚式打腿使身体上升到接近水面，再接爬泳划水动作起游。蝶泳运动员出发后通常先做快速水下海豚式打水，并逐渐使身体上升至水面，再接着做正常的蝶泳动作。出发后（蛙泳项目除外）潜泳距离不得超过15米，否则即为犯规。

图8－7　蹲踞式出发连续动作

二、抓台式出发技术

20世纪60年代末出现抓台式出发技术，其是蹲踞式出发技术的原型。研究结果显示，两种出发的主要差异在于准备姿势和起跳动作，出发的时间并无显著性差异。

1. 准备姿势

在比赛中，当运动员听到长哨声后，两脚分开与髋同宽平行站在出发台上，两脚脚趾抓住出发台的前缘，两手抓住出发台的前缘，身体放松自然［图8-8(a)］。两手可在两脚之间，也可在两脚之外。听到“各就位”后，膝关节弯曲，上体前屈胸紧贴大腿，身体重心垂直于出发台前沿或超出支撑面，通过核心力量保持身体稳定，并利用手臂拉台的力量保持身体平衡，避免失去平衡落入水中而造成犯规。

2. 起跳

听到出发信号后，拉臂、伸膝使身体向前倒出，继而屈膝放平。当膝踝屈至适宜角度时，爆发式用力伸展膝踝，同时摆臂展髋向前跃出［图8-8(b)—(c)］。

3. 腾空和入水

起跳后，身体在空中充分伸展，臂摆至头的下方时制动；然后低头，微收腹，准备入水。入水时，身体保持较好的流线型姿势，按臂、头、躯干、腿的顺序依次入水［图8-8(d)—(e)］。

4. 滑行和出水起游

抓台式出发技术入水后的滑行、出水以及蛙泳水下长划臂、水下海豚腿都与蹲踞式出发技术没有太大区别。入水后，利用起跳所获惯性在水中向前滑行，当滑行速度降至接近游泳的平均速度时，即开始游泳动作。

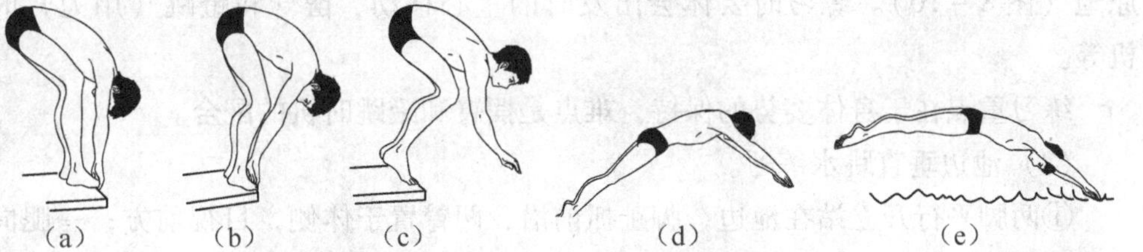

图8-8　抓台式出发连续

三、摆臂式出发技术

在游泳接力比赛中，规则允许第2—4棒运动员在其前一棒运动员触壁前做开始出发动作。接棒运动员的脚趾不得在交棒（水中）运动员触壁前离开出发台，否则即为犯规。多数运动员在接力中采用摆臂式出发技术，以便提高接棒速度。

1. 准备姿势

运动员站在出发台上，两脚开立与髋同宽，脚趾勾住出发台前缘；两膝微屈，上体前屈，重心落在两脚掌上；手臂自然放置体前，掌心向下；眼睛观察前一名运动员，并估算其触壁时间［图8－9（a）］。

2. 起跳

离台前，手臂向后做绕环摆臂后再前摆，同时屈膝，身体重心前移；随着腿蹬伸，脚蹬离出发台［图8－9（b）—（c）］。

3. 腾空、入水、出水和起游

与抓台式出发相似，都以较好的流线型姿势入水。摆臂式出发常在接力中使用，因此，接棒者要善于观察和预测交棒运动员的游速和到边时机，既要提前做摆臂动作，又要把握脚蹬离出发台的时机，避免抢跳犯规。

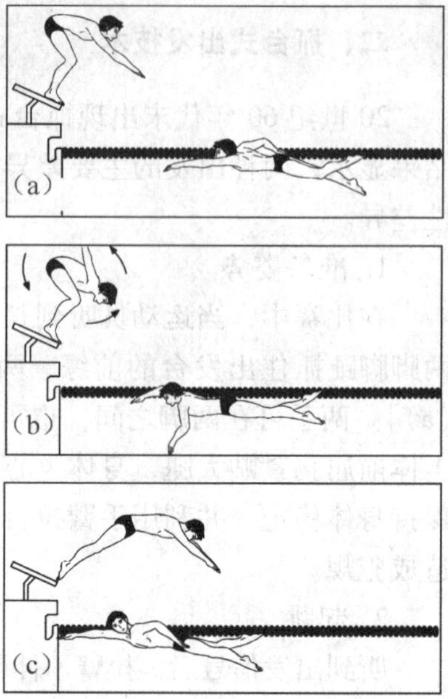

图8－9　摆臂式出发及交接配合

四、出发台上出发技术教学

1. 练习方法与步骤

（1）陆上模仿。

两脚平行开立与肩同宽，两臂自然下垂，低头、屈膝、弯腰，模仿准备姿势；然后摆臂向上起跳，手臂和腿都伸直并拢，身体呈流线型姿势，轻轻落回原地（图8－10）。练习时要体会出发时的重心移动、摆臂和蹬跳（用力）时机等。

练习重点在于身体姿势的保持，难点是摆臂和蹬跳时机的配合。

（2）池边垂直跳水练习。

①两脚平行开立站在池边，脚趾抓前沿，两臂置于体侧，目视前方；一腿向前迈一步，另一腿与其并拢，直立入水［图8－11（a）］。体会保持流线型身体姿势且脚先入水的“洞式”入水。注意身体保持一定的紧张度，避免后仰发生危险。熟练后，两臂上举练习。

②开始姿势同“练习①”，屈膝，向前上方蹬出，双脚朝下入水［图8－11（b）］。两臂先置于体侧练习，后上举练习。体会蹬跳时用力的感觉和身体姿势的保持。

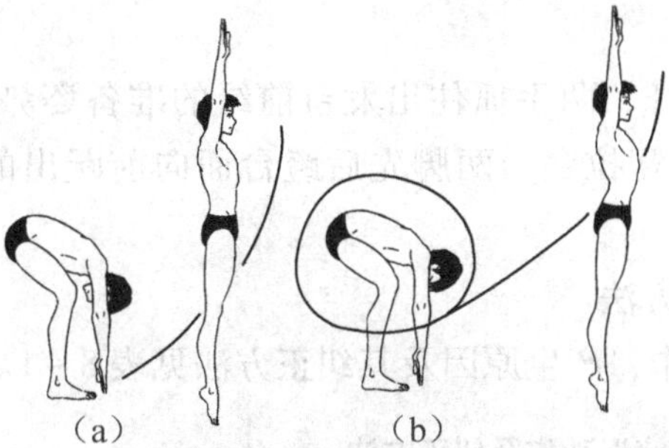

图 8－10 陆上模仿出发

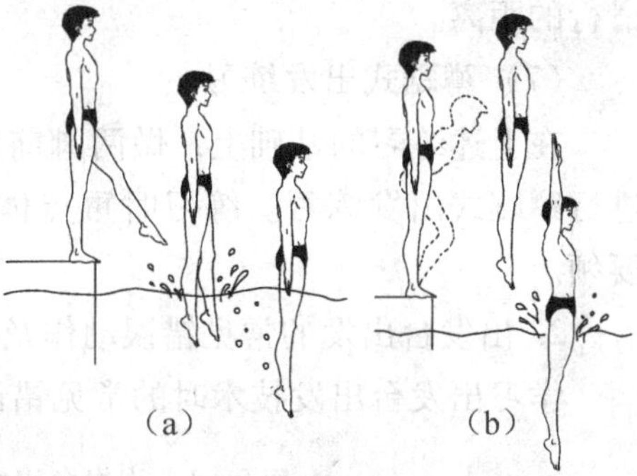

图 8－11 池边垂直跳水练习

(3) 池边蹲位出发练习。

站在池边，两脚脚趾勾住池边，下蹲，两臂伸直夹紧头部；身体向前倒，失去平衡后蹬离池边，身体呈流线型姿势“洞式”入水（图 8－12）。该练习要求体会先前移重心、后蹬腿的顺序，学会控制头部位置，还要体会手先入水的“洞式”入水。

(4) 池边站位出发练习。

池边站立，两脚脚趾勾住池边，两臂夹紧上举，向前下屈体，失去重心后跃入水中（图 8－13）。该练习是在蹲位出发练习的基础上完成的，并逐渐提高难度，为出发台出发做好准备。

图 8－12 池边蹲位出发练习

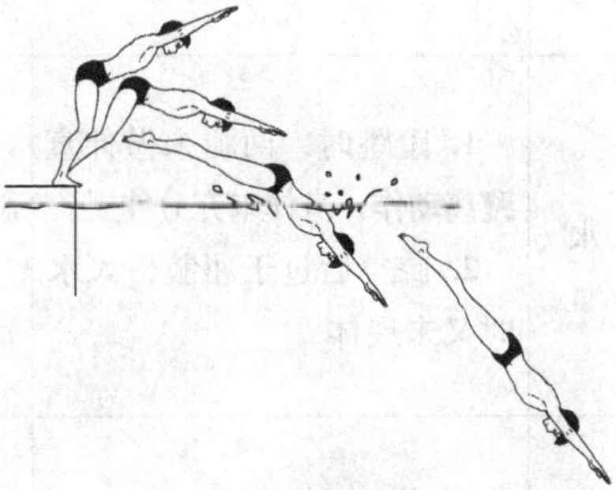

图 8－13 池边出发练习

(5) 摆臂式出发练习。

准备姿势同上一练习，两臂置于体侧，随着手臂向前摆动；身体前移直至失去重心，此时蹬离池边，身体伸展，经腾空后入水。练习时重点体会弧形摆臂带动身体向前跃出的要领。熟练后可在出发台上练习。

(6) 抓台式出发练习。

在上述练习的基础上，增加抓台和摆臂动作与起跳的配合，初步掌握抓台式出发技术。反复练习，使动作趋于连贯、准确，逐步增大蹬跳力量和腾空与水下滑行的距离。

（7）蹲踞式出发练习。

在上述练习的基础上，做两脚前后分开、两手抓住出发台前缘的准备姿势，进行蹲踞式出发练习。练习时重点体会手臂拉台、两脚先后蹬台而向前跃出的要领。

2. 出发台出发的常见错误动作及纠正方法

学习出发台出发技术时的常见错误动作、产生原因及其纠正方法见表 8－1。

表 8－1　出发台出发常见错误动作及纠正方法

常见错误	产生原因	纠正方法
胸腹拍水	1. 起跳时上抬躯干。 2. 无法控制摆臂或摆臂过高。 3. 起跳角度过大或过小。 4. 腾空时抬头、挺胸、挺腹或腰腹过于放松	1. 强调起跳时不要抬上体，目视前下方；腾空时微收腹，头稍低夹在两臂之间，手指领先入水。 2. 摆臂至肩前时制动。 3. 多做蹲池边出发的蹬跳入水练习，掌握适宜的起跳角度。 4. 起跳后低头、含胸，腰腹肌肉保持适度紧张
屈膝入水	小腿过于放松	1. 强调起跳后两腿并拢伸直，绷脚尖。 2. 多做陆上原地起跳的模仿练习，腾空后两腿并拢伸直，身体保持一定的紧张
屈髋入水	1. 蹬跳时，两腿未做伸直蹬离动作，身体未充分伸展。 2. 腾空后过于屈髋，入水时又未展体	1. 多做陆上原地起跳的模仿练习，腾空后两腿并拢伸直，身体保持一定的紧张。 2. 多做站立池边蹬跳入水练习，设定距离合适的入水点
脚先入水	1. 存在恐惧心理。 2. 做准备姿势时抬头过高。 3. 起跳时身体前倾不够，抬上体	1. 多做蹲池边的蹬跳入水练习，逐步消除恐惧心理，增强自信心。 2. 做好准备姿势，强调上体前屈，臀高于头。 3. 强调起跳时先前倒移重心后蹬离，不要抬上体
入水过深	1. 入水角度过大。 2. 起跳后收腹折体。 3. 入水后未及时伸腕	1. 适当向前上方跳起，适当增加腾空距离，减小入水角度。 2. 起跳后伸展身体，呈流线型姿势。 3. 入水后及时伸腕上扬，稍抬头，向前上方滑行

第三节　仰泳出发技术及教学

仰泳比赛的出发必须在水中进行，起跳后身体必须呈仰卧姿势。由于出发条件的限制和身体姿势的不同，仰泳的出发技术与出发台出发技术相比有很大差异。

一、仰泳出发技术

1. 准备姿势

执行总裁判发出第一声长哨声后，运动员立即下水；第二声长哨声发出后，运动员迅速游回池端，面对池壁，两手握住出发台握手器，肘伸直，脚掌和脚趾蹬住池壁，髋关节位于水中，全身放松等待裁判发出发口令［图 8－14（a）］。

听到“各就位”的信号后，低头团身，两臂屈肘上拉身体，向水面位置提拉臀部［图 8－14（b）］。

2. 起跳

出发信号发出后，身体稍向上拉起，向后上方甩头；接着两臂迅速伸肘推压握手器，经上或两侧向后摆臂，协助身体向后倒展髋；当膝、踝达适宜角度（约 90°）时蹬壁起跳，身体伸展，挺胸，头后仰夹于两臂之间，身体呈反弓形［图 8－14（c）—（d）］。

3. 腾空入水

蹬离池壁后，身体保持挺胸、挺腹、头后仰夹于两臂间的反弓形姿势。起跳时，应把整个身体跃出水面，至少要使臀部出水，以减少阻力。入水时，要注意手指领先入水，身体呈流线型姿势［图 8－14（e）—（f）］。

4. 滑行和出水起游

入水后，两臂应略向上升，腿向下沉，使身体运动方向从向下转为向前。在速度稍慢时开始做反蝶泳打腿，几次反蝶泳腿后及时开始上下打腿，并在水下开始划臂动作，以便身体游出水面转入正常途中游［图 8－14（g）—（k）］。

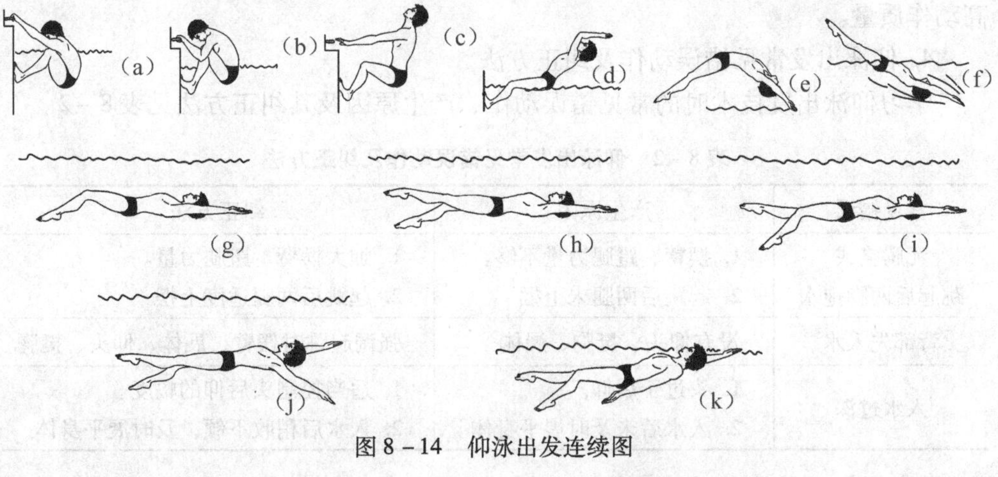

图 8－14　仰泳出发连续图

二、仰泳出发技术教学

1. 陆上模仿

原地低头、团身、下蹲；挺胸抬头，两臂向上摆动，同时伸髋伸膝，身体背弓直立（图 8－15）。练习中体会仰泳出发技术中摆臂、伸髋的感觉。

2. 水中练习

（1）蹬壁滑行。

双手抓池槽，团身，两脚触壁；抬头伸髋、膝并蹬离池壁，同时两臂在水下前伸，仰卧滑行［图 8－16（a）］。

（2）蹬壁摆臂滑行。

在上一练习的基础上，两臂经空中前摆后身体呈流线型姿势滑行［图 8－16（b）］。

（3）反跃滑行。

在上一练习的基础上，两臂在空中前摆的同时，快速挺身蹬腿，身体呈一定的反弓形姿势入水［图 8－16（c）］。

图 8－15　陆上模仿仰泳出发

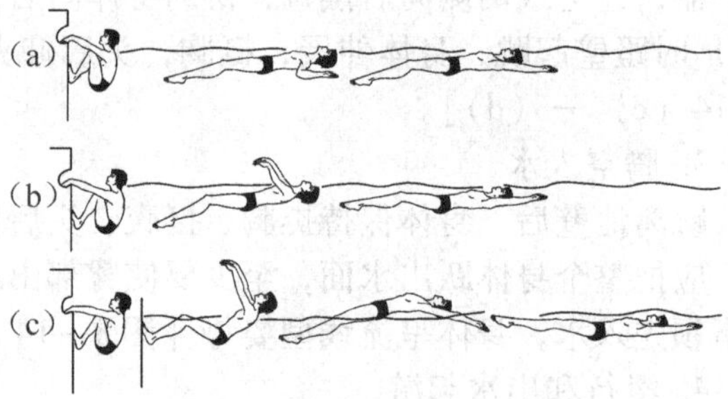

图 8－16　水中出发仰泳练习

3. 仰泳出发练习

两手握住握手器，按照仰泳出发动作要领练习仰泳出发。反复练习，逐步提高动作质量。

4. 仰泳出发常见错误动作及纠正方法

学习仰泳出发技术时的常见错误动作、产生原因及其纠正方法见表 8－2。

表 8－2　仰泳出发常见错误动作及纠正方法

常见错误	产生原因	纠正方法
无腾空或跳起后两脚拖水	1. 摆臂、蹬腿力量不够。 2. 起跳后两腿未上摆	1. 加大摆臂、蹬腿力量。 2. 起跳后两腿适度上摆
背部先入水	没有仰头、挺胸、展体	强调起跳时摆臂、展体、仰头、挺胸
入水过深	1. 头过于后仰。 2. 入水后未及时展平身体	1. 适当控制头后仰的幅度。 2. 入水后稍收下颌，及时展平身体

思考题

1. 抓台式出发技术有什么特点？其要领是什么？

2. 摆臂式出发与抓台式出发相比有哪些不同？在学习方法与步骤上是否有所不同？

3. 如何完成蹲踞式出发练习？

4. 如何练习抓台式出发技术？

5. 如何消除练习出发技术时的害怕心理？

6. 在练习出发台出发技术时，如何避免出现胸腹拍水的现象？

第九章 转身技术与教学

学习导航：

本章简要介绍转身技术的类型和基本要求，着重分析蛙泳和蝶泳的摆动式转身技术、爬泳和仰泳的前滚翻转身技术以及个人混合泳中的转身技术，并讲授相应的学习步骤与方法，旨在使学生通过本章内容的学习与实践掌握和运用各转身技术，进一步提升水中运动的综合能力，具备一定的转身技术教学指导能力。

第一节 转身技术介绍

运动员游到池端后折返继续游进的动作称为转身。转身是比赛中的一个重要组成部分，比赛距离越长，转身次数越多，转身就越重要，可见转身动作的快慢对比赛成绩有直接影响。因此，掌握转身技术具有重要意义。

一、转身的类型

游泳转身的方法有很多，不同的泳式有不同的转身方法和规则要求，同一泳式也有多种转身方法。这些转身方法是在长期的竞赛实践中产生并不断发展起来的。不论采用什么方式的转身，在技术上总的要求都是游近池壁不减速，转得快，蹬得远，滑行阻力小，与起游衔接好，符合竞赛规则规定。按动作形象，转身技术大致有平转式、摆动式和滚翻式 3 种。

平转式：转身时不改变身体原来的卧水方式，身体在水平面上绕垂直轴转动，像磨盘一样。该转身技术比较简单，容易掌握，适合于初学者，但转身速度较慢。平转式常见于仰泳。

摆动式：该转身技术因在推离池壁转身时上体侧向摆动的动作而得名。该转身技术比较自然、省力，是一种基础的转身方法。常见的摆动式转身有爬泳摆动式转身、蛙泳摆动式转身和蝶泳摆动式转身。

滚翻式：该转身技术是所有转身动作中速度最快的一类。转身时身体同时或连续地围绕几个轴转动，边翻边转，身体团得紧，转动半径短，回转速度最快。但滚翻式的动作比较复杂，学起来较为困难。滚翻式常见于爬泳和仰泳。

二、转身的基本要求

各种转身动作尽管外观差别很大，但大体上都可以分为游近池壁、触壁、转身、蹬壁、滑行和开始游进这几个环节。各个环节紧紧相连，整个动作圆滑、连贯、快速。具体要注意以下几个方面：

（一）游近池壁不减速

游近池壁时应保持途中游的原有速度，要能利用池底的T形标志线或仰泳转身标志线来准确地判断到边触壁的距离，学会根据自身身高和游速及时调整好划水和触壁动作。同时，要掌握熟练的转身技术，做到无论哪只手触壁都能运用自如。

（二）将水平游进速度转变为翻转速度

转身时，要能够使身体原来具有的水平游进速度迅速转变为翻转速度。对于需用手触壁的转身动作（图9－1），要求手的触壁点适当偏离身体重心在池壁上的投影点，并在适当缓冲之后用力推壁，从而产生一个较大的、使上体往相反方向运动的力。由于触壁前手臂的划水和腿的蹬夹（打水）动作所产生的推进力使下肢继续向池壁靠近，两个力就形成一个较大的力偶矩，促使身体迅速翻转。

对于手不触壁的前滚翻转身（图9－2），应当通过低头屈体的动作，使头和背部受到较大的水阻力；同时，触壁前手臂的划水和腿的打水动作所产生的推进力使髋部和下肢继续向池壁靠近，两个力也就形成一个较大的力偶矩，促使身体迅速翻转。

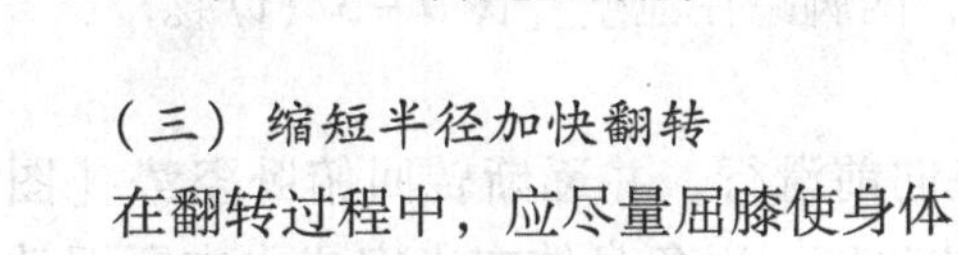

图9－1　手触壁的转身

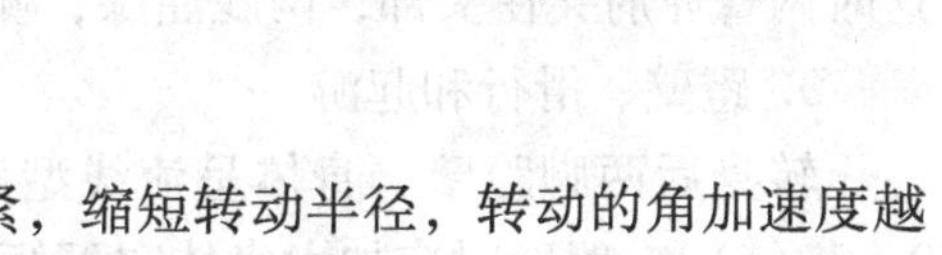

图9－2　手不触壁的转身

（三）缩短半径加快翻转

在翻转过程中，应尽量屈膝使身体团紧，缩短转动半径，转动的角加速度越大，身体翻转的速度就越快。

（四）形成良好的蹬壁姿势

身体翻转后，要形成一个良好的蹬壁姿势，以充分发挥腿部肌肉的蹬壁力量，并保证蹬壁后身体呈流线型姿势在水下向前滑行。

（五）有效衔接好起游动作

要掌握好水下滑行的距离与深度，适时出水开始正常的游进过程。如果起游过早，在滑行速度仍快于游进速度时就开始做游泳动作，会增大阻力，结果欲速则不达。若起游过迟，在滑行速度明显下降后再开始做游泳动作，则必须重新加速，这会消耗额外的能量并影响正常游进的连贯性。

（六）符合竞赛规则的规定

转身动作是指从触壁前最后一次手臂动作开始至转身后第一次手臂动作结束的整个过程。各种转身技术都必须符合游泳竞赛规则。

第二节　蛙泳、蝶泳转身技术及教学

蛙泳和蝶泳的转身方式只有一种，即摆动式转身。

一、蛙泳转身技术

蛙泳和蝶泳的转身动作从触壁到滑行几乎没有什么区别，运动员通常采用摆动式转身，只是蛙泳转身蹬离池壁后，滑行方向稍向下，以便于做水下长划臂动作。根据竞赛规则的要求，蛙泳转身必须用两手同时触壁；在每次转身后，运动员可以在水下做一次长划臂动作。

1. 游近池壁

游近池壁时应注意观察距离，并做出一定的动作调整，尽量在手臂移臂时完成触壁，避免再多出半个动作。游近池壁时不要减速，快速积极地完成最后一次划水动作，两手同时有力地触壁，使身体获得较大的转动动量［图 9－3（a）］。

2. 触壁和转身

两手触壁后屈肘缓冲，使身体随惯性靠近池壁。以向左转为例，左手离开池壁向下方移动，同时两腿向前收并屈膝团身，身体绕纵轴向左转动，使头肩露出水面，张口吸气［图 9－3（b）—（c）］。当身体转至侧向池壁时，右手推离池壁，两腿继续屈膝团身靠近池壁，身体向左侧倒转［图 9－3（d）］；右臂经空中和头肩一起摆向回转方向，左臂由下向上拨水，帮助上体下沉［图 9－3（e）］。这时两臂屈肘夹住头部，两腿屈膝，侧卧，两脚蹬住池壁［图 9－3（f）］。

3. 蹬壁、滑行和起游

转身后两脚蹬壁，身体呈流线型姿势向前滑行，并逐渐转回俯卧姿势［图 9－3（g）］。蹬壁时应加大身体向下倾斜的角度，以免身体在未完成水中臂腿动作时浮出水面。当滑行速度接近游速时，两臂开始屈腕向两侧划水，并逐渐做高肘屈臂的动作向后划至大腿旁［图 9－3（h）—（i）］，借助划水的加速度向前上方继续滑行。当速度再次降至接近游速时，两手紧贴腿、腹部、胸部，向前收并配合收腿［图 9－3（j）—（n）］；然后两臂前伸，将要伸直时蹬腿［图 9－3（o）］。头升至水面后，进行正常蛙泳游进的途中游［图 9－3（p）］。蛙泳的水下长划臂动作如图 12－6 的动作过程所示。

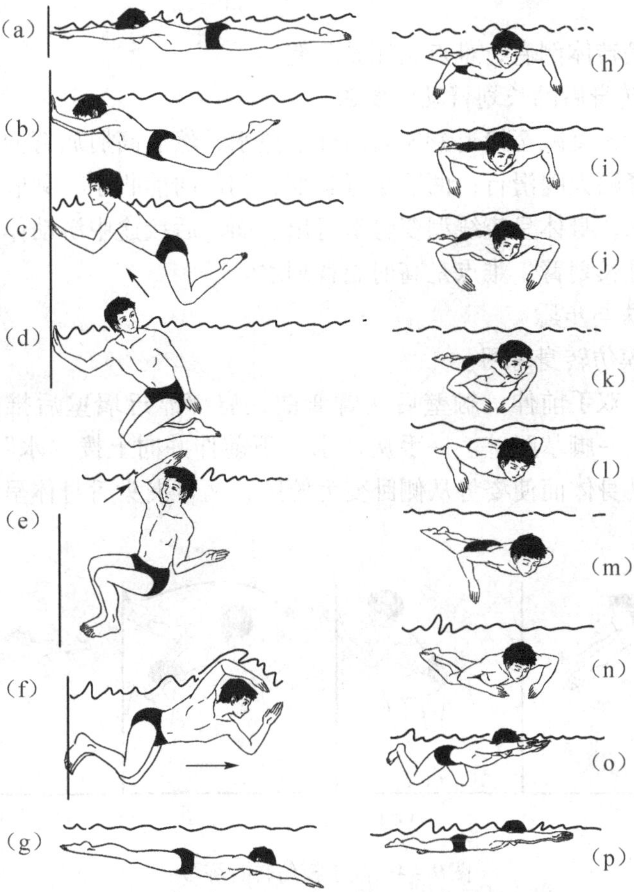

图 9－3　蛙泳转身动作过程

二、蝶泳转身技术

蝶泳转身方法大致和蛙泳相同，转身蹬壁时，身体基本水平，滑行路线比较平直。当滑行速度下降至接近正常游速时，可先做一次或多次海豚式打腿动作，然后开始划水，使头朝向前上方升出水面，之后转入正常的途中游。

三、蛙泳、蝶泳转身技术教学

游泳教学通常以蛙泳作为首教泳式，所以转身技术也大多从蛙泳转身开始学习。学会了蛙泳的摆动式转身，就能够掌握蝶泳转身。

1. 转身动作要领

快速游近池壁，两臂前伸触壁；屈肘缓冲，头、肩出水，一臂下移至体侧，身体绕纵轴侧转，同时收腿、屈膝团身；一手推离池壁，经空中甩向异侧，另一手由下而上拨水；两臂屈臂夹头，屈膝侧卧，两脚水下贴壁；用力蹬离池壁，身体姿势由侧卧转为俯卧，并呈流线型姿势滑行，做一次长划臂动作或直接衔接蛙泳划臂动作。

教学重点是转体倒肩，难点是侧卧蹬壁。

2. 出发、转身后的长划臂动作要领

水下滑行，速度减至接近游速时向外下抓水，然后高肘屈臂向后划水至大腿旁，两手内转紧贴大腿滑行；两手贴近腹部、胸部向前收手，并收腿；伸臂后腿部做鞭状蹬夹水，身体呈流线型姿势滑行出水面，后接途中游动作。

教学重点是长划臂，难点是高肘屈臂划水。

3. 学习方法与步骤

（1）陆上模仿转身练习。

面对墙壁，双手前伸；触壁后两臂弯曲，肩部靠近墙壁后推壁、收腿、团身，一脚支撑，一脚掌蹬壁。一手从“水”下前伸并向上拨“水”，一手从头上摆动的同时转动身体而使姿势从侧卧变为俯卧，两臂夹头后身体呈流线型姿势蹬出（图9－4）。

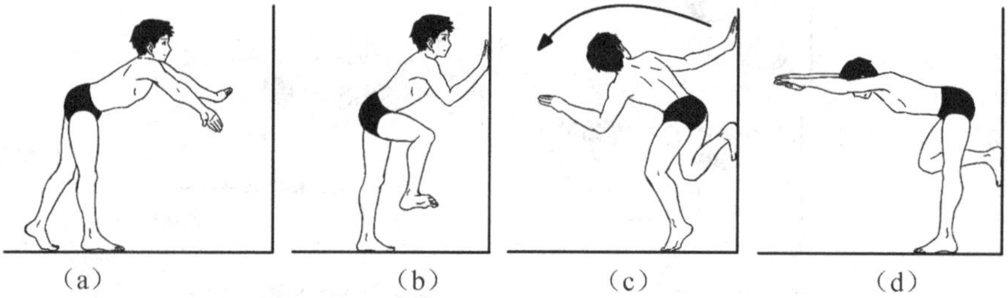

图9－4　陆上模仿转身练习

（2）陆上模仿长划臂练习。

两腿并拢，两臂上举，身体呈流线型姿势站立。先以较慢的速度模仿长划臂动作路线，然后进行3拍分解练习：滑行；抓水长划臂再滑行；收手收腿、伸臂蹬腿滑行（图9－5）。练习时应注意避免因身体直立而影响正确划水和蹬腿的方向。

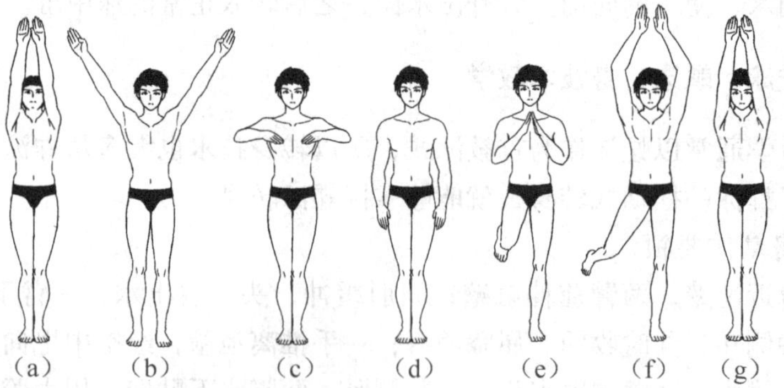

图9－5　陆上模仿长划臂练习

（3）水中转身练习。

该练习将转身动作分解成两部分，以降低动作难度，使学生容易掌握。

①水中模仿：在浅水中走动，做蛙泳的手臂划水动作，两手触壁后，做陆上模仿练习的动作。

②抓边转身：两臂伸直手抓池槽，俯卧于水中。两臂屈肘，将身体向前拉引，屈膝、收腿、团身，两脚蹬在池壁。接着做转体、侧倒、甩头、摆臂的动作，待上体潜入水中后再蹬离池壁向前滑行。该练习可简化分解为“抓—拉—转—沉—蹬”5 步，逐步过渡至慢速连贯动作练习。

③完整转身：游近池壁，按动作要领做完整的转身动作练习。练习时先用较慢的速度进行，逐步加快转身速度和掌握好转身距离。

（4）水下长划臂动作练习。

①蹬壁滑行长划臂：蹬壁滑行，减速时做长划臂动作，要求滑行深度在水下 30—40 厘米。做长划臂动作时注意保持高肘屈臂的姿势。

②长划臂蛙泳：在水下做蛙泳长划臂动作，头部低平，避免身体浮出水面。收手收腿时，手和前臂贴紧身体，身体轻缓前移。

③完整动作：蹬边滑行后，做完整的长划臂动作。练习时应注意前后半程动作的连贯配合，还应注意在伸臂蹬腿滑行后、手臂外划结束前，头必须露出水面。

（5）完整蛙泳转身练习。

上述练习熟练后，游近池壁，做蛙泳转身加长划臂动作的全过程动作。通过反复练习，掌握好转身距离，提高动作的连贯性。

（6）完整蝶泳转身练习。

游近池壁，做完整的蝶泳转身全过程动作。蹬离池壁后，在滑行中做多次海豚式打腿，使身体向上方浮出水面，然后接着做蝶泳划臂动作向前游进。

4. 常见错误动作及其纠正方法

学习蛙泳、蝶泳转身时的常见错误动作及其纠正方法见表 9－1。

表 9－1　蛙泳、蝶泳转身技术常见错误动作及其纠正方法

常见错误	产生原因	纠正方法
身体平转，未抬头换气	1. 动作概念不清。 2. 身体不协调，没有意识到要抬头换气	1. 回顾知识点内容，明确动作要领。 2. 强调转体倒肩过程中完成抬头吸气动作，待两手头前夹臂后蹬离池壁。 3. 多做抓边拉引身体的转身的动作

续表

常见错误	产生原因	纠正方法
蹬离时，蹬歪、蹬滑	1. 动作匆忙，未完成转体倒肩侧卧动作就蹬离。 2. 提臀不够，双脚贴壁位置不正	1. 强调转体倒肩侧卧，身体正对游进方向后再蹬离。 2. 强调屈膝团身收紧腿，侧卧时注意提臀。 3. 多练习面对池壁原地转身的动作
蹬壁无力	1. 转身后收腿不紧或臀部未靠近池壁。 2. 急于求成，过早推壁。 3. 转身后两脚未贴近池壁	1. 双手触壁屈肘缓冲后，屈膝团身收紧腿，臀部尽量靠近池壁。 2. 强调收腿转体后再推壁侧倒。 3. 强调双脚贴壁后应保持屈髋屈膝的姿势，再用力蹬壁
蹬壁滑行时身体出水	1. 转身后身体未沉入水中。 2. 蹬壁方向不对，向后下蹬壁。 3. 蹬壁时身体向上抬起	1. 强调转身后身体沉入水中后再蹬壁。 2. 蹬壁时应向后蹬。 3. 蹬壁时身体适度向下倾斜
长划臂时效果不佳	1. 拖肘划水。 2. 直臂外展划水。 3. 划水路线短。 4. 完成长划臂后身体出水	1. 强调划水时保持高肘姿势。 2. 强调外划至肩的外前方时屈臂后划。 3. 明确划水路线，两臂后推伸肘至大腿侧才结束划水过程。 4. 强调手臂抓水后向后方划水，而非向下

第三节 爬泳转身技术与教学

一、爬泳前滚翻转身技术

爬泳转身时可采用摆动式转身、前滚翻转身来完成。其中爬泳的摆动式转身动作（图9－6）类似于蛙泳的摆动式转身，手触壁后屈膝前收团身蹬离池壁。根据游泳竞赛规则，爬泳转身和到边时可以用身体的任何部位接触池壁，因此在比赛中运动员一般采用前滚翻转身（图9－7），只用脚触壁并蹬离，从而节省时间，加快速度。

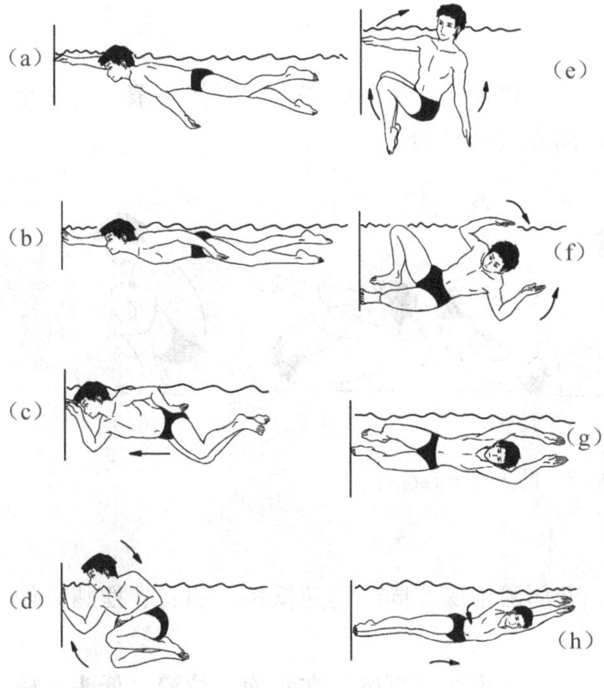

图 9－6　爬泳摆动式转身

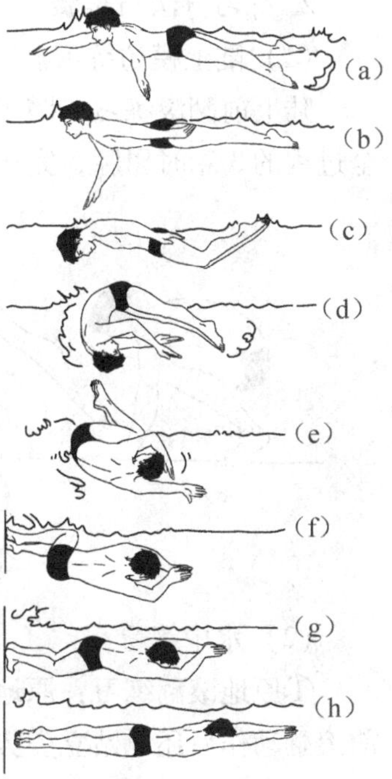

图 9－7　爬泳前滚翻转身

爬泳前滚翻转身：当游近池壁时，一手臂结束最后一次划水动作后停在体侧，另一臂开始做最后一次划臂动作，同时进行一次海豚式打腿，借助手臂向后划水和提臀的动作，低头团身滚翻。当翻至头处于臀部下方时开始屈膝，使两脚从水面上甩向池壁，同时两手掌向下压水。当两脚触及池壁时身体呈侧卧姿势，两手臂在头前并拢前伸，然后两脚用力蹬离池壁。蹬出后，身体逐渐转成俯卧姿势，并做海豚式打腿接爬泳上下打腿，第一次划水时身体升至水面，之后进入正常途中游。

爬泳前滚翻转身时，转身前最后一次划臂动作应不要吸气，到转身后第一次划臂时才吸气。

二、爬泳前滚翻转身技术教学

1. 动作要领

快速游近池壁，做最后一次划水动作；低头、压肩、并腿，两脚鞭水，收腹、屈髋、提臀，身体向前滚翻；臀部高过头部时，两臂向头部方向划水，身体绕纵轴侧转；两脚出水时屈膝，快速甩向池壁，身体继续侧转；伸髋、膝、踝，用力蹬壁，展直身体；身体呈流线型姿势滑行，在滑行中从侧卧转成俯卧，减速后开始打腿、划臂，出水后接途中游。

教学重点是向前翻转，难点是向侧转身。

2. 练习方法与步骤

（1）陆上模仿练习。

陆上前翻滚练习：蹲于垫上，两手撑地，低头收腹提臀，屈体前滚。前滚至全过程的3/4时屈膝，完成滚翻后蹲立（图9－8）。

（a）（b）（c）（d）（e）

图9－8 陆上前滚翻练习

（2）水中练习。

①原地滚翻练习：原地站立，双脚蹬池底，同时迅速低头、团身、摆腿，做前滚翻动作后还原站立姿势。

②绕线滚翻练习：两臂伸直，手握泳道线，直体浮在水面。拉臂、低头、压肩、收腹、提臀，身体绕泳道线向前滚翻（图9－9）。要求在滚翻过程的前3/4只屈髋不屈膝，后1/4屈膝，以加快向前滚翻的速度。

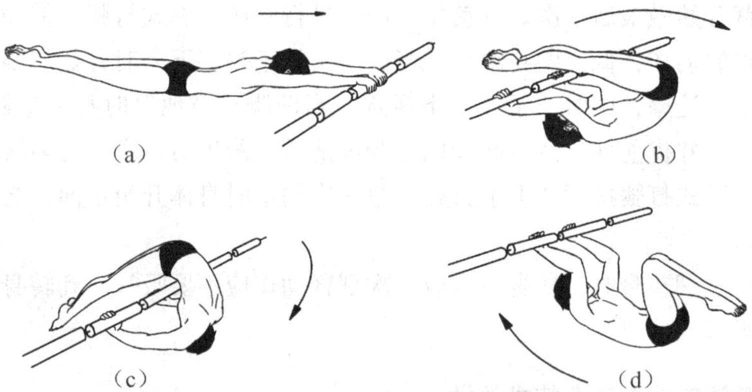

（a）（b）（c）（d）

图9－9 绕线滚翻练习

③辅助性滚翻练习：在浅水中，教师站在练习者旁。教师一手按压练习者的后脑，一手上抬其腹部，两手向同一方向用力，使练习者身体成团并完成滚翻动作，练习者完成动作后，教师两手臂自然交叉扶住原来的部位帮助练习者站立。练习者保持颈部、腹部放松并配合适当的打腿动作，这有助于体会滚翻动作。

④滑行滚翻练习：蹬壁滑行后，两臂先向后划水至体侧，然后低头、收腹、屈髋、提臀，屈体向前滚翻后站立（图 9－10）。要求翻转时两腿并拢，头尽量贴近大腿，脚提出水面后迅速屈膝后甩。前翻时可用鼻徐徐呼气，避免水进入鼻内。

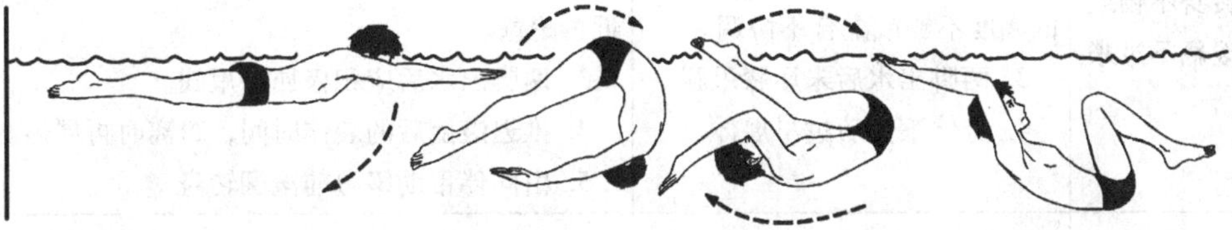

图 9－10　滑行滚翻练习

在泳道中游进时，自己固定划臂次数，转头换气后完成一次滚翻动作。完成后可停下来吸气，再继续游进并滚翻。滚翻时，通过划臂和快速低头引导身体的翻转。

⑤游进滚翻练习：面向池壁游进，做滑行滚翻的动作。要求划臂低头时，两腿做一次蝶泳的向下鞭水动作，帮助臀部上抬。前滚翻后，两脚有意识地贴在池壁上，身体呈仰卧。

⑥先翻后转练习：面向池壁游进，要求身体前滚翻 180°，两脚贴至池壁上，绕纵轴侧转 180°后蹬离池壁（图 9－11）。

图 9－11　先翻后转练习

⑦翻转结合滚翻练习：同上一练习，要求前滚翻臀部高过头时，身体即开始绕纵轴侧转。

3. 常见错误动作及纠正方法

学习爬泳前滚翻转身时的常见错误动作及其纠正方法见表 9－2。

表 9－2　爬泳前滚翻转身时的常见错误及其纠正方法

常见错误	产生原因	纠正方法
转身不畅或滚翻不过来	1. 游近池壁时减速。 2. 低头、团身、收腹、提臀的幅度不够或配合不协调。 3. 两脚出水后未屈膝甩腿。 4. 身体滚翻后过早展体	1. 游近池壁不减速。 2. 强调低头、团身、收腹、提臀的动作要快，头、胸贴近大腿，滚翻后上体升至水面附近再蹬壁。 3. 两脚出水后应积极屈膝甩腿。 4. 推迟滚翻后的展体时间，蹬离时再展体。 5. 由同伴帮助练习前滚翻转身
蹬离方向不正	1. 动作概念不清。 2. 侧转时间过早。 3. 蹬离时身体纵轴不正或蹬腿的用力方向偏离纵轴	1. 建立转身绕两个轴翻转的正确概念。 2. 反复练习先翻后转动作，基本掌握后再过渡至翻转结合动作。 3. 强调蹬离时身体纵轴（躯干）与池壁垂直，蹬腿方向与纵轴一致
蹬壁无力	1. 未掌握好转身时与池壁的距离。 2. 滚翻后脚未贴好池壁	1. 反复练习，调整好转身时身体与池壁间的距离。 2. 强调将两脚甩到池壁贴好后，再用力蹬离，蹬离不要过急

第四节　仰泳转身技术

一、仰泳前滚翻技术

仰泳转身时可采用平转身技术（图 9－12）、前滚翻转身技术（图 9－13）来完成。其中，平转身技术强调游进池壁时手臂向异侧前摆动触壁，然后推拨池壁帮助转身。其特点是动作简单，但转身速度慢。

现在的游泳竞赛规则规定，仰泳转身时可用身体任何一部位触壁，并允许在触壁前的一个连贯转身动作中身体翻转超过垂直面。于是，一种类似于爬泳前滚翻转身的技术风行起来，这种技术的整个动作圆滑、紧凑、快速，节省转身时间，它就是目前较高水平运动员在比赛中采用的仰泳前滚翻转身技术：当游近池壁时，一臂水下划至大腿停住，另一臂做类似爬泳移臂的动作准备入水，同时身体绕纵轴转为俯卧姿势；接着做一次划水动作，两腿同时进行海豚式打腿，借助划水和打腿产生的惯性，低头团身滚翻，两脚甩向池壁；当两脚触及池壁时，两手臂在头前并拢伸直，身体呈仰卧姿势，然后两脚用力蹬离池壁，稍滑行后开始打反蝶泳腿再接仰泳上下打腿动作。第一次划水时身体升至水面。

仰泳前滚翻转身需准确判断身体与池壁的距离，适时开始做翻转动作。翻转时，如果离池壁太近，则影响转身翻滚动作；如果离池壁太远，翻滚之后脚仍不能触壁，则动作失败，不能重新触壁。此外，应注意避免犯规。身体一旦翻转成俯卧姿势，则所有动作都必须是连贯转身的一部分。常见的犯规动作是翻转成俯卧姿势后，多次划臂或继续打腿游进后再做滚翻动作。

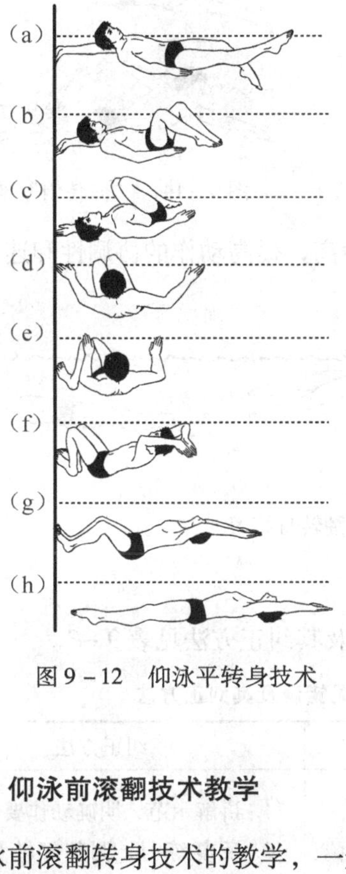

图 9－12　仰泳平转身技术

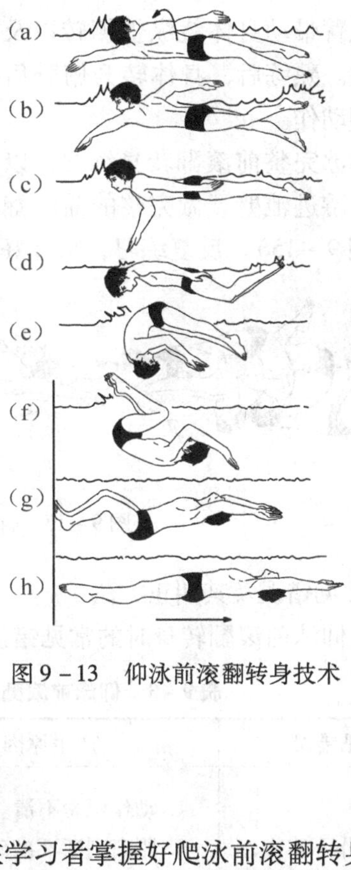

图 9－13　仰泳前滚翻转身技术

二、仰泳前滚翻技术教学

仰泳前滚翻转身技术的教学，一般应在学习者掌握好爬泳前滚翻转身技术和仰泳技术的前提下进行。练习重点在于掌握好转体动作，保证转体与滚翻动作紧密相连。

1. 动作要领

快速游近池壁，身体沿纵轴转为俯卧，一臂或两臂划水一次，并在划水后段低头、收腹、提臀、屈体，向前滚翻；用力屈膝、甩腿，身体反转成仰卧姿势，两脚紧贴池壁，伸膝、展髋、用力蹬离池壁；两臂伸直夹头，身体呈流线型姿势滑行，速度减至游进速度时连接起游动作。

教学重点是滚翻，难点是“仰转俯”的时机。

2. 练习方法与步骤

（1）陆上模仿练习。

边后退边做仰泳划臂动作。一臂在水下划动时向同侧转体180°，另一臂随之做爬泳的移臂动作，两臂依次后划至大腿停住，迅速做一个低头前俯的动作。

（2）水中练习。

①“仰转俯”练习：仰泳游进过程中，做仰卧转俯卧练习（图9－14）。练习中注意以臂带动身体绕纵轴侧转以及动作的连贯性。熟练后，身体转为俯卧后接着完成滚翻动作。

图9－14 “仰转俯”练习

②仰泳完整前滚翻转身练习：以正常仰泳动作游进池壁，做完整的前滚翻转身动作（图9－15）。反复练习，掌握好转身距离，提高动作的协调性和连贯性。

图9－15 仰泳前滚翻转身练习

3. 常见错误及其纠正方法

学习仰泳前滚翻转身时的常见错误动作及其纠正方法见表9－3。

表9－3 仰泳前滚翻转身常见错误及其纠正方法

常见错误	产生原因	纠正方法
转身动作不连贯，转身后附加划臂、打腿、滑行的动作	1. 动作概念不清。 2. 距离判断不准确，离池壁太远。 3. “仰转俯”后未及时连接前滚翻动作	1. 讲解示范，明确动作要领。 2. 反复练习，调整好转身时身体与池壁的距离。 3. 强调转成俯卧后应及时做滚翻动作
滚翻不畅或滚翻不过来	1. 游近池壁时减速。 2. “仰转俯”后，低头、团身、收腹、提臀的幅度不够或配合不协调。 3. 两脚出水后未屈膝甩腿	1. 游近池壁不减速。 2. 强调低头、团身、收腹、提臀的动作要快，头、胸贴近大腿，配合一次蝶泳腿，帮助臀部上提。 3. 两脚出水后应积极屈膝甩腿

续表

常见错误	产生原因	纠正方法
蹬壁无力	1. 转身过早，转身后身体与池壁距离太远。 2. 滚翻后脚未贴好池壁	1. 反复练习，调整好转身时身体与池壁间的距离。 2. 强调将两脚甩到池壁贴好后，再用力蹬离，蹬离不要过急

第五节　混合泳转身

个人混合泳项目的游进顺序是蝶泳、仰泳、蛙泳和自由泳（除蝶泳、仰泳、蛙泳以外的泳式，一般指爬泳），因此在个人混合泳项目中需要掌握蝶泳转仰泳、仰泳转蛙泳和蛙泳转爬泳的转身技术。

一、蝶泳转仰泳的转身技术

蝶泳转仰泳时，到边和触壁的要求与蝶泳转身基本相同，要求两手同时触壁，触壁时两肩在同一水平上；触壁后屈肘，头和肩露出水面，团身、屈髋、屈膝，身体绕冠状轴转动，使头和上体后仰，腿贴近池壁，一臂从头上经空中向后摆，另一臂经水中屈臂摆到头前；两脚蹬离池壁，身体呈仰卧的流线型姿势滑行后起游（图 9－16）。

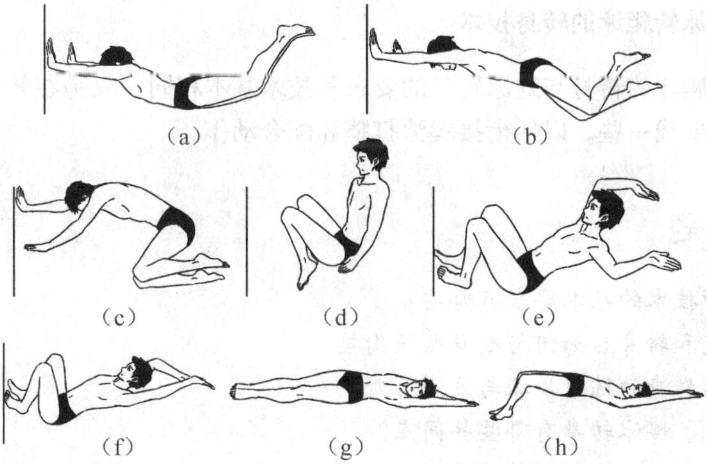

（a）（b）（c）（d）（e）（f）（g）（h）

图 9－16　蝶泳转仰泳技术

二、仰泳转蛙泳的转身技术

仰泳转蛙泳与仰泳转身的要求不同，规定转身时必须用手触壁，触壁前身体不能改变仰卧姿势。仰泳转蛙泳时常用的技术是摆动式转身，相对简单、易学、易做，但速度比较慢。以左手触壁为例，当左手触壁时，屈肘，团身屈膝；身体向左转动，同时左手经空中向头的方向摆动，以加速身体的转动；随即低头，身体没入水中，两脚触壁，身体呈侧卧姿势从水下蹬出；边滑行边转动为俯卧姿势，然后接长划臂动作起游。

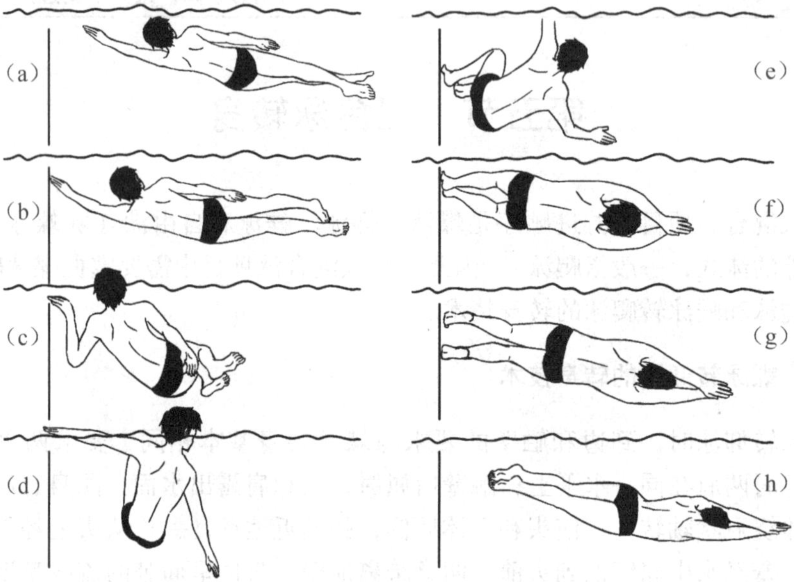

图 9－17　仰泳转蛙泳技术

三、蛙泳转爬泳的转身技术

蛙泳转爬泳的转身与蛙泳转身的要求和技术基本相同，只是在转身后蹬离和滑行的深度要浅一些，以便衔接爬泳打腿和配合动作。

思考题

1. 转身技术的基本要求有哪些？
2. 出发和转身后如何与起游顺畅衔接？
3. 蛙泳转身的练习步骤与方法有哪些？
4. 蛙泳、蝶泳转身有哪些异同点？
5. 如何学习蛙泳长划臂动作？
6. 爬泳前滚翻转身和仰泳前滚翻转身在技术和学习方法上有何不同？
7. 如何解决爬泳前滚翻转身蹬离方向不正的现象？
8. 蛙泳转身过程中的手臂动作是如何配合完成的？

第十章　游泳教学基本理论与方法

学习导航：

本章主要阐述游泳的教学特点、教学原则、教学组织与方法以及少儿游泳教学指导等内容，旨在使学生了解并掌握基本的游泳教学理论与方法，能够遵循和运用相关理论知识，也能正确分析、解决技术教学实践中的具体问题，为开展游泳教学工作奠定基础。

第一节　游泳教学的特点

游泳教学与其他体育项目教学一样，是师生的双向活动，由教师充分发挥主导作用，有目的、有计划地指导学生主体自觉积极地学习和进行各种练习，掌握一定的知识和技能，促进学生身心发展。游泳是人类借助自身肢体动作在具有压力、浮力与阻力等特性的水环境中进行活动的一种运动，这与人类在陆上环境中的运动有很大的区别。教师必须清楚地认识与遵循游泳教学的特点、原则，以教育学、心理学理论为指导，依据动作技能形成的规律和人体生理机能活动变化的规律进行教学，提高教学质量。

一、水环境特点

（一）压力

人在潜水时耳内会有疼痛感；人在齐胸深的水中，会明显感觉胸部有压迫感，不同于在陆上呼吸那样轻松自如，这是由于水具有压力的缘故。水的压力使游泳初学者呼吸（尤其是吸气）困难，很容易呛水，这就需要初学者适应水的压力并形成新的呼吸节奏。

（二）浮力

单位面积上受到的压力称为压强。液体内部在任何方向都有压力。水的压强随水的深度增加而增大，人体在水中，上面的水对人体压强小，下面的水对人体压强大，上下压力差便是将人托起的力，即浮力。根据人体的结构和形态特点，人在水中游进还需适应水的浮力，使自身重力与浮力保持平衡而让身体漂浮起来。

（三）阻力

游泳活动是人较好地浮在水环境中进行的，推动力来自于具有流动性的水而不是固体物质。实际上，游进的过程就是在避免前方水阻力的阻碍，并在打腿和用手推水时利用水阻力来推动身体前进。

二、运动姿势的特点

游泳时通常采用人们不习惯的平卧（俯卧、仰卧、侧卧）姿势，改变了人们所习惯的直立运动姿势和空间定向感觉。不习惯的姿势加上水的刺激，影响了人体前庭器官的感觉和分析，使初学者的平衡感觉受到的刺激强于运动感觉，从而无法精确控制肌肉的活动，增加学习的难度。由于运动姿势的改变，人们不能将在陆上的动作技能直接在水中运用，所以必须重新建立条件反射，所有的动作技能都得从头学起。

三、运动动力的特点

人体在陆上运动时，运动动力来源于固定的支撑反作用力。由于水的流动性，游泳时水会随肢体动作的移动而移动，从而使肢体在水中的动作失去了固定的支撑，只能利用水对肢体所形成的不固定的支撑反作用力推动身体前进，这就加大了获取推进力的难度。游泳教学中，应始终注意让学生掌握合理的动作，充分利用水的支撑反作用力。可以说，游泳初学的过程就是一个不断纠正错误动作的过程。

四、呼吸特点

人在陆上的呼吸通常用鼻进行，呼吸动作是自如的，即使在运动时，呼吸与动作的配合方式也比较简单。而游泳时的呼吸不同，它要求用口在水面上吸气，用口、鼻在水中呼气；呼、吸气之间还有一个短暂的闭气阶段。为了对抗水对胸廓的压力，吸气时必须加大吸气肌的用力程度。游进中，呼吸还必须与肢体动作有节奏地密切配合。因此，游泳时的呼吸与陆上运动的相比更为复杂，是游泳技术的重要组成部分。在对初学者的教学中，尤应注意呼吸技术的教学与指导，否则初学者呼吸不得法，呼吸困难，还容易呛水，导致其动作不协调，很难学会游泳。

第二节　游泳教学原则

教学原则是教学实践中具有实践意义的经验总结与概括，是教学过程客观规律的反映，也是指导教学工作的基本要求。在游泳教学实践中，应根据学生身心发展的规律和游泳教学的特点，正确运用教学原则，以完成教学任务和提高教学质量。

一、安全性原则

安全性原则是指在游泳活动的全过程中必须贯彻安全第一的指导思想。游泳教学是在水这一特殊环境中进行的，水对学生（尤其是对不会游泳和初学游泳的学生）的生命安全有潜在的威胁，并可导致溺水或其他伤亡事故。因此，在游泳教学中，教师要加强职业道德修养和责任感，认识到安全对游泳教学的重要作用，要以人为本，必须把安全教育、安全组织和安全措施放在首要位置，必须对游泳者进行有关安全卫生知识和组织纪律等的教育，消除一切不安全因素和隐患，始终保证学生的安全。

二、自觉积极性原则

自觉积极性原则是指在教师主导下，充分发挥学生主体的作用，根据学生的心理特点，调动学生学习的主动性和创造性，使学习成为学生的自觉行为。游泳教学效果多半取决于学生对游泳学习的自觉性和积极性。

在教学中，应使学生清楚某一练习的练习目的、练习方式、练习要求等实质性内容，提高练习的自觉性，激发学习过程中的积极性。一定时间后，可对学生进行一定的考核，使其清晰了解自身情况，看到自己的进步，培养学生对游泳的兴趣，增强学生学好游泳的信心。其次，针对怕水、怕冷、怕苦、怕累等不同心理，对学生进行管理教育，因材施教，对学生多加鼓励与表扬，形成一种成功—自信—学习欲望—更大成功的良性循环。另外，课堂的组织形式应多样化，动静交替，水陆结合，穿插进行不同身体部位的动作练习手段、方法，并适当采用游戏、比赛等方法，使游泳教学过程生动活泼。

三、直观性原则

直观性原则是指在教学中让学生充分依靠人体的视觉、听觉、本体感觉等和已有经验，通过直接观察和亲身体会以获得生动的表象来学习运动技能。在教学中应采取直观的方法来教学，比如讲解示范法、运用手势、展示图片或视频等。在教学过程中，应按照不同的教学内容、任务，有针对性地采用不同方法，从不同角度进行多种感受器官的刺激，帮助学生建立正确清晰的动作表象，更快更好地感知技术动作过程，从而掌握技术要领。该原则对于模仿能力强、思维能力差的少儿来说，作用更为明显。

四、巩固性原则

巩固性原则是指在游泳教学中，使学生牢固掌握知识、技术和技能，能随时在记忆中再现，并在实践中加以运用。学习与掌握运动技能是一个渐进性推进的过程，特别是在学习技术动作的初级阶段，由于学生还没有建立稳固的条件反射，浅显的动作表象极易在大脑记忆中消失，因此在教学过程中必须对技术动作反复练习，在巩固的过程中不断强化提高。

在贯彻巩固性原则时应处理好技术学习和体能提高的关系，在技术正确的前提下提高学生体能；每种类别的教学班都应在规定的时间内完成相应的教学任务，不应过于追求进度，忽视学生掌握技术动作的熟练程度；技术动作的巩固常采用短距离多次重复的练习方法，以确保练习中保持技术动作的正确性，待体能提高时，再逐步增加游距。

五、循序渐进原则

循序渐进原则是指教学中根据学生认识活动的规律、动作技能形成的规律和人体生理机能活动能力变化的规律，正确地安排教学内容和运动负荷、选择教学方法，使其由简到繁、由易到难，逐步深化，使学生能系统学习和掌握知识与技能，逐步提高身体素质，保持健康。

依据循序渐进原则向学生布置练习计划，要量力而行，计划安排应符合学生的年龄特点、身体能力水平和游泳技术掌握水平等相关因素。在安排教学内容和组织教法时，应遵循游泳教学顺序原则。技术动作需要体能的支持，只有多次反复地练习，体能才能提高。运动量的安排应由小到大，在保持一定的水平后，再逐步增加。教学前期游距可短些，间歇时间长些，待身体素质、技术基础提高后，再逐步增长游距和缩短间歇时间。

六、因材施教原则

因材施教原则是指在教学中，既要面向全体学生提出统一要求，又要根据学生的个体差异而区别对待，把集体教学和个别指导结合起来，使每个学生的才能和身心健康都得到充分的发展。

在游泳教学开始时，一般可进行一次摸底测验，以了解学生的游泳技术基础。再根据教学大纲，课堂内容力求符合学生年龄、性别、游泳基础和身体发展水平，在面向全体的同时，也兼顾两头，区别对待。对基础好、接受能力强的学生，可适当加快进度，提出更高的要求，以满足他们的学习欲望。安排运动量时，对基础一般的大部分学生安排中等运动量，对少数基础较好的学生安排较大的运动量。

七、水陆结合、以水为主原则

游泳是水中运动项目。人们习惯于陆上的直立的活动，水中平卧姿势是与日常习惯不同的动作，需要重新学习。游泳教学包括水上教学和适当的陆上教学，二者的相辅相成和有机结合构成了一个完整和完善的教学过程。在各种游泳姿势教学的开始部分，必须先在陆上做模仿练习，让学生充分利用人体视觉、听觉、本体感觉来体会动作，之后通过水中教学让学生获得游泳技术动作的实感，这样有利于学生较快地形成动作技能和顺利地掌握动作技术。

为了让学生能合理掌握游泳技术，陆上模仿练习的设计应接近于水中的游泳技术动作特征，差异过大不利于正确掌握游泳技术。陆上模仿练习的时间比例应视学生技术动作学习所处的阶段及动作的熟练程度而定，初始阶段时陆上模仿适当多些，随着学生对技术掌握熟练程度的增加，逐渐增加在水中练习的时间，直至完全过渡到水上练习。同时也应注重的是，陆上练习是不能代替水中练习的，应以水中练习为主，让学生在水中建立动作实感，不断提高动作效果。

第三节　游泳教学的组织与进行

游泳教学和其他运动项目的教学都是通过一定的组织形式来实现的，游泳教学的基本形式是游泳课。

一、游泳教学的组织

（一）游泳课的安全组织工作

游泳课的安全组织工作是游泳教学顺利进行的重要保证。因此，应将安全组织工作认真落实到游泳教学的全过程中，并将安全组织工作及安全措施作为检查评定游泳课的重要标准。

1. 课前的安全组织工作

（1）加强安全教育：在第一次课前以课堂或专题讲座的形式，通过板报、挂图、广播等宣传工具，对学生大力开展游泳安全教育，宣传游泳安全的重要性及安全常识。

（2）健康检查：教学开始前，应对学生进行健康检查，凡患有心脏病、高血压、传染病等对运动存在安全隐患病症的学生，应对他们采取限制性保护措施，禁止他们下水游泳。

（3）了解场地情况：上课前教师应全面了解教学场地，如水的深度，深浅区的范围，池岸和池底的形状、坡度，等等。对存在安全隐患的池岸（壁）、水线挂钩等地方加以提示，避免出现不必要的伤害。

（4）准备好救生、助浮器材：上课前教师应准备简单、实用的器材，如救生圈、救生杆、浮漂等器材以备不时之需。

2. 课中的安全组织工作

（1）课的准备部分。

① 第一次上课学生下水前，应向他们宣讲安全注意事项和上课纪律，强调安全工作对游泳教学的重要性，增强学生的安全意识。

② 组织好安全小组：将3—5个学生组成一组，挑选责任心强、水性好的学生担任组长。要求组员相互关心、相互帮助，小组长不间断地清点人数，发现情况及时报告。

③ 组织救生人员和设置安全监督岗。应视上课水域的大小和学生掌握技术水平的高低，组织相应数量的救生员。可让见习学生担任安全监督员，负责监视水面，及时报告安全情况。

④ 认真做好准备活动：每次下水前，都必须组织学生认真做好准备活动，以避免抽筋和水上不适应症（如头痛、腹痛等）的发生。

⑤ 认真清点下水人数。

（2）课的基本部分。

① 了解学生游泳水平：上第一次课时，教师应对学生进行摸底测验，切实了解学生的游泳水平，做到心中有数，同时也有利于安排教学进度。

② 经常检查人数：课中，教师应经常检查学生人数，约10—15分钟检查一次，也可由安全小组或见习学生检查报告。

③ 强调上课纪律，实施令行禁止：要求学生做到“四不”（不在浅水池和水情不明的水域中跳水，不在人多、拥挤的水域中潜泳，不嬉戏打闹，不随意乱呼救）。学生起水离队时须经教师同意，归队时须向教师报告后才可下水。

④ 严密组织教学：教师选择合适的教学位置，应做到全面观察，重点照顾，注意深浅水交界处的情况，始终将不会游泳和基础较差的学生置于自己的监控之下。

（3）课的结束部分。

① 及时清点人数：游泳课结束学生起水上岸后，应立即集合整队，清点人数。

② 小结：针对上课情况提出表扬或批评，指出还需注意的事项，不断增强学生的安全观念。课后清理场地。

（二）游泳教学的分组

游泳教学通常以班为单位，以分组形式进行。合理的分组便于教师和学生的教与学，有利于教学活动的顺利进行和教学效果的提高。游泳教学中，常用的分组方法有两种：

1. 混合分组

混合分组即将技术基础较好的学生和基础较差的学生分为一组。这种分组形式有利于学生互助互学，共同进步，并能让基础较好的学生协助教师关注基础较差的学生的安全和完成教学任务。这也许难以满足基础较好的学生相对较高的技术要求，但可使其掌握一定的教学能力，不过也不可避免地影响他们的积极性。

2. 按技术水平分组

按技术水平分组即按学生掌握游泳技术水平的高低进行分组。这种分组形式便于教师根据学生的技术情况来安排不同的练习内容和运动量，有助于区别对待，能满足不同水平学生的不同要求；教学过程中，还可根据学生掌握技术情况，不定期地调整分组人员，有利于调动学生学习的积极性。教师在全面照顾的基础上，应重点辅导较差的组或个别学生。

二、游泳教学的顺序

（一）首选泳式

初学者通过熟悉水性练习，初步获得在水中活动的基本能力后，即可转入具体泳式技术的学习阶段。初学者首先学习哪种泳式，必须根据教学任务和学生的具体情况而确定。正确地选择教学顺序是提高教学效果的重要措施。

（1）蛙泳→爬泳→仰泳→蝶泳。该顺序是目前游泳教学中最常见的一种学习顺序。选择蛙泳作为首教泳式，是因为蛙泳采用正面抬头呼吸的方法，动作自然，相对简单；臂腿动作的对称性利于身体平衡；在每一动作周期的滑行阶段中，游泳者可得到放松和休息；掌握蛙泳后可迅速掌握与蛙泳动作相似的踩水、反蛙泳等实用的游泳技术，利于保证学生的安全。

（2）爬泳→仰泳→蛙泳→蝶泳。如果教学任务是系统学习竞技四式技术，则可先学爬泳。爬泳动作接近人的行走动作，臂腿动作结构相对简单，其配合技术和动作节奏也易于学习掌握。掌握爬泳技术之后，动作技术的相似性迁移对学习仰泳、蝶泳都有一定帮助。但爬泳转头吸气技术的学习难度较大，不易掌握；爬泳动作衔接紧凑，动作周期内没有间歇，因而初学者游起来比较费力。

（3）仰泳→爬泳→蛙泳→蝶泳。仰泳时脸部始终露出水面，呼吸不受水的影响；臂、腿及配合技术较简单，只要学会了仰卧漂浮与滑行，就能轻松地游较长距离。仰泳动作与爬泳动作相似，掌握仰泳后有利于爬泳的学习。初学者掌握、适应仰卧姿势后，也能减轻他们的怕水心理；在水上活动遇到特殊情况时，可迅速仰卧在水面上进行自救。

（4）蛙泳→仰泳→爬泳→蝶泳。结合前面三种学习顺序，学生在学习蛙泳后，也可经反蛙泳过渡到动作结构相对简单的仰泳，进一步克服怕水心理、提高呼吸技术，也利于其他泳姿的学习与掌握。

（二）一种泳式的教学顺序

各种泳式的动作技术都包括腿、臂、臂与呼吸配合和完整配合。无论哪种泳式的教学，一般都按照“腿→臂（臂与呼吸配合）→完整配合”的顺序进行。在教学中应强调“先腿后臂”的教学顺序，这是因为游泳技术的基本要求是身体保持水平姿势，而各种泳式的腿部动作可使下肢上浮，并产生一定的推进力；可使人体重心前移，缩短重力与浮力所形成的力偶矩，从而有利于保持身体的平浮和手臂动作的学习与掌握。

（三）具体技术动作的教学顺序

游泳的每一技术动作的教学在原则上都应按照以下教法进行：

（1）教师讲解、示范，使学生建立动作表象，明确动作要领，了解动作过程和主要技术要求；

（2）学生在教师指导下进行陆上模仿练习（包括半陆半水模仿练习），体会动作，初步建立动作概念；

（3）进行水中有固定支撑的练习，如扶池边练习、同伴辅助性练习、站在浅水中练习等，体会水中动作的肌肉感觉；

（4）进行水中无固定支撑的练习，如利用扶板等器材进行腿部或臂部动作练习等，体会水对肢体动作所产生的反作用力；

（5）进行水中无支撑的练习，如滑行打腿、徒手进行各种分解或配合练习等，体会游进中真实的肌肉感觉及动作效果；

（6）逐步增长游距，改进和提高动作质量，使动作趋于巩固、完善和自动化。

三、游泳教学进度的安排

游泳教学中的教学文件包括人才培养方案、教学大纲（课程标准）、教学进度表、课时计划（教案）等。依据人才培养方案制定教学大纲，再将大纲规定的教学内容合理地分配到每次课中即形成教学进度。一般教学进度由教材内容、课次、日期、每次课应讲授的教材内容组成。教学进度安排得是否合理，在很大程度上影响着教学效果；同时，在教学中也应根据学生的具体情况做出适当调整，以更好地完成教学任务。游泳课的类型可分为新授课、复习课、综合课和考核课，但多为综合课，在一次课中既有新内容又有复习内容。

（一）单一教学法

单一教学法是指在一定教学时间内，只教一种泳式，待学生基本掌握该泳式后再教另一种泳式。其特点是教学内容重点突出，能集中时间和精力来解决关键性的技术问题，使学生较快地掌握一种泳式。但采用单一教学时，教学内容单一，容易使学生产生厌烦情绪，也容易造成部分肢体疲劳。因此，在教学中应适当增加游戏和丰富教学手段，如变换练习方法以利于学生减轻肢体负担和提高学习兴趣。

（二）综合教学法

综合教学法是指在一定教学时间内集中不同泳式，连贯地或几乎同时进行教学。综合教学法又有平行连贯教学法和相似动作教学法等不同安排方法。

1. 平行连贯教学法

平行连贯教学法是指在一定教学时间内，将4种泳式系统连贯、几乎平行地进行教学的安排方法（表 10 – 1）。

表 10 – 1 平行连贯教学法进度表

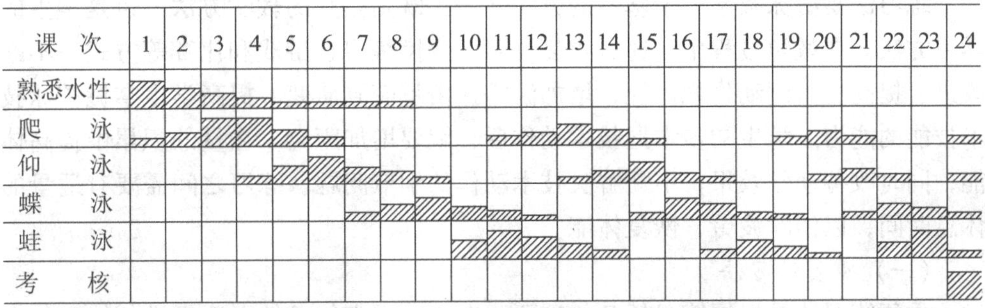

此安排能使学生在初步学习而未完全掌握一种泳式时立即学习另一种泳式，教学内容更新快，练习形式丰富，让学生在较短时间内掌握多种泳式。学生在一定时间内进行多种泳式的学习，既可加快教学进度，又可提高学生学习兴趣和避免局部肢体疲劳，还多方面、多种形式地培养学生的水性，利于游泳技术的掌握。平行连贯教学法的课程密度和运动量较大，教学过程的组织较为严密，因而对教师要求较高。在安排每节课的教学内容时，应注意前后衔接，教学内容不宜过多，一般以 2—3 项为宜。

2. 相似动作教学法

相似动作教学法是指在游泳教学中，将各种泳式中动作结构基本相同、技术环节大致相似的动作加以综合归纳，在一个阶段的教学中同时或相继教学这类动作或泳式，例如踩水—蛙泳—反蛙泳—仰泳—爬泳—蝶泳。此教学方法的优点是运用相似动作的技能转移，能促使学生较快掌握多种游泳姿势，并可提高学生的学习兴趣。但教学时必须注意对相似动作的正确认定，若所学习的多个动作之间没有联系，则达不到动作技能良性转移的目的。

第四节 游泳教学方法

游泳教学方法是教师在游泳教学过程中为实现教学目的、完成教学任务而采用的方法、手段和途径的总称。教学方法对实现教学目标和完成教学任务起着至关重要的作用。教师应根据教学目的、任务和内容，采用符合学生认识规律的有效教学手段来传授知识和技能，培养学生分析问题、解决问题的能力，发展学生的个性。

根据游泳教学的特点和前人的经验，游泳动作的教学方法是多种多样的，要使学生掌握好游技术技能，应以练习法为主，辅之以讲解示范法、完整分解法、分层累加法、错误动作纠正法等教学方法。

一、练习法

练习法是游泳教学中最基本的方法之一，既是教师的教学方法，也是学生的学习方法。在教学过程中，通过重复练习、变换练习、游戏和比赛等方式，不断改进、提高、巩固动作规范性，增加游距，由量变到质变，提高学生掌握游泳技术技能的能力。学生初步掌握技术动作后，就要增加距离，在量的积累中提高体能，同时改善动作效果，不断解决技术动作的细节问题。练习之间需要有适量的休息时间，以消除疲劳，恢复体能。

（一）重复练习法

重复练习法是根据练习任务的需要，在相对固定的条件下反复进行练习的方法，如6×25米蛙泳练习。连续重复某一动作或姿势练习，加速所学动作和条件反射的形成、巩固与熟练；有利于提高专项体能，快速增加游进距离；同时也有助于教师观察并指导学生改进技术动作。运用此方法时应注意控制练习的重复次数和距离，控制好每组练习之间的间歇时间，以免负荷过大，使学生过早疲劳而影响动作技术的学习与掌握。在教学中，重复练习的距离应根据学生掌握技术动作的情况和练习内容的难易程度来确定，距离通常先短后逐步加长。练习次数则依据练习距离和对练习动作强化的具体要求而定，练习距离短时重复次数多，反之则少。

（二）变换练习法

变换练习法是根据教学的任务需要，在变换条件下进行练习的方法。变换的条件主要有运动形式、练习内容组合结构、限制性练习、练习速度等，如练习蛙泳腿部动作时采用池边坐撑及俯卧练习、滑行蹬腿、扶板蹬腿等一系列性练习方式；爬泳练习采用“打腿25米+划臂25米”的组合形式；仰泳时在额头放置物品（如水杯、苹果等，用于限制头部活动）来提高头部稳定性的练习；爬泳打腿前25米快、后25米慢的组合练习；等等。该练习方法有利于提高学生对练习方式的适应能力和进行练习的积极性，而且使局部肢体和机体张弛相济、劳逸结合，有利于动作技术的学习掌握和运动水平的提高。采用变换练习法时，应注意变换条件和各部位运动负荷的安排，既要符合练习任务的要求，又要考虑学生的接受能力和负荷能力。

（三）游戏法和比赛法

游戏法是以游戏的方式组织学生进行练习的方法，比赛法是在比赛的条件下组织学生进行练习的方法。前者具有较强的娱乐性，后者具有较强的竞争性，因而采用上述方法进行练习时，可营造生动活泼、热烈紧张的练习气氛，不仅可提高学生的兴趣，激发学生练习的积极性，加快学习掌握技术动作的进程，还可培养学生团结协作的团队精神和竞争意识。游戏、比赛过程复杂多变，应加强组织工作，注意控制运动负荷，警惕事故发生。

二、讲解示范法

（一）讲解法

讲解法是教师通过语言讲述的方式向学生讲解与说明学习任务、动作名称、动作过程、动作要领、练习要求、注意事项等内容来指导学生学习的方法。它的表现形式有讲解、口令、口诀及提问等。运用时要把握好讲什么、怎么讲、什么时间讲的问题，正确合理地启发学生的思维，加深其对教材或练习的理解，建立正确动作的表象，从而提高教学效果。

教师运用讲解法时，应注意讲解的内容要生动形象、简明扼要、形式多样，与示范紧密结合。学习新动作时多讲解；示范动作时边示范边讲解；对关键环节重点讲解；陆上练习时多讲解，水中练习时少讲解；等等。

除了口头语言外，还应伴随肢体语言、表情语言的使用，是指教师在教学中通过自身的肢体动作（如手势）来表述技术动作和组织课堂，如教师可通过自己的肢体动作简洁形象地演示4种泳式的手臂和腿部动作。肢体语言的运用让教师在岸上教学时既能观察学生的练习情况、掌控课堂场面，又能及时通过手势向学生示意动作，强化动作要领，利于教师带领学生练习。表情语言可表达教师对学生表现的满意、失望等课堂情绪，可增强教师课堂讲解示范、组织管理的效果。

（二）示范法

示范法是游泳教学中最常用的教学方法，又是最为直接和效果较好的一种教学方式。示范法是指教师通过具体的动作演示、辅助性体验等方式，将所学技术动作的结构、过程、方向、路线、节奏等要素以及某一具体练习方法的练习形式等直接作用于学生的视觉、听觉、本体感觉等感觉器官的一种基本教学方法。其表现形式有教师或学生动作示范、视频演示、辅助体验等。运用时应注意把握好示范什么、如何示范、什么时间示范的问题。正确运用动作示范，不仅可使学生建立正确的动作概念，而且还可提高学生的学习兴趣，激发学生学习的积极性，对教学效果的提高有重要作用。

教师运用示范法时，应注意示范要有明确的目的性；新授动作必须示范，复杂动作要多示范、分解示范，重点环节需重点示范，尽可能使示范作用得到发挥。

1. 视频演示

教师可选取具有代表性的优秀游泳运动员的比赛录像供学生观看，并结合讲解，提高学生对游泳的认识，使其产生浓厚的兴趣。

2. 示范与讲解相结合

游泳教学中，讲解与示范是相互补充、相辅相成的。示范主要展示动作的外部形象；讲解则反映动作的内在要求。正确的动作示范与生动形象的讲解相结合，能更好地引导学生把直观感觉和理性思维结合起来，帮助学生理解和掌握动作，达到理想的教学效果。一般来说，进行陆上示范和水中原地示范时，可边示范边讲解；做水中游进动作示范时，可先示范，后讲解，再示范；学生做示范时，可先讲解，提示后示范，再讲解。

3. 陆上、水中示范

需根据所学泳姿和具体教学需要在陆上、水中进行示范讲解，边讲解边示范，必要时分解和重复关键的动作环节，并随时根据学生的理解情况重复讲解动作。

（1）示范要求。

示范要主次分明、重点突出。示范前应使学生明确观看的重点和次序。进行新动作示范时，先进行完整示范，再进行分解动作或重点动作示范。在每次示范时都应明确观看的重点，而不只是漫无目的地看，不清楚看什么。

（2）示范队形组织与示范位置。

根据教学需要，游泳教学的动作示范可在陆上或水中进行。示范时学生观察动作的队形和教师的示范位置对观察示范效果有直接关系，应注意组织和选择。教师在水中示范时，学生最好站在岸上观看，必要时让学生在水下进行观察。

示范时经常采用的队形有横列式、角式和半圆式（图 10－1）。

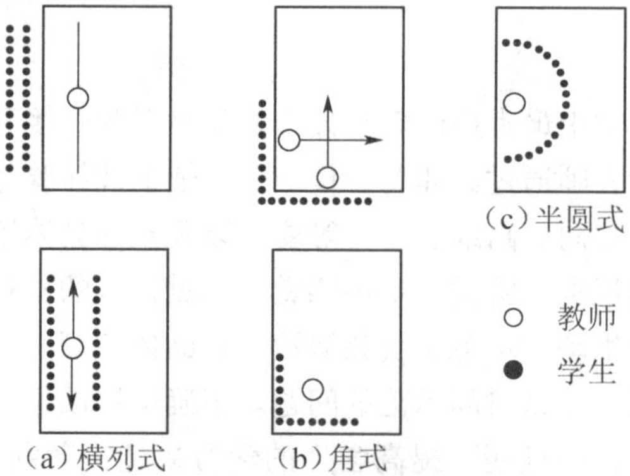

图 10－1　示范组织队形

（3）示范面与示范速度。

游泳教学的示范面一般有三个基本面，即镜面（正面）、侧面和背面，学生可从不同的角度观察和模仿教师的动作。示范面的选择应取决于所教动作的结构和教师的教学意图，关键在于要使学生能够看清主要的技术环节。例如教爬泳、仰泳、蝶泳腿和配合技术时，应以侧面示范为主；强调蛙泳手臂外划宽度时，应采用正面示范；教蛙泳腿的外翻动作时，应采用背面示范。示范的速度以中等速度为宜，有时为了使学生看得更清楚，也可用较慢的速度进行示范。

（4）正误对比示范。

教新动作时，教师在进行正确技术示范后，可形象地模拟常见的错误动作，使学生通过鲜明的对比，对正误动作有明确的认识，帮助学生建立清楚的动作概念，并防止错误动作的发生。当教学进行到一定阶段后，教师可根据实际教学情况来挑选学生做出正确和错误的动作，并加以讲解，再次强化学生对技术动作的认识，也可对部分学生的动作加以纠正，起到明显的对比作用。

4. 辅助体验

辅助体验是指教师根据学生掌握技术情况，在陆上或水中直接帮助学生完成动作，使其体会动作的过程、路线、方向、节奏、发力时机等要素。比如进行蛙泳腿部动作教学时，教师可用两手抓住学生的双脚，帮助学生体会并记忆外翻动作。

三、完整分解法

（一）完整教学法

完整教学法是指从动作的开始到结束，不分部分和阶段，完整地进行教学的方法。其优点是不破坏技术动作的完整性和各环节之间的内部联系，便于学生形成完整的技术动作概念，注重技术动作的连贯性。如爬泳、仰泳的腿部动作的教学，一般采用完整教学法。其缺点是不利于复杂技术动作的教学，技术环节中的重点和难点动作容易被忽视，如蛙泳腿部动作的教学。

运用完整教学法应注意突出重点，开始时注意动作的基础部分，先有整个动作的完整概念，如动作过程、路线、方向；然后再逐步掌握细节部分，如幅度、节奏等。

（二）分解教学法

分解教学法是指把完整的技术动作合理地分解成若干个不同的部分，按一定的顺序依次进行教学，然后再将各部分动作连接在一起，组成完整动作。其优点是简化教学过程，降低教学难度，突出教学重点，便于学生掌握复杂技术动作，增强学生学习信心。4 种泳式均可将完整动作分解成腿部动作、臂部动作（与呼吸配合）、完整配合 3 部分进行教学。

运用分解教学法时应注意所划分部分动作之间的有机联系，使之保持正确的动作结构，加快完整动作的掌握进程；同时要与完整教学法结合运用，分解教学的时间不宜过长，当学生的动作技能基本形成后，即应转入完整动作的教学。

在游泳教学中，这两种方法是紧密配合的，教师需根据技术动作的复杂程度和学生的接受能力选择采用合适的教学方法。学习简单技术时，完整教学法优于分解教学法；学习较复杂技术时，分解教学法优于完整教学法。但这对不同水平的学生来说是相对的，对基础和学习能力较强者，教学简单技术动作适用完整教学法；而对基础和学习能力较差者，复杂技术动作适用分解教学法。游泳教学实践中总结出来的“完整—分解—完整”的组合教学方法，是以完整教学法为主导，把完整教学法和分解教学法较好地组合起来的教学方法。

四、分层累加法

分层累加法是把技术动作分解为小的部分，通过逐渐积累的方法来掌握复杂技术动作和动作细节，达到互相联系、互相促进、协调发展的教学效果的一种技术教学方法。其过程是把一个动作的要点按照动作过程和用力方法依次排列，在练习中把动作要点按照顺序和进度依次提出；完成完整动作时，每次只注意其中一个环节的一个问题；每次只提一个简单的要求，当学生掌握后再提下个要求，在巩固前一个动作的基础上再做好第二个动作。先教动作过程，再教用力方法。

1. 分层

首先将技术动作按照运动学结构和外形分解为几个基本的层次，然后再把每个层次的动作要点按照内在的力学结构、用力方法和肌肉感觉进行分层。

第一次分层：按外在的运动学结构或技术外形进行划分，明确动作概念。各种泳式均可分为身体姿势、腿、腿与呼吸配合、手臂、手臂与呼吸配合、手腿配合、手腿与呼吸的完整配合，按照顺序进行动作概念的教学。

第二次分层：以内在的力学结构进行划分，掌握动作过程的用力方法，顺序是动作方向（划水路线）、用力方法和完成动作的肌肉感觉。

2. 累加

累加就是把动作要点按照难易程度排列顺序并提出要求。教学中，要把动作要点分为重点与次重点，或按难易程度依次举出，每次只提一个较简单的要求，当学生掌握后再提下一个要求，在巩固保持前一个要求的基础上再完成当前的动作要求。通过逐步的要求积累，渐进而正确地掌握整个技术动作。比如腿部动作的累加：动作外形（幅度）—用力方式（会放松和加速、动作节奏），需要在逐步增加练习次数和距离的基础上强化动作概念和巩固技术动作。

五、错误动作纠正法

纠正错误动作是游泳教学的一个组成部分，这种方法是指教师针对学生练习中产生的错误动作，有针对性地选择有效的手段，及时矫正错误动作。在游泳教学中，由于教、学双方的原因，学生的动作经常会存在缺点和错误，如不注意纠正或纠正不及时而导致错误动作的动力定型，这不仅让错误难以纠正，而且还会影响正确动作技术的掌握。整个游泳教学过程可以说是一个不断纠正错误动作的过程。错误动作的解决，首先需要看得准，再采取切实有效的纠正手段。

（一）错误动作的产生原因

发现错误动作后，必须首先分析错误动作产生的原因，发现主要原因或问题才能有的放矢地进行纠正。游泳教学中错误动作的产生原因有以下几方面：

（1）动作概念不清：如蛙泳腿的蹬夹动作，不清楚是先蹬后夹，还是边蹬边夹。

（2）身体素质差：正确的游泳技术对身体素质尤其是柔韧性和力量，都有一定的要求。如肩关节灵活性差，造成移臂困难；踝关节灵活性差，造成勾脚打水；臂部力量差，造成沉肘划水；等等。

（3）错误动作动力定型：例如游蛙泳时出现侧泳腿的剪绞打水动作；蛙泳无勾脚外翻并用脚背下打的动作。

（4）心理紧张：初学游泳学生在进行水上练习，尤其是在深水区练习时，由于心里害怕紧张，造成动作僵硬不舒展、变形、不协调，甚至导致乱蹬、乱划等不同程度的错误动作。

（5）教学方法不当：教师在教材安排、教法选择方面的不足，也是导致学生出现错误动作的一个原因。如爬泳的直腿打腿过程过长，造成腿部动作紧张和形成鞭打动作困难。

（二）纠正错误动作的方法

找出了产生错误动作的原因，就应对症下药，及时采取有效的措施予以纠正。

1. 分析比较法

对由动作概念不清引起的错误，教师应耐心、细致、形象地示范与讲解，加深学生对技术动作的理解，使其建立正确的动作概念；也可组织学生相互观察正误动作，启发学生思考，以明确动作概念，在练习中形成正确技术的肌肉记忆。

2. 发展素质法

因身体素质较差而引起的错误或根据学生掌握技术情况而需要提高身体素质时，可加强学生有关身体素质的训练，有计划地布置安排课中或课外身体素质练习，逐步改正或提高技术动作。如多做翻脚压腿动作可改善踝关节柔韧性，利于纠正蛙泳腿外翻不充分、不到位的错误。

3. 条件限制法

对于某些错误动作，可设定一些限制性条件进行练习，充分用人体的感觉机能强制性地纠正错误，促进正确技术的形成。如蛙泳初学者存在边划臂边蹬腿的错误动作，可要求学生两臂前伸并拢时停几秒后再分开划水；改进蛙泳宽蹬腿动作时，可让学生两腿夹住浮板来完成整个腿部动作过程，用夹住浮板来限制两膝关节的距离。

4. 矫枉过正法

该方法是指帮助那些有正确动作概念而没有正确时空感觉的学生改进错误动作，即提出“过正”的动作要求，让学生从主观上朝错误动作的方向去做，这样他们往往恰好会做出正确的动作。如面对爬泳入水时手在头前入水的错误，可要求学生手在肩部延长线的外侧入水。

5. 安全保护法

对于因紧张害怕而出现的错误，应采用有效的方式方法来消除恐惧根源，提高学生在水中活动的自由程度。例如耐心讲解水中沉浮原理，安排技术好的学生陪游，或由教师用竹竿等器材尾随保护。

此外，教师还应加强教学理论的学习，努力钻研教材与教学方法，及时总结经验，改进教学方法，不断提高示范、讲解的质量，提高运用教学方法的能力与技巧。

（三）纠正动作时应注意的问题

1. 学会观察错误动作

教师应根据学生错误动作的部位（头、躯干、腿、臂），选择适当的位置（正面、侧面或后面），观察点的距离应适中，避免光线直射眼睛，要充分考虑到水中光线折射的影响。必要时可潜入水中观察。

2. 先改身体姿势和腿的动作

在学习阶段，初学者会同时出现几种错误动作，若手臂、腿同时存在一定问题，则应先改进腿部动作，强调正确的身体姿势。对于初学者来说，腿是基础，基础不好是比较严重的问题。

3. 先解决关键错误

由于各种原因，初学者的动作往往会出现多种错误，存在直接或间接原因，而有时一种错误又会引起另一种错误，这就要分清主次，抓住直接原因和主要矛盾，先解决关键错误。抓主要矛盾，一是要抓同时出现的几个错误中的主要错误，二是要抓产生错误的几个原因中的主要原因。例如出现蛙泳配合不协调，游距上不去这种情况，应首先攻克呼吸关，然后改进臂、腿动作，使游距迅速增加。对于学生的多种错误，每次不宜提出过多的改进意见，以免学生无所适从，顾此失彼。

4. 加强区别对待

对于学生中普遍存在的错误，教师应首先统一纠正；对于个别错误，则应个别纠正。即使多名学生出现同一错误，也应根据学生各自的情况和产生错误的原因，具体问题具体分析，因人而异地采取不同的纠正方法，使学生都能迅速掌握正确技术。

5. 注意巩固正确技术

纠正一个顽固错误往往比初学一个动作还难，而且即使是被纠正了的错误，如果不注意强化巩固，仍然有可能重犯。因此，教师在纠正学生错误动作时需有耐心，学生才会有信心。教师应要求学生时刻提醒并按照规范技术反复练习，使正确动作趋于熟练和巩固，防止错误动作再现。

第五节　少年儿童游泳教学指导

大多数人是在少年儿童时期学习游泳的。因为少年儿童处于身体发育阶段，学习游泳不仅能掌握技能，还能提高身体健康水平，促进身体发育；通过游泳教学，可以发现游泳人才和培养优秀运动员。游泳教学阶段的主要任务是培养少年儿童对游泳的兴趣，熟悉水性，学习4种泳式及出发转身的基本技术，发展他们的柔韧性、协调性，提高他们的身体健康水平和进行水中运动的能力，为系统训练做好准备。

一、少年儿童解剖、生理特点与游泳教学

游泳是一项能够锻炼全身的运动。对少年儿童进行有组织、有计划、有目的的游泳教学训练，不仅能促进他们的生长发育，获得健康的身体、健美的体型、良好的心血管呼吸系统机能，少年儿童身体新陈代谢过程、神经系统和呼吸系统等也会得到改善，对其整个身体的发展大有益处。还可让他们掌握一项必备的生存技能。在训练中可培养他们勇敢、顽强、吃苦耐劳的意志品质和服从命令、遵守纪律以及团结合作的精神品质。游泳的动作对少年儿童来说并不简单，需经过大脑皮层发出指令，通过脊髓传导，并由本体感受器反馈水情，协同众多运动神经元指挥肌肉运动。因此，认识和研究少年儿童身体发育特点与教学训练的关系，才能更好地掌握少年儿童教学训练的规律，提高教学训练质量，促进他们的身心健康发展。

（一）骨骼特点

人体骨骼的骨化过程约到20岁才能完成，在少年儿童时期骨骼向高处长得快，尤其是四肢，这就造成身体围度的发展落后于身高，身体呈瘦长型，因而身体形成的迎水面较小。此外，少年儿童的脊柱柔韧性较成年人好，特别是腿和踝关节的灵活性大，这一切都为游泳创造了有利的条件。游泳训练课可促进少年儿童的身体发育，并增强其力量与柔韧性。

（二）肌肉特点

少年儿童的肌肉比重与成年人不同，8岁儿童的肌肉重量占体重的27.2%，15岁时比重为32.6%，17岁时比重为44%，而成年人的比重更大。正是由于肌肉重量较小，使得少年儿童浮力较好。少年儿童各部分肌肉发育还不均衡，大肌肉发育较早，小肌肉群发育较迟；上肢肌肉屈肌张力较强，伸肌张力较弱；下肢屈肌张力较弱，伸肌张力较强。这些不平衡现象会影响游泳技术的精确性和协调性。15—16岁少年的小肌肉群发展速度开始加快，这就为更好地掌握、改进和完善的游泳技术动作和提高游速创造了条件。而又因为在水中游泳时，游进的总

阻力与速度的平方成正比。因此，应对年龄较小的儿童安排速度慢而又有节奏的训练，逐渐提高肌肉的承受负荷。

少年儿童的肌肉比成年人更富有弹性，收缩和伸展时的幅度较大，但由于其肌纤维较细，肌肉横断面小，所以力量较弱。因此在训练中，学生年龄越小，力量训练的强度应越低。少年儿童肌肉纤维中的肌红蛋白比成人的多，所以供氧能力较强，有利于耐力训练和练习后的恢复。

（三）心血管系统特点

少年儿童心肌纤维较细，弹力纤维分布较少，心脏容积和体积较小，所以心肌收缩力弱，心率比成人大。游泳时身体处于水平位置，虽有利于血液的输送和回流，减轻心脏负担，但竞技游泳是一项剧烈的运动，少年儿童主要靠加快心率来增加心输出量。因此，少年儿童的运动量不宜过大，要系统地、循序渐进地进行教学，多采用中等强度、负荷的耐力训练。这种训练会使心脏容积增大，心肌收缩增强，每搏心输出量明显提高，对提高心血管系统的机能是有益的。

（四）呼吸系统特点

少年儿童身体处在生长阶段，胸廓狭小，但物质代谢旺盛，需氧量相对而言比成年人多，呼吸深度浅，呼吸频率比成年人快，肺活量比成年人小。训练时，由于受到水的阻力、浮力和压力的作用，其呼吸肌得到充分锻炼，增加了肺的有效通气量，加强了气体交换，而呼吸量的增加也提高了人的浮力。由于少年儿童的最大吸氧量和负氧债比成年人低，训练时不能做过长的极限训练和闭气游。因此，对少年儿童进行训练要多采用有氧代谢为主的一般耐力训练。

（五）神经系统特点

神经系统是少年儿童最早发育的系统之一。儿童时期，第一信号系统的活动占主导地位，儿童主要靠直观形象建立条件反射。少年时期，第二信号系统进一步发展，他们的分析综合及抽象思维的能力显著提高，但其皮层兴奋与抑制过程尚未发展平衡，兴奋往往占优势，因此注意力不集中，容易出现多余动作和产生疲劳。为此，在教学训练中应加强纪律教育，当运动量达到教师预计限度时，应暂停训练活动，避免造成过度疲劳。少年儿童的第一信号系统活动比第二信号系统占优势，所以在游泳教学中应多示范，并配合简单形象的讲解，多让学生做一些模仿性练习，课堂内容安排要生动活泼，具有多样化和启发性，可穿插游戏和比赛，以促进第二信号系统更协调地发展。

（六）体温调节

少年儿童的皮肤较薄，皮下脂肪也较薄，毛细血管较密，并且体表与水的接触面积较成人大，散热快。因此，年龄越小的少年儿童游泳时，泳池水温越要适当高些；入水后即可开始活动，尽量不要静止在水中。若在水温稍低的泳池进行教学训练，课堂密度应安排稍大些，课堂练习要紧凑些，发现学生打寒噤、嘴唇发紫时，就应令其暂停训练，擦干身体，披上浴巾，在陆上做些热身活动。

随着年龄的增长，少年儿童的心理也出现显著变化。他们的自尊心逐渐增强，开始自觉地对待游泳训练，大脑皮层的兴奋与抑制过程趋于平衡，可创造性地培养他们的集体主义和团结友爱的精神。同时，对于受外界和自身情绪影响而出现的一些粗鲁行为和破坏纪律的现象，教练应理解并分析出现的原因，以区别对待的方式采取适当措施解决矛盾。

二、心理特点与游泳教学

（一）少年儿童心理变化的一般规律

心理，从字面上解释就是心思、思想、感情等内心活动的总称；从现代心理学的角度讲，心理是脑的机能，是客观现实的反映，是感觉、知觉、记忆、思维、想象、注意、情感、意志、动机、兴趣、能力、气质、性格等心理现象的总称。心理过程包括人的认识过程、情绪和情感过程、意志过程。

每一个少年儿童的心理活动各有不同，而且是不断变化发展的。尽管如此，他们的心理活动也表现出一定的共同特征，比如活泼好动，注意力持续时间短，具有强烈的好奇心，对老师有强烈的依赖感，对竞赛游戏与接力特别感兴趣。他们的感情是丰富多变的，其喜怒哀乐常常表现在面部。老师应针对这些特点加以注意并及时引导，要努力给其创造一种良好的学习氛围，使学生通过不同形式的练习逐步克服各种心理障碍，度过由怕水到爱水的过程。

在课程的不同阶段，少年儿童的情绪变化也呈现出一定的规律性，即两头高、中间低的现象。在初学游泳时，少年儿童的心理状态随着课堂进行不断变化，在课的准备部分常表现出兴奋状态，具体表现为急于下水、注意力不在教师身上等；随着课堂进一步深入，其情绪开始出现高低起伏的波动状态；到课堂结束时又会出现兴奋状态。我们应认识到这种变化不仅受到对水喜爱程度及练习兴趣变化的影响，教师的态度、情绪以及教学内容的安排也是其中必要的影响因素。因此在教学训练中要注意根据学生大脑皮层兴奋度及情绪变化的特点安排练习。

（二）直观教学与具体形象的认识能力

少年儿童的视觉、听觉发展较快，记忆方式以形象记忆为主，还不能明确感受事物的目的性，在思维上主要依赖于表面现象，兴趣短暂，活泼好动。因此在游泳教学中，应加强直观教学方式，即尽量利用学生的各种感官和已有经验，提供各种形式的感知，丰富学生的感性认识和直接经验，使学生获得生动的表象，从而掌握所学的知识和技术，并发展他们的思维能力。根据这些特点，对少年儿童的游泳教学主要有以下几种直观教学方式：

1. 示范直观教学法

示范是游泳教学最基本、直观的方法。无论是在水中还是陆上，示范都应规范、简要，做到主次分明、重点突出。教练应注意示范的位置、示范面、示范速度等方面，以符合少年儿童空间定位能力较差的发展特点，使少年儿童能清楚每一个动作的路线、方向及节奏等动作要素，从而对动作形成正确的认识。

2. 影像直观教学法

利用图片、视频等使少年儿童对所学动作形成清晰的形象，帮助少年儿童感知技术动作的过程与细节，特别是借助视频的慢镜头可以更好地了解较为复杂技术的动作过程，清楚技术动作的方向、路线及用力时机和程度等，进而达到更好的教学效果。

3. 语言直观教学法

语言直观教学法即教师通过生动形象的语言描述，唤起少年儿童已有的表象或激发他们形成有关事物的想象，这就要求讲解技术动作时多采用简练生动、确切完整、有趣味性的语言。如在水中吐气说作“吹泡泡”，爬泳打腿说作“甩鞭子”，抱膝浮体说作“浮冬瓜”，仰泳两臂划水说作“风车轮”，等等。

（三）注意力与组织教学

注意力，即所谓聚精会神、专心致志，是一种常见的心理现象。少年儿童的注意力不集中，兴奋性容易转移。资料表明，年龄越小，人的注意力集中时间越短。注意力有自然发生的无意识注意和需要有一定意志努力的有意识注意两种。

1. 运用无意识注意的规律进行教学

用生动、直观、形式新颖的方法教学，最容易吸引少年儿童的注意力。如打腿练习，可采用扶板打腿、两臂前伸打腿、两手背后交叉打腿、变速打腿等不规律的练习，引起少年儿童的高度注意。练习中，带有感情色彩的教学也容易引起少年儿童的高度注意，如游戏、接力等。

2. 运用有意注意的规律进行教学

游泳教学是一个艰苦复杂的过程，要求少年儿童不仅在有趣的教学中集中注意力，也要在乏味条件下自觉地集中注意力，并培养抗干扰能力。教师的严格要求对控制少年儿童注意力起着重要作用。教学的内容、练习的难易程度要符合少年儿童的实际情况：内容太简单，不能激起他们的学习兴趣；难度太大，则让他们失去信心。教学中，如果运动量太大，教学内容太多，少年儿童容易疲劳，这也是引起注意力不集中的主要原因，因此教学内容要与负荷量相适应。

（四）复习与巩固

少年儿童学习游泳过程中的最大弱点是游泳技术动作不稳定，时好时坏，反复多变。因此，在教学中应根据游泳教学的规律，抓住重点、难点，反复多练，达到巩固提高技术动作的目的。如熟悉水性教学中反复安排浮体滑行练习；技术教学中狠抓打腿基本功练习；反复采用“沉、浮”呼吸练习，攻克呼吸关；通过短距离重复游，不断巩固技术动作；通过拉长游距达到动作放松而有节奏的效果。

（五）启发式与想象教学

少年儿童思维发展的特点是由具体到抽象，在教学过程中要善于发展他们的思维能力，在讲解技术动作时要多提问，对技术动作要点进行强化；利用少年儿童富于想象的特点，多用形象生动的比喻，加深他们对技术的理解。同时遵循循序渐进等教学原则，先在陆上示范、模仿，让少年儿童建立基本的动作概念，再让其下水进行分解、完整动作练习。

（六）意志品质与教学

意志训练是有意识地培养和加强少年儿童各种意志品质的过程。它是与平时的教学和训练密切结合进行的，即把培养少年儿童的自觉性、果断性、顽强性、自制力等意志品质的过程巧妙地安排到教学训练的过程中，使得其在克服困难中提高运动技术，在提高技术水平中培养意志品质，做到立德树人。

意志品质是在克服困难的过程中表现出来的，例如在少年儿童游泳训练时体力不佳，训练条件（如水温较低）不尽人意等。教师应教育、鼓励、督促并帮助他们克服困难，激发其克服困难的勇气和信心。同时，可通过增强柔韧性、力量和耐力等，培养他们顽强、坚韧和自制的意志品质。

三、少年儿童游泳教学注意事项

在少年儿童游泳教学启蒙阶段，最为典型的问题就是他们的怕水心理。对于这种心理活动，教练必须采取各类针对性的教学方法，耐心而尽快地消除他们的怕水心理，这对整个教学活动具有重要意义。为不影响教学效果和教学进度，教师对此要有足够的认识，要在教学方法上下功夫，让他们在融洽愉快的环境中消除这种不良的心理因素。

（1）教学步骤的安排要严格遵循由易到难的原则，每一个动作都应分解为若干部分，从最低难度开始，逐步增加学习和练习的难度，如有一半人不能完成该练习，则应降低难度或增加一项过渡性练习。

（2）运用相似技术教学原理安排教学手段。前后相连的两个教学手段最好有一部分的动作是相似或相近的，这样难度增加得不明显，有利于动作的掌握和巩固，动作之间相互渗透。例如，熟悉水性环节中的浮体练习，在练习抱膝浮体后，可在抱膝浮体的基础上打开肢体完成展体浮体的练习，再进行轻蹬池底完成展体浮体的漂浮练习，每个练习都包含闭气、漂浮状态、站立还原的过程，它们之间相关联系，相互递进。

（3）模仿练习是学习、改进动作最好的手段。可利用陆上模仿练习降低难度来学习技术，以明确概念和动作要领。在改进技术时应采用陆上模仿练习与水上练习交替进行的方法，陆上练习的感觉有助于水上技术的掌握。

（4）使用辅助器材。无论在深水还是浅水中教学，使用辅助器材是提高教学质量、减轻教师劳动强度的不俗方法。常用辅助器材有背漂、浮板、浮袖等。背漂常在初学时熟悉水性阶段中使用，有助于帮助少年儿童更好地漂浮在水面，保持较好的身体姿势。随着怕水心理的消除和学习内容的增多，逐步改为仅使用浮板。在改进动作时也可以使用辅助器材来降低练习难度，利于正确技术的掌握和巩固。

（5）把教学重点放在大多数人身上。教学多名少年儿童游泳时，学生的怕水程度等存在不同。随着教学的进行，差距可能再次拉大，针对这一情况，应照顾到多数人的进度，合理分配时间，争取给所有学生以平等的照顾。在教学组织形式上，把有怕水等困难的学生安排在自己教学位置附近或比较明显的位置，既可给予其一定的学习压力，也可防止意外发生。每次课程的各环节中，安排一定时间对有困难的学生进行有针对性的个别辅导教学。

（6）注重精讲多练，数量是质量的基础，正确合理的技术培养需要勤加练习。少年儿童新陈代谢旺盛，恢复能力快，除了必要的休息外，应充实安排练习时间。但要注意各种教学内容和手段的交叉进行，如陆上练习和水上练习，打腿练习和划手练习，配合游和游戏比赛，等等。

思考题

1. 游泳教学与陆上运动项目教学有何不同？

2. 如何在游泳教学中做好安全保障？

3. 如何进行一种泳式的教学？

4. 根据平行连贯教学法的概念，以蛙泳和爬泳为教学泳式，制定一份合理的教学进度表。

5. 编写一份10岁小朋友学习蛙泳技术的教学进度表及其中一节课的教案。

6. 在游泳教学中如何做好示范？

7. 在教6岁小朋友游泳时，如何体现教练的认真、耐心、细心？

8. 在实际教学中，如何更好地贯彻因材施教原则？

9. 7岁小朋友如何在水深1.2米的区域完成初学蛙泳的过程？

10. 面对不敢把头放入水中的7岁小朋友，教练应如何进行呼吸部分的教学？

第十一章　游泳训练指导

学习导航：

本章主要阐述游泳训练中的游泳技术练习类型与方法、游泳负荷与恢复方案的制定与原则、水中和陆上训练的基本方法，旨在使学生通过学习和实训，掌握游泳训练中基本的训练理论与方法，能够对自身和他人进行游泳技术训练指导。

第一节　游泳技术练习

游泳是一项力量与技术有机结合的运动。从多数人的技术来看，其熟练度不够，技术提升的空间较大。即使是富有经验的优秀游泳运动员，他们在技术上的细微改进也会影响其能否获得重要赛事的参赛资格。游泳技术练习以确保运动员在游泳竞赛中具有一定的竞争力为出发点，运动员通过熟练掌握技术，为竞技能力水平的发展与提高打下基础。

一、影响技术练习水平的因素

影响游泳技术训练水平的因素主要有协调性、技能形成规律、个体特征和体能水平。协调性是影响技术学习的主要因素，加强协调性的训练，提高协调能力，对学习和掌握游泳技术有良好的作用。游泳虽然属周期性运动，技术动作不复杂，但对动作的准确性和节奏感要求高，而这恰恰与协调性有密切的联系，因此协调性是游泳技术的核心。游泳技术的教学和训练必须遵循学生的认知心理和技能形成的规律，合理设计技术训练计划以提高训练效果。个体特征主要体现在身体结构、比例等方面，在技术训练的基础阶段，这一特征对技术训练不构成影响，但随着技术训练的深入，个体特征成为形成个人技术风格至关重要的因素。因此，技术训练应有明确的导向性，既要遵循技术的一般原理，又要充分体现个体的个性，使游泳者最大限度地发挥个人潜能和身体特征的优势。体能水平影响技术训练效果，力量、速度、柔韧和耐力等体能水平决定着技术的质量和稳定性。

二、游泳技术练习方法

为了便于理解，此部分将主要的技术练习划分为3种：静态姿势与平衡练习、动态姿势与平衡练习、结合划臂练习。

（一）静态姿势与平衡练习

1. 垂直打腿练习

垂直打腿练习以垂直于水面的直立姿势进行。练习时，漂浮在双脚无法触碰池底的深水区域，两手在胸前交叉叠放，以髋部为主导，两腿持续做前后方向的交替动作，膝关节只在腿向前时微发力，在腿向后的过程中没有完整的屈膝动作。整个过程中，应收紧身体，在水中保持高位，同时口鼻在水面以上，髋在肩下方，不可前倾或后仰（图11－1）。

2. 俯卧打腿练习

以俯卧姿势蹬边，两臂置于体侧，身体面向池底，头与躯干成一直线，胸微向下压，使臀部升至水面，始终保持高平直的身体姿势并做打腿动作（图11－2）。当需要吸气时，可直接抬头吸气，低头后再次将胸下压，身体尽可能在水中拉长。也可采用侧转头呼吸的方式，保证不影响身体平衡。也可使用呼吸管练习，消除抬头吸气造成的干扰，更专注于保持身体平直与平衡。

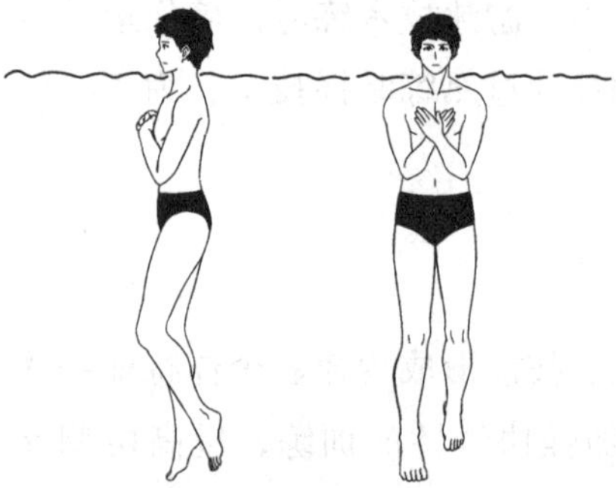

图11－1　垂直打腿练习

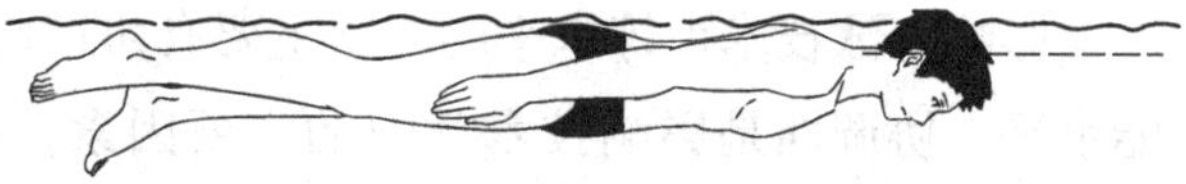

图11－2　俯卧打腿练

3. 仰卧打腿练习

以仰卧姿势蹬边，两臂置于体侧，头与躯干成一直线，面部向上可自由呼吸，微将背（两肩胛骨间的点）压向池底，便于形成良好的高平直姿势。仰卧与俯卧的感觉差异显著，头部后仰易使身体形成反弓的姿势，会破坏身体平衡。收紧腹部利于腰部展平，同时颈部伸展开，经过反复练习能保持身体流线型姿势一段时间。

4. 鼻子向下侧卧打腿练习

爬泳的技术特点是两手交替划水，躯干同时在水中持续做转动动作。而鼻子向下侧卧打腿练习的目的则是确保侧卧时身体保持平衡与行动自如。

蹬离池边后身体呈侧卧姿势，左臂在头前伸直，指尖指向对面池壁并微向下；右臂贴紧同侧大腿外侧，鼻尖向下，以胸外侧作为支撑，通过持续的打腿动作保持高平直的良好身体姿势。两侧交替练习，整个过程注意保持身体侧卧的姿势，建议使用呼吸管练习（图 11 –3）。

5. 鼻子向上侧卧打腿练习

鼻子向上侧卧打腿可以强化鼻子向下时的动作技术，口鼻露出水面以侧卧姿势保持身体平衡和动作舒展。以鼻子向下侧卧姿势开始，当平衡好身体后再转头至鼻子向上；在转头时，注意保持身体的流线型姿势，而其他部位无任何改变；转头时不可抬头，即使是轻微向上的动作也会破坏身体的平衡；游进中保持鼻子向上（图 11 –4）。身体两侧均需进行练习。

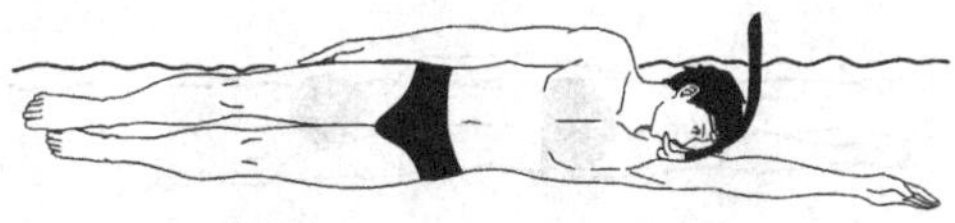

图 11 –3　鼻子向下侧卧打腿练习（戴呼吸管）

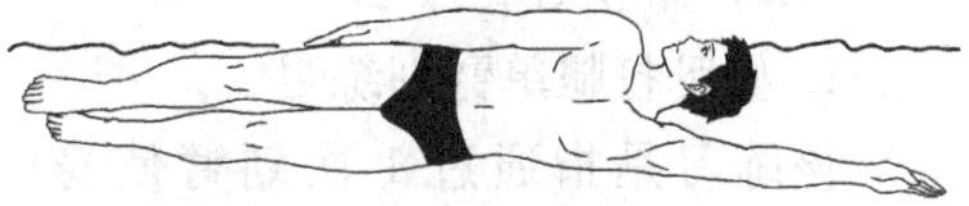

图 11 –4　鼻子向上侧卧打腿练习

（二）动态姿势与平衡练习

1. 侧卧打腿与呼吸练习

该练习是鼻子向下、向上侧卧打腿这两个练习的综合。以鼻子向下侧卧打腿开始，保持良好的身体姿势与平衡，以鼻子向上的姿势做几次呼吸，转头回至鼻子向下的姿势，并在水下向外呼气。练习中只需要两腿与头做动作，身体始终保持侧卧姿势；随着练习的熟练程度增加，逐步减少转头出水后的吸气次数，直至水下正常呼气及转头充分吸气一次。身体两侧均进行练习。

2. 俯卧打腿转体练习

建议使用呼吸管进行该练习。两臂置于体侧，以身体俯卧面向池底正下方的姿势蹬离池壁，待身体平衡后，头保持不动，完成“俯卧—平衡—侧卧—平衡—俯卧”的重复练习，转体过程中保持身体平直与胸下压的动作，交替俯卧与侧卧的姿势。

3. 垂直打腿转体（VKR）练习

该练习的目的是有节奏地交替完成身体的整体转动，有利于掌握爬泳、仰泳的转体动作。该练习以垂直打腿练习为基础。在深水区垂直打腿数次后，以 1 次打腿动作带动躯干右转 90°，进行几次交替打腿动作后，再以 1 次打腿动作带动躯干左转 90°，回到开始的位置，反复转换方向进行。

4. 绕纵轴转体练习

该练习由垂直打腿转体练习进阶到水平姿势绕纵轴转体，并融入了各种平衡技巧。当身体转为水平姿势时，姿态应保持平直，面朝池底正下方，两臂前伸指向对面池壁，并继续采用6次打腿技术，使身体处于平衡状态。交替打腿动作会在转动时推进身体向前，做身体的姿势转换，转体打腿动作使腹部倾斜角度在向右45°与向左45°之间。当需吸气时，转体、转头并使呼吸侧手臂屈肘向胸部后撤，同时手指指向对面池壁（图11－5）。该练习的手臂动作与标准转头方式的不同，没有划臂及向下的动作。当转回俯卧姿势时，手臂前伸至头前。2次吸气间至少转体3次（最好是5次），直至吸气动作不影响身体平衡，不改变转动节奏。

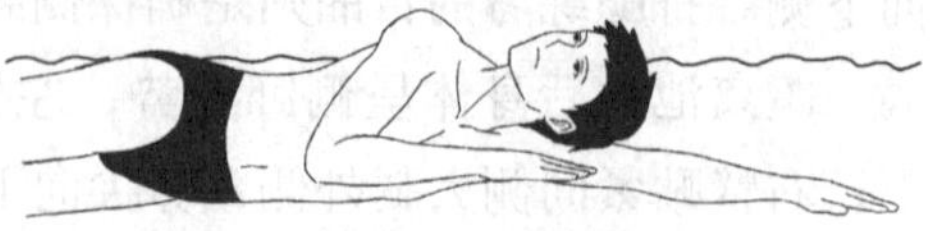

图11－5　绕纵轴转体练习

（三）结合划臂练习

1. 侧卧打腿单臂划练习

该练习是指通过1次划臂使身体的侧卧打腿姿势由一侧转向另一侧，戴呼吸管练习效果最佳。蹬边后，以鼻子向下的左侧卧打腿姿势［图11－6（a）］开始，保持好身体流线型姿势与平衡；左臂做空中移臂动作，当手从头上移过时，以1次打腿动作启动转体，保持面部向正下方［图11－6（b）］；当核心开始转动时，左臂入水，右臂开始划水［图11－6（c）］；当向右侧转动时，继续右臂的划水动作［图11－6（d）］；右臂划水结束于大腿侧时，身体转动至右侧卧打腿，此时身体成鼻子向下的右侧卧打腿姿势［图11－6（e）］。

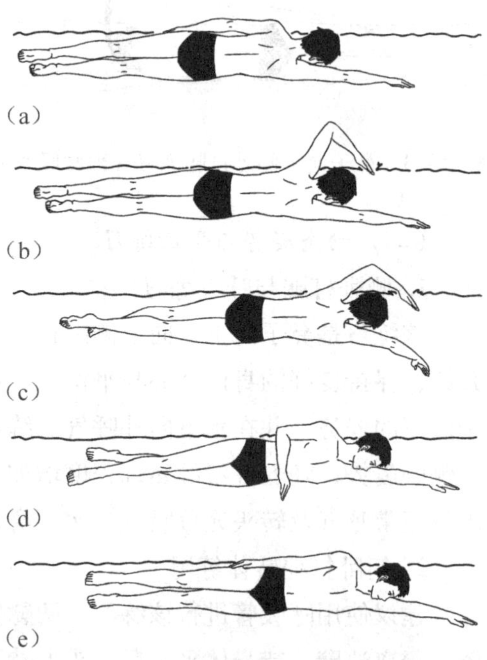

图11－6　侧卧打腿单臂划练习

手臂动作与转体打腿配合时机的关键是手入水时对侧腿下打或同侧腿上打。臂腿配合得熟练有利于将手臂动作与转体节奏相结合。

2. 3次划臂接侧卧打腿练习

该练习与配合较为接近，做3次划臂后，再做侧卧打腿。佩戴呼吸管，面部朝下，以蹬边后右手在头前为例。当形成平直姿势并保持平衡后，左臂做移臂动作，转体并划右臂，与侧卧打腿单臂划练习相同。接着右臂开始做移臂转体动作，之后左臂移至头前完成第3次划臂动作，当身体完全侧卧时，除打腿外停止其他动作。根据需要和个人能力水平来决定侧卧打腿的距离，不断纠正身体姿势与平衡，并为后面3次划臂仍需改进的技术做好准备。重复练习，每组的3次划臂动作以配合游节奏完成，不断提高侧卧打腿单臂划手、入水及打腿动作的精细程度。

动作熟练后，练习方式不变，不戴呼吸管，在第3次划臂时做转头呼吸动作，头与身体向同侧转动。当完成划臂并形成侧卧姿势时，面部朝上，保持身体姿势并控制好平衡；吸气并转头至面部朝下，再次控制好身体姿势与平衡，并为下一个周期做好准备。

最后，3次划臂接侧卧打腿在第2次划臂时吸气。其目标是转头吸气与身体转动同时进行，至面部朝上时再吸气，然后转头、转体形成面部朝下的姿势，保持划臂节奏和身体平衡。熟练3次划臂练习后，可转头吸气1次或2次。

二、技术练习类型

游泳技术练习可以有多种分类方式，如根据器材使用情况分为使用辅助器材练习、无辅助器材练习；根据练习环境分为陆上练习、水上练习；根据练习部位分为上肢练习、下肢练习和全身练习；根据练习目的分为体能练习、水感练习；等等。本部分内容根据能量训练的特点，将练习类型划分为五类：基础技术练习、提高技术练习、完整配合游练习、乳酸阈练习和速度练习。

（一）基础技术练习

基础技术练习主要由身体姿势、平衡以及少量各泳式的技术练习组成。在完成全部基础技术练习后，进行一次20分钟游的测试，其目标是完成速度应比之前快。如果中间需要短暂停顿方可完成测试，则缩短停顿时间是最简单而效果显著的提高方式。

在进入提高技术练习前，至少完成两轮基础技术练习，并再次进行一次20分钟游的测试，作为练习标准的参考依据。

1. 练习要点

（1）高平直。

身体肌肉收紧，保持高平直姿势游进，以更少的能量消耗，更快、更远地从水中通过。

（2）紧—松—紧。

每个25米以“平紧直”的姿势游进，游至中途全身放松几秒钟，再以“平紧直”的身体姿势完成整个练习，在改变身体姿势时始终保持身体平衡。

（3）侧划。

伴随每次划臂做一次转体动作，身体应始终转向同一侧。身体下方的前伸手臂微向下倾，划臂时身体转向另一侧。当手臂移至头前开始转体时，继续做划臂动作。

2. 练习计划举例

练习1：结合更多划臂的练习（表11－1）。

训练区域：恢复与低强度有氧。

目标心率范围：70%—85%乳酸阈心率。

表11－1　结合更多划臂的练习

	练习距离与形式
准备活动	6×25米，间歇10秒，交替进行：25米右侧卧打腿与呼吸配合，25米左侧卧打腿与呼吸配合，25米侧卧单手划。 4×25米，间歇10秒，TS，交替进行：25米侧卧臂划1次
主计划	2×50米，间歇15秒，TS，25米鼻朝下侧卧打腿，25米侧卧单划臂。 2×50米，间歇15秒，TS，25米侧卧臂划1次，25米划臂3次接侧卧打腿。 4×25米，间歇10秒，TS，交替进行：25米侧卧臂划1次，25米划臂3次接侧卧打腿。 2×25米，配合游，间歇10秒。 4×20秒，垂直打腿转体（奇数次时，手在胸前；偶数次时，双手出水）。 2×25米，间歇10秒，TS：25米绕纵轴转体
放松	6×25米，间歇10秒，TS，交替进行：25米鼻朝下侧卧打腿，25米侧卧单划臂，25米游
总距离	900米

注意事项与说明：TS是指佩戴呼吸管。主计划围绕大腿外侧露出水面这一要点逐步加入更多动作，由划臂1次过渡至完整配合游。可在练习中使用脚蹼或不佩戴任何练习器材。

练习2：结合更多划臂与核心转动（表11－2）。

训练区域：恢复与低强度有氧。

目标心率范围：70%—85%乳酸阈心率。

表11－2　结合更多划臂与核心转动

	练习距离与形式
准备活动	4×25米，间歇10秒，TS：25米俯卧平衡，25米鼻朝下左侧卧打腿，25米鼻朝下右侧卧打腿，25米游。 4×25米，间歇15秒：25米鼻朝上侧卧打腿，25米左侧卧打腿与呼吸配合，25米右侧卧打腿与呼吸配合，25米侧卧臂划1次

续表

	练习距离与形式
主计划	4×20 秒，垂直打腿转体，间歇 10 秒。 2×50 米，间歇 15 秒：25 米侧卧单划臂，25 米 3 次划臂接侧卧打腿。 2×25 米，间歇 10 秒：25 米绕纵轴转体，25 米 3 次划臂接侧卧打腿。 2×50 米，间歇 10 秒，TS：25 米 3 次划臂接侧卧打腿，25 米配合游。 4×25 米，间歇 10 秒，TS：25 米绕纵轴转体（慢速），25 米绕纵轴转体（快速）。 2×25 米，间歇 10 秒，TS：配合游。 4×20 秒，间歇 10 秒：垂直打腿（奇数次时，手在胸前；偶数次时，双手过头）
放松	6×25 米，间歇 10 秒，TS，交替进行：25 米侧卧单划臂，25 米侧卧打腿与呼吸配合，25 米配合游
总距离	900 米

注意事项与说明：此练习增加了转体训练，并逐渐增加配合游的距离与次数。练习中应熟知练习要点，例如垂直打腿时双手的位置。双手过头是指手要完全超过头顶，且两肘露出水面。

（二）提高技术练习

经过几轮练习后，学生能够以目标心率轻松完成时，则进入下一水平的练习。提高技术练习主要以身体姿势、身体平衡和技术练习为主，增加一定数量的完整配合游。与之前的练习相比，除了数量上的变化外，还增加了若干练习要点。

1. 练习要点

（1）下斜游。

当形成高平直的身体姿势时，保持臀、腿贴近水面。此时，感觉整个身体微向下倾斜。

（2）风险呼吸。

抬头转头吸气会导致髋、腿下沉，形状阻力增加；同时，打腿消耗额外的能量使臀、腿再次靠近水面。在吸气时，尝试保持足够低的转头动作，可能会有呛水的风险。转头动作太大，鼻朝向上方，且越垂直于水面，头下沉越深。如果形成每次冒险头低一点的呼吸习惯，那么会从一定程度上减少打腿所消耗的能量。最终目标是头部零上抬、躯干零上抬、能量零额外消耗。

（3）管道穿梭。

管道是大脑中形成的一种景象，用来帮助游进或让练习中的人更有空间意识。目的是身体在水中通过时，使身体所占空间的管道直径最小。在做绕纵轴转体练习时，保持好身体姿势与平衡，身体向水线方向转动时，肩部会在水中划出一片轨迹空间（管道），头、臀、腿应在管道范围之中。练习中使用快速打腿技术有助于保持小幅度打腿，并在合理的空间范围内游进。

(4) 髋主导打腿。

每一次的打腿应由髋关节主导，膝关节因腿在水中下打中受到的阻力而微弯曲。在垂直打腿练习中，也应做正确的打腿动作。

(5) 中心点。

以头为中心点转动，在游进过程中，只绕纵轴转动，避免出现上下左右的平移。

(6) 胸下压。

肺部的浮力使上身浮在水面，通过下压动作可在水中保持身体平衡。

(7) 滑梯式入水。

在游泳过程中，除了双腿驱动身体核心转动外，还应由双臂协助完成。移臂时，肩、臂上提抬出水面，这样会更加省力。在臂将入水时，身体与腿开始再次转动，放松肩、臂，能量的转换促使手臂向前入水，身体同侧肌肉协同运动，形成主动入水与前伸，如同手从滑梯滑下。

(8) 臂下倾前伸。

有效的抓水动作在臂前伸时，既不是水平的，也不会有上倾角，而是臂下倾前伸，可增加动作幅度。

(9) 激光束转体触发点。

想象在头前距水面10厘米左右的位置有一道激光束穿过：像木偶那样移动手、肘与前臂向前时［图11－7(a)］，身体其他部位没有任何动作。当移臂手过激光束时［图11－7(b)］，触发身体转动，移臂手正穿过这条想象中的激光束。双腿驱动核心转动时，移臂手继续向前移至入水点。

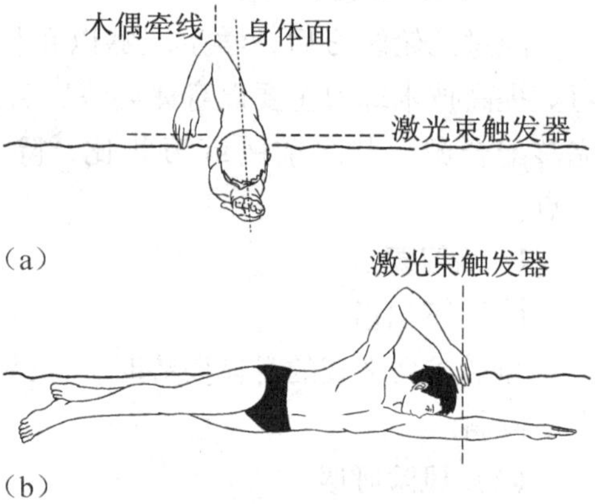

图11－7　激光束转体触发点

3. 练习计划举例

练习1：结合更多划臂动作（表11－3）。

训练区域：恢复与低强度有氧。

目标心率范围：70%—85%乳酸阈心率。

表11－3　结合更多划臂动作

	练习距离与形式
准备活动	6×25米，间歇10秒，交替进行：25米鼻朝上非利侧卧打腿，25米侧卧（有利侧）打腿与呼吸配合，25米配合游（非利侧呼吸）。 6×25米，间歇10秒，TS，交替进行：25米侧卧打腿单臂划，25米配合游。

续表

	练习距离与形式
主计划	6×50 米，间歇 15 秒，TS，交替进行：50 米鼻朝下侧卧代替，50 米侧卧打腿单臂划，50 米 3 次划臂接侧卧打腿。 4×25 米，间歇 10 秒，TS，交替进行：25 米侧卧打腿单臂划，25 米配合游。 2×25 米，绕纵轴转体（快速），每一姿势保持 20 秒。 2×50 米，间歇 15 秒，交替进行：25 米绕纵轴转体，25 米 3 次划臂接侧卧打腿。 2×25 米，配合游，间歇 10 秒：1@ NSPL，2@ –2SPL。 4×20 秒，垂直打腿转体，间歇 10 秒：奇数次时，双手在胸前交叉；偶数次时，双手露出水面
放松	6×25 米，间歇 10 秒，交替进行：25 米侧卧打腿单臂划，25 米 3 次划臂接侧卧打腿 3 次划臂接侧卧打腿，25 米配合游
总距离	1150 米

注意事项与说明：绕身体纵轴高速转体时，保持身体的高平直姿势，需要比慢速转体时更加收紧肌肉。

SPL 是指每趟划水次数。此部分练习需要注意并控制每 1 趟的划水次数。1@ NSPL 是指第 1 个 25 米以正常的 N 次划水次数完成；2@ –2SPL 是指第 2 个 25 米 用（N–2）次划水次数完成。

非利侧呼吸：以中心点为轴转头，头侧转（零上抬），鼻子上转，等等。非利侧呼吸练习可改进该侧不好的习惯性动作，其目的是提高该侧呼吸技术；让学生更容易学习新的、更高效的技术，高标准的呼吸动作会帮助游泳者提高对其他游泳技术的理解与体会。

练习 2：划臂与核心转动结合（表 11–4）。

训练区域：恢复与低强度有氧。

目标心率范围：70%—85% 乳酸阈心率。

表 11–4　划臂与核心转动结合

	练习距离与形式
准备活动	4×25 米，间歇 10 秒：25 米右侧卧打腿与呼吸配合，25 米左侧卧打腿与呼吸配合，25 米 3 次划臂接侧卧打腿，25 米配合游。 4×25 米，间歇 10 秒，TS：25 米鼻朝下侧卧打腿（非利侧），25 米侧卧打腿接单臂划，25 米多次转体划臂 1 次，25 米配合游。 4×25 米，间歇 10 秒，TS：25 米 3 次划臂接侧卧打腿，25 米 5 次划臂接侧卧打腿，25 米多次转体划臂 1 次，25 米配合游

续表

	练习距离与形式
主计划	2×25米，配合游，间歇10秒。 2×50米，间歇15秒，交替进行：25米3次划臂接侧卧打腿，25米多次转体划臂1次。 2×25米，间歇15秒，25米多次划臂转体1次，25米多次划臂转体2次。 4×75米，间歇15秒，TS，交替进行：25米多次转体划臂1次，25米多次转体划臂2次，25米配合游。 2×25米，配合游，间歇10秒，非利侧呼吸。 4×20秒，垂直打腿转体，间歇20秒：双手胸前交叉，快速打腿。 1×50米，TS：25米绕纵轴转体，25米多次转体划臂3次
放松	6×25米，间歇10秒，TS，交替进行：25米多次转体划臂一次，25米3次划臂接侧卧打腿，25米配合游
总距离	1150米

注意事项与说明：明确练习内容及其要点，强化对练习的理解认识，提高练习质量。在高强度垂直打腿转体练习中，不要用摆肩来辅助转体动作。

（三）完整配合游练习

在前面的练习中，仍以学习和完成技术为目的构成练习计划。如果将全部练习循环两次，大多数时候保持在目标心率之内（快速游、垂直打腿除外），那么可进入下一个阶段练习：完整配合游练习。该阶段练习中加入更多的完整配合游，但技术练习仍占30%—50%，练习时间在30—40分钟，强度有所增加，缩短间歇时间或提高速度，或者两者兼有。因此，总距离会超过上一个阶段，目标心率范围为80%—95%乳酸阈心率。

1. 练习内容说明

表11－5 完整配合游练习中的部分练习内容说明

序号	练习内容	详述
1	Fins	使用任何型号的脚蹼
2	SBFins	使用短脚蹼
3	FinsOpt，SBFinsOpt，TSOpt	根据个人情况选择所用器材，或者不用
4	SPBDchoice	个人选择静态姿势与平衡练习（俯卧打腿、仰卧打腿、鼻朝下侧卧打腿、鼻朝上侧卧打腿）
5	DPBDchoice	个人选择动态姿势与平衡练习（侧卧打腿与呼吸、俯卧打腿转体、绕纵轴转体）
6	SIDchoice	个人选择结合划臂练习（侧卧打腿单臂划、3次划臂接侧卧打腿、5次划臂接侧卧打腿）

续表

序　号	练习内容	详　述
7	RCDchoice	个人选择转体练习（多次转体划臂 3 次及近似练习，或 3 次转体 3 次划臂）
8	Dchoice	可以替换任何技术练习
9	Dmix	选择与搭配两种以上练习（如完成 1 趟俯卧打腿、1 趟侧卧打腿与呼吸及 2 趟 3 次划臂接侧卧打腿）
10	要点：选择	可以根据个人情况，选择所需专注的练习要点
11	超少超慢轻游	每个动作周期以超少的划臂次数、超慢的动作、极小的水声并尽可能保持水面平静的形式在水中前行
12	8 分钟游 50 米 on IHR	以 50 米距离完成 8 分钟游，每游完一个 50 米后测量即刻心率（IHR）
13	2 ×75 米，配合游，交替进行：25 握拳，25 手指，25 手掌	握拳是指两手握拳游进；手指是指半握拳，手成一个“OK”手势。游完 75 米后再重复一次
14	4 ×50 米，快速游，on 2:00	4 个 50 米快速配合游，2 分钟包干

2. 练习要点

(1) 手髋联结。

高水平的游泳运动员主要用双臂将核心转动形成的动能传至水中。在实际游进中，同侧手臂以身体高平直的姿势与划水所形成的牵拉力，紧紧与同侧髋联结，利于同侧手臂加速划水，同时驱动同侧手入水并让对侧的身体充分伸展。

(2) 失重臂。

在吸气过程中，前伸手臂应以轻微向下的姿势，保持失重般向前伸展，以确保手臂在身体转体时处于正确的位置，再开始整个划水动作。

(3) 轻。

游进中，尽可能少、轻地搅动周围的水，保持水面的平静。

(4) 游泳高尔夫。

游泳高尔夫是一种测试技术能力的方法，可作为基准水平，用来评价一段时期内游泳技术提高的情况。在充足休息后，重复游 4 次 50 米，计算出每次游进中划水次数和所用时间秒数的总和，并尝试降低每一次游进的分数总和。比如，第一个 50 米划水次数为 43，所用时间为 47 秒，那么总和分数为 90。进行 4 次后计算出平均分，作为下次进行游泳高尔夫练习的标准分数，比如 90、89、88、87 分的标准分数为 89 分。

3. 练习计划举例

练习1：稳定划水次数（表11－6）。

训练区域：高强度有氧。

目标心率范围：80%—95%乳酸阈心率。

表11－6　稳定划水次数

	练习距离与形式
准备活动	2×100米，间歇15秒，TSFinsOpt，交替进行：25米俯卧打腿，25米鼻朝下右侧卧打腿，25米俯卧打腿转体，25米鼻朝下左侧卧打腿。 4×50米，配合游，间歇10秒，TS：1—4轮逐次提速
主计划	10×25米，配合游，间歇10秒。 6×50米，间歇15秒，交替进行：25米3次转体3次划臂，25米配合游。 8×15秒，垂直打腿转体，间歇10秒。 1×100米，配合游
放松	3×50米，超少超慢轻游，间歇10秒。 4×25米，Dchoice，间歇10秒，SBFins
总距离	1500米

注意事项与说明：当进行垂直打腿转体感觉疲劳时，尽可能保持高平直的姿势。尽可能以最少的划水次数完成超少超慢轻游，而不借助于额外的打腿。

练习2：即刻心率（表11－7）。

训练区域：高强度有氧。

目标心率范围：80%—95%乳酸阈心率。

表11－7　即刻心率

	练习距离与形式
准备活动	1×100米：超少超慢轻游。 1×100米，配合游，交替进行：25握拳，25手指，25手掌，25手掌。 1×100米，Dmix
主计划	1×100米，交替进行：25米SPBDchoice，25米配合游。 8分钟50米游，on IHR。 4×25米，配合游。 2×50米，快速游，on IHR。 6×50米，绕纵轴转体，on IHR，SBFinsOpt
放松	4×75米，间歇15秒，SBFins，交替进行：25米超少超慢轻游，25米SIDchoice，25米超少超慢轻游
总距离	1500米

注意事项与说明：减少25米的短距离游，增加长距离练习和配合游。当技术熟练后，应减少间歇时间。始终将掌握好的练习部分加入到完整配合游之中。在执行即刻心率计划时，目标是将即刻心率保持在计划的目标范围内。

（四）乳酸阈练习

进行多次完整配合游练习后，如果大多数时候可将心率保持在目标范围之内（快速游、垂直打腿除外），那么可进入下一个阶段的练习：乳酸阈练习。本部分练习内容有25%—50%中等强度的技术练习，练习时间在40—50分钟，练习距离远超上一阶段。

1. 练习内容说明

表11－8　乳酸阈练习中的部分练习内容说明

练习内容	详　述	举　例
匀速游（CInt）	该练习以匀速为主，提高良好的基础有氧耐力	11分钟配合游，200s@匀速游，间歇10—15秒：11分钟匀速200米配合游，间歇10—15秒。若每个100米时间是1:37，200米应游2:14，间歇后重复游，那么11分钟可完成5个200米
最后最快（LOFO）	在速度分配与定速间歇训练计划中，LOFO是指最后一次的速度要比之前的更快，下一轮练习开始前的间歇时间比之前的增加一倍	
负分段（NS）	连续游的每一部分都比前一部分快	1×300米，NS：第2个150米游得比第1个150米快，第1个用时2:05，第2个用时2:01（4秒的负分段游），共用4:06完成300米
		1×300米，NSx100s：300米中的每个100米要比前一个快，如第1个用时1:25，第2个用时1:22，第3个用时1:19。完成时间与前面的例子同为4:06秒，但游300米的方式有些许差异

2. 练习要点

（1）重心转换与划臂。

随着每次划臂和重心转移到对侧时，都会有明显的加速阶段；重心转移后，身体呈侧卧的流线型姿势，手移臂向前时，为再次转移重心做准备。

（2）前冲。

这是手髋联结关键点的延伸练习。划水手臂驱动转体动作时，其应作为另一侧主动向前的支点，以带领手、臂通过水面向前，直至手臂充分伸展。

（3）划独木舟。

两手位置固定，肩背肌群发力，上肢躯干协同，使动力得到有效传递。游泳时，收紧肌肉形成高平直的姿势，将头、躯干和髋联结在一起，形成类似独木舟的船体；一系列肌肉的参与将整个臂部与其紧紧联结，如同划桨。最终，入水手臂前伸入水，其形成的动能会加强核心转动的力量，通过躯干传递至划水臂。当一只手通过收紧的肌肉与另一只手相连，会形成一种稳固且内部联动的动力传送机制，与划桨的功能相似。因此，入水臂的力量直接传递至划水臂，与独木舟高位划桨手产生力传递至水中桨叶的机制极其相似。

3. 练习计划举例

练习1：无氧阈间歇训练（表11－9）。

训练区域：高强度有氧和无氧阈。

目标心率范围：90%—100%＋乳酸阈心率。

表11－9　无氧阈间歇训练

	练习距离与形式
准备活动	1×300米，TSOpt，SBFinsOpt，交替进行：25米Dchoice，25米配合游
主计划	8×25米，间歇15秒，交替进行：25米俯卧打腿，25米侧卧打腿与呼吸（有利侧），25米仰卧打腿，25米配合游。 4×50米，绕纵轴转体，间歇10秒，SBFinsOpt：1—4轮逐次提速。 4×50米，间歇10秒，SBFinsOpt：25米侧卧打腿与呼吸（非利侧），25米配合游。 2×25米，配合游。 6分钟50米游，匀速游，间歇5—10秒，LOFO。 6×20秒，垂直打腿转体，间歇10秒。 6分钟配合游，50米，匀速游
放松	4×50米，间歇15秒，交替进行：25米绕纵轴转体，25米配合游
总距离	约1900米（含垂直打腿与转体的估算距离）

注意事项与说明：相对于匀速游计划，无氧阈间歇计划的练习距离会较短。随着练习的进展，要提高有氧能力，需将练习的持续时间增加。由一个练习尽快转到下一个练习，应尽可能减少不必要的时间，以保证心率在目标范围内。

练习2：匀速游与技术练习（表11－10）。

训练区域：高强度有氧和无氧阈。

目标心率范围：90%—100%＋乳酸阈心率。

表11－10　匀速游与技术练习

	练习距离与形式
准备活动	4×50米，间歇10秒，SBFins，交替进行：25米仰卧打腿，25米侧卧打腿与呼吸。 1×100米，交替进行：25米侧卧打腿与呼吸，25米配合游

续表

	练习距离与形式
主计划	8 分钟配合游，50 米，on IHR（保持目标心率）。 1×100 米：50 米侧卧打腿与呼吸，50 米多次转体划臂 3 次。 8 分钟配合游，50 米，on CInt，LOFO。 1×100 米，TS，SBFins：50 米 5 次划臂接侧卧打腿，50 米 3 次转体 3 次划臂。 8×25 米，绕纵轴转体，间歇 20 秒，交替进行：25 米常速游，25 米快速游。 1×100 米：游戏——侧泳。 1×4 分钟，配合游@匀速游
放松	4×50 米，间歇 10 秒，SBFins，交替进行：25 米侧卧打腿与呼吸，25 米 3 次划臂接侧卧打腿
总距离	约 2000 米

注意事项与说明：始终将熟练掌握的某个练习要点融入完整配合游中。在无氧阈练习中，游速可以超过目标上限，但练习中的每一次都不能比目标时间慢。

（五）速度练习

在无氧阈练习中，中等强度练习有 50% 是技术练习。本阶段练习将减少技术性练习，增加配合游练习。练习仍以技术质量为主，而非数量，练习时间为 40—50 分钟。每个练习包括一组高强度无氧练习或大量的速度分配与匀速间歇游。

该部分在无氧阈练习部分引入了匀速间歇游，是以最快的有氧速度作为提高耐力的方法。针对发展更快的速度和无氧速度设计了新的练习：短距离冲刺练习帮助发展最大速度，即极短暂的速度爆发；乳酸耐力和乳酸耐受练习提高疼痛忍耐力，以及在快速游时身体有能力应对不断增加的乳酸。

1. 练习内容说明

表 11-11　速度练习中的部分练习内容说明

练习内容	详　述	举　例
短距离冲刺	要求尽可能快地游，游速（打腿）非常快；间歇至体感舒适是指应有足够的间歇时间（或轻松地游进与练习）	6×25 米，短距离冲刺（间歇至体感舒适）
乳酸耐力（LEnd）练习	要求以中等间歇时间进行高强度重复游，身体处于部分恢复状态，提高乳酸水平与加快心率，增加持续执行计划的能力，即在疲劳状态下仍可延长高速游进的距离，从而提高身体缓冲和代谢乳酸的能力	TEST（LEnd），16 分钟游 50 米 1∶1 W/R Int∶02Range。 乳酸耐力练习，16 分钟的 50 米游，游进与休息比为 1∶1，最快与最慢的 50 米用时相差不超过 2 秒

续表

练习内容	详 述	举 例
乳酸耐受（LTol）练习	该练习可提高身体耐受与缓冲高乳酸值的能力，即以最大速度进行的重复游，辅以更长的休息时间，比乳酸耐力练习得到更多的恢复	TEST（LTol），4×100 米，on 6:00。 乳酸耐受练习，全力游 4 个 100 米，6 分钟包干

2. 练习要点

核心转动速度：该要求是指游爬泳时围绕身体纵轴转体，使用核心转动作为推进力进行游进，这依赖于肩、臂和手的传递作用将力量传送至水中。若要提高游泳速度，则需提高划水速度，同时提高核心转动速度，即加快手臂运动速度；保持头、髋联结的同时，确保两臂动作更快地绕纵轴转体同步。

3. 练习计划举例

练习 1：长距离匀速游（表 11－12）。

训练区域：冲刺、高强度有氧和无氧阈。

目标心率范围：90%—100%＋乳酸阈心率。

表 11－12 长距离匀速游

	练习距离与形式
准备活动	100 米，SPBDchoice，SBFins，挑选自己最不喜欢的器材。 100 米，DPBDchoice，SBFins，挑选自己最不喜欢的器材
主计划	20 分钟游 300 米（或更长距离），on CInt，LOFO。 8×25 米，短距离冲刺（间歇至体感舒适）：奇数次 25 米短距离冲刺；偶数次 12.5 米水下打腿，出水后轻松游至对面。 6 分钟游 50 米，以比匀速游快 3—4 秒的速度游进
放松	6 分钟游 50 米，间歇 10 秒，TSOpt，FinsOpt：alt 25 米 Dchoice，25 米配合游
总距离	按照游速要求完成，每个 100 米分别用时 1:20、1:40、2:00；大概总距离分别为 3200 米、2600 米、2200 米

注意事项与说明：20 分钟无氧阈间歇练习可选择不同的距离进行，这样能以最接近 20 分钟的时间完成。

练习 2：16 分钟乳酸耐力（表 11－13）。

训练区域：冲刺、无氧阈。

目标心率范围：70%—105%＋乳酸阈心率。

表 11－13　16 分钟乳酸耐力

	练习距离与形式
准备活动	5 分钟，连续练习和配合游，交替进行：25 米 SIDchoice，25 米绕纵轴转体，50 米配合游。 5 分钟：戴呼吸管重复上面的计划
主计划	5 分钟，短距离冲刺（间歇至体感舒适）Fins：奇数次 25 米配合游，偶数次 25 米绕纵轴转体。 TEST（LEnd），16 分钟游 50 米，on 1:1 W/R Int:02Range。 4×25 米，游戏（间歇至体感舒适）——拨水：身体俯卧，两臂置于头前，以拨水动作（前臂形成一个垂直面，两手做向内或向外，向两侧做摇橹式“8”字状的动作）推进身体；不可打腿，若无法保持平衡与身体姿势，可两腿间夹浮板辅助。 5 分钟游：50 米，匀速游，间歇 10—15 秒，LOFO
放松	5 分钟游 50 米 间歇 10 秒，mix Dchoice
总距离	按照游速要求完成，每个 100 米分别用时 1:20、1:40、2:00；大概总距离分别为 2300 米、1900 米、1600 米

注意事项：如果按照要求正确完成测试练习，会接近最大心率。在匀速游练习时尽可能保持比测试游更少的划水次数。

练习 3：乳酸耐受—100 米（表 11－14）。

训练区域：冲刺。

目标心率范围：70%—110%＋乳酸阈心率。

表 11－14　乳酸耐受—100 米

	练习距离与形式
准备活动	6 分钟连续游，交替进行：25 米配合游@NSPL，25 米配合游@－1SPL，25 米配合游@－2SPL，25 米 Dchoice
主计划	4×25 米：快速游，任意间歇时间。 1×100 米：超少超慢轻游。 TEST（LTol），配合游，4×100 米 on 6:00。 1×100 米：超少超慢轻游。 4×25 米：快速游，间歇至体感舒适
放松	6 分钟连续游 25 米，交替进行：25 米配合游@NSPL，25 米配合游@－1SPL，25 米配合游@－2SPL，25 米 Dchoice
总距离	按照游速要求完成，每个 100 米分别用时：1:20、1:40、2:00；大概总距离分别为 2450 米、2000 米、1700 米

练习注意事项与说明：重新计算目标乳酸阈心率的范围。当有氧能力得到更好的发展时，无氧阈心率也会发生变化。

三、技术练习的注意事项

技术练习应以技术动作的学习与提高为主，但不能唯技术而忽略速度（强度）。速度提高意味着技术动作或身体机能提高，提高身体机能也会提高技术动作的效率。由此，应在进行技术练习时注意以下几点：

（1）明确技术练习的要点及要求，并不断在练习中思考；

（2）技术练习的要点是技术练习的核心，在保证核心技术正确的前提下，再进行其他细节的优化；

（3）随着技术练习的深入与熟练，一定要借助速度（强度）进行技术的再提升与精炼；

（4）当技术练习遇到瓶颈时，除了对技术动作的再理解之外，可从提高身体机能入手，帮助改进提升；

（5）无论任何一种技术练习，都无法解决所有技术问题或适用于各种情况。除个体差异所造成的偏差外，有时游泳者对技术动作的综合运用能力也会影响练习效果。

第二节　游泳负荷与恢复

一、负荷的构成

在制定训练计划时，一般考虑到训练频率、持续时间、训练强度和训练距离这 4 个因素。训练的持续频率和时间分别指运动员一周训练的天数和一天训练的小时数；训练强度与训练时的游进速度有关；训练距离是指每天、每周及每个周期要游的距离。

1. 训练频率

高水平运动员的训练频率典型为 1 天 2 次，每周 6 天，每年 10—12 个月。有科学家认为，个体对训练的适应是有限的，不能为了提高速度而强行超越身体所能承受的范围。而通过优化组合训练的持续时间使运动员适应个人的生理极限，能让其水平在更短的周期内提高更多。

相关专家对游泳、跑步进行研究，结果表明 1 天训练 2 次与 1 天训练 1 次的效果几乎相同。建议每天训练不超 1 次，若过量训练会导致肌糖原和肝糖原减少，并抑制某些生理适应性指标的提高。尽管如此，游泳教练的经验让他们更倾向于 1 天练 2 次以上。运动员在训练间有足够的休息，就能以更高的强度完成更多的训练。每天可采用多样化的练习内容，练习之间几乎不会有干扰。例如，在下午进行速度耐力和冲刺训练，就不会对耐力训练造成影响。此外，可多做技术练习，有助于运动员领会竞技游泳的技巧。

1 天训练 2 次，有充足的时间把耐力以外的方面融入运动员的日常训练中，比如短距离冲刺训练、技术训练以及包括力量和柔韧训练在内的陆上训练。训练前的热身和训练后的放松游可更好地提高运动员的运动状态和表现能力，促进其训练后的快速恢复。

2. 持续时间

有人认为训练持续时间越久，效果越好，这种熟能生巧的观点本身没有问题。而对大多数人而言，可用于训练的时间是有限的。无论什么性质的游泳训练，不仅有投入与收益间的平衡关系，还有人体承受范围与道德伦理。因此，每次训练时间一般在 60—120 分钟之间。

以学校课程安排为例，大多数高校 1 个学时为 45 分钟左右。高水平专业运动员的训练也很少每次达到 180 分钟。因此，以学校教学为主要目标的游泳训练，应根据学校要求，科学、合理地安排训练负荷，突出训练重点、兼顾个体差异。

3. 训练强度

训练强度是指进行游泳训练时，运动负荷对运动员机体刺激的强烈程度。训练强度反映的是训练时机体的用力程度，这比训练数量对机体的刺激更为重要。在训练过程中，通常先以较低的强度进行练习，逐渐增加数量；随后数量不变，逐渐提高训练强度，或是适当地减少数量、增加强度。在运动员机体适应后，再进一步提高强度（或数量），使机体适应能力不断提升。如果训练强度增加得太快或增幅过大，易引起运动员的疲劳且无法及时恢复。运动员长时间处于疲劳状态无法恢复，或没有引起教练员的注意，会导致运动员过度疲劳或运动损伤。有的教练员为避免运动员出现过度疲劳现象，而把训练强度压低，结果运动员长期处于低有氧训练水平，机体无法得到足够的刺激，速度、爆发力等能力提高缓慢。

因此，应以训练结果为导向，结合游泳训练大周期安排，以每个小周期或中周期的测试计划为目标，作为运动员当期强度是否适宜的主要参考指标。根据评价结果，对后续训练计划做出相应调整，以期实现训练效果最大化。

在制定训练计划时，除了用心率来确定训练强度外，还可以用游速与个人最好成绩加上一个常数的方式来确定训练时的游速。

（1）用心率确定训练强度。

假设，最大心率不同的两名队员在一起进行有氧训练时，教练可安排他们在低于个人最大心率 40 次/分的强度下进行训练。虽两人在不同的心率水平下训练，但内容却是针对个人而制定的。一位最大心率为 201 次/分的队员，训练时其心率应达 161 次/分；而另一位运动员最大心率为 181 次/分，训练时其心率只是 141 次/分。显然两人的执行标准相同，但训练符合个人特点。

假如，教练员要求每人均在160次/分的心率下进行训练，才称作有氧训练，那么两名队员的训练效果是截然不同的。最大心率为201次/分的队员，在训练中其心率为160次/分，低于其最大心率41次/分，对他来说这是有效的有氧训练；另一位却在低于最大心率21次/分的强度下训练，实际上是进行无氧阈训练，而非有氧训练，若继续进行此强度的训练必将导致过度疲劳。因此，以心率来控制运动员的训练强度时，应根据个体的训练需要计算出相应心率。

（2）按照运动员个人最好成绩设定训练强度。

采用运动员个人最好成绩设定训练的对应时间，也可通过制定每名选手的训练数量达到训练个性化，例如：

200米爬泳个人最好成绩=2:00.00。

200米半程用时=1:00.00，作为训练参照。

1:00.00+20秒=有氧速度分配训练1。

目标成绩=1:20.00。

1:00.00+15—20秒=有氧速度分配训练2。

目标成绩=1:15.00—1:20.00。

1:00.00+10—15秒=有氧速度分配训练3。

目标成绩=1:10.00—1:15.00。

1:00.00+7—10秒=无氧阈速度分配训练。

目标成绩=1:07.00—1:10.00。

1:00.00+4—7秒=高强度耐力训练。

目标成绩=1:04.00—1:07.00。

4. 训练距离

训练距离与运动员水平高度相关：水平越高，训练距离越长。在相同的训练时间内，如1小时，有的人可以完成2000米的训练距离，有的人可完成2400米的训练距离；有的选手两个月前能用1小时完成2000米的训练距离，水平提高后也许45分钟便能完成相同距离，此时需要将距离提高至2600米。在能量训练中，有氧训练距离最长，随之依次递减，至短距离冲刺训练距离最短。

二、负荷安排原则

游泳运动员在各能量区域进行训练，为使训练更有效，则需按照一定的负荷原则来制定训练计划。常见的负荷安排有适应原则、超负荷原则、循序渐进原则、针对性原则、个性化原则、可逆性原则。

（一）适应原则

制定训练计划的目的是使运动员的新陈代谢、生理和心理形成改变，进而提高个人的游泳成绩。适应是指人体对训练的各种反应的一种适应性改变。当身体的不同器官与组织均在身体承受的范围内变化时，便是人体适应的过程。当某些器官与组织的能力不足以支撑正常运作时，则会要求它们产生更大的力、更多的能量、更多的化合物等多种方式来适应新的变化，以满足身体需要。

运动员的适应完全形成之后，该水平下的训练所产生的适应会保持下去，进而才有可能在比赛中发挥出来。要想进一步提高运动员的能力，必须增加训练的时间或强度，产生更进一步的适应。

（二）超负荷原则

超负荷原则的基础是适应，只有特定生理机理的需求高于正常需要时，适应才会产生。当个体增加对某系统的特定需求时，系统会出现超负荷。如果超负荷过分超出个体生理系统所能承受的阈值范围，生理系统会出现故障并导致组织损伤，此时需要停止在该水平的运动或所采用的训练方法，让生理系统进入自我修复的进程。

（三）循序渐进原则

如前所述，以特定负荷进行训练会使单一生理系统超负荷运转，直至系统适应该负荷。以此为基础，如果需要更进一步地适应某负荷以及提高个人能力，那么训练该负荷的强度或时间一定要再次提高。有步骤地逐步增加训练负荷，即循序渐进原则。

循序渐进的超负荷练习，在冲刺训练和耐力训练中的使用方法有所不同。例如，进行耐力训练：运动员完全有能力可以游得更快时，可增加训练强度；当运动员在略高于现有水平的强度下训练时，有氧耐力在某些方面会得到显著提高，有能力实现肌肉中乳酸产生和消除之间的平衡；运动员在耐力训练中提高能力后，在充足的练习时间内以同样速度游进，激发身体机能而减少乳酸产生、提高乳酸消除速率，加强代谢能力，如果以远高于现有水平训练的话，会直接出现酸中毒。

与耐力训练不同，提高冲刺速度的训练应具有挑战性。通过增加数量或质量来进行超负荷训练，其作用不大。最直接的方法是提高游进速度，以期游得更快，不断测试个人极限。可以通过游得更快或缩短休息时间，形成更显著的乳酸中毒；也可以通过在乳酸中毒的状态下游得更长、更久，测试运动员的极限在哪个区域。

游泳训练中最常见的形式是间歇训练，此方法非常适用于渐进式地增加负荷，如逐渐增加训练强度、逐渐增加训练数量、逐渐增加训练密度以及这三种训练方式的综合运用。

（四）针对性原则

针对性原则是指在训练过程中，针对仅在组织和器官处于压力状态下会出现的人体生理性适应安排训练。为学生设计具有针对性的训练计划时，应考虑至少以下四个方面：以哪种运动方式进行训练、比赛中的泳式、所要达到的比赛速度、重点训练哪几个部分的代谢系统。

首先，对游泳运动员来说，游泳是最有针对性的训练方式。跑步等其他陆地运动可提高心脏与循环系统的功能，而在游泳比赛中所用到的部分肌纤维，常在游泳之外的训练中被忽略。

其次，以速度为针对性目标。有研究指出，游速快则需动员一定数量的快肌纤维。因此必须进行适当的比赛速度训练，以确保所需肌纤维都得到锻炼。进行速度针对性训练能使人在特定比赛项目的状态下分配好划频与划距。最优划频与划距的标准是以尽可能小的体能消耗达到所需的速度。

最后，能量系统针对性训练。能量代谢系统由 ATP-CP 系统、无氧代谢和有氧代谢三大系统构成。如果针对其中一个系统进行训练，其他两者必参与到运动中，实际上在练习一开始这些代谢功能就已启动；如果训练其中一个系统，那么形成的刺激会提高该系统的运转远多于提高其他二者。在训练实践中，关注训练代谢进程中的一个系统时，不必考虑泳式与比赛项目。而考虑代谢系统的不同阶段时，必须以个人的主要泳式为主，不断进行耐力训练来强化有氧代谢和以冲刺训练着重无氧代谢能力的提高，以此促使整体代谢系统达到最佳训练效果。

（五）个性化原则

游泳以集体（或分组）训练为主，由于执行相同的训练计划，常会出现有的人完成得比较困难，有的人则较轻松。这会导致前者强度过高而引起运动损伤或过度训练；后者则因训练强度过低，无法对机体造成足够刺激，而不能达到预期训练目标。

因此在制定训练计划时，要根据个人的比赛项目、体能和技术特点等，将他们安排在不同水平的训练小组中。也可以在相同训练内容中，针对包干时间、间歇时间或游速、划频等，对不同的人提出不同要求。

（六）可逆性原则

适当的训练会形成适应，使能力提高；训练不足会导致相反的适应，使能力下降。某些训练适应会在训练结束后的 1—2 周内出现显著下降。如果只是减少训练强度或次数，下降的速率会慢一些。如果把训练量减少 1/3—1/2，训练强度保持不变，那么可在长时间内保持原有的训练效果。训练强度的下降，会加速减少所获得的适应性。

一旦停止训练，关节柔韧性迅速降低。肩和踝的柔韧性在停止拉伸练习的 2—4 周后变弱。进行 8—12 周的柔韧性训练（训练初期）后，相关部位的柔韧性会明显提高，随后提升缓慢，为避免可逆性情况的发生，应继续进行训练。

三、疲劳与恢复

疲劳是机体对训练内容的一种积极反应，恢复性训练可使人体从紧张的训练、比赛中快速回升到所需要的能力水平。恢复性训练能加快有氧能力与无氧能力的提高速度，如果在每周的训练中加入一定量的强度训练，运动员的恢复速度会更快。下面从恢复训练的效果、制定以及执行三个部分对恢复性训练进行叙述。

（一）恢复训练的效果

游泳训练消耗肌糖原，这会导致乳酸中毒及肌组织受损。如果运动员没有充足的恢复时间来更新糖原，以减缓乳酸中毒和修复受损的组织，那么他们的训练适应很快就会下降，造成过度训练。低强度下的游泳能加速恢复和促进肌肉及其周围组织的重建进程：血液流速的加快能使更多的葡萄糖到达肌肉，散布其中并以糖原的形式储存起来；也会增加一定数量的蛋白质、维生素、矿物质和激素直达肌肉，从而加快了修复与重建速度，最终，加快后的血液流速会提高肌肉中乳酸移除的速度，使 pH 值复原得更快。研究显示，在训练中所产生的乳酸，通过被动恢复训练，6 分钟后仍有 70% 留在体内（Nevill et al. 1996）。因此在长时间或高强度的训练后，特别需要加快恢复和修复速度时，较为合理的方法是安排一定的恢复性训练。

（二）恢复训练的制定

任何产生严重乳酸中毒的训练结束后，都应安排一定量的恢复性训练。其主要是让机体从高强度的耐力训练和长时间的冲刺训练中恢复过来，并能继续提高能力的其他方面，特别是冲刺能力。恢复训练中可以融入少许形成乳酸的训练和爆发力短冲训练，这不会影响恢复的进程。

在恢复训练阶段中，运动员进行划手、打腿和技术练习时，一般以基础耐力阶段的训练速度进行，将这些练习分开进行便于保证训练强度。中、长距离运动员因在耐力训练中大多数没有太多用腿，可安排其进行打腿练习；蝶泳和仰泳运动员应在恢复训练阶段进行水下打腿练习，因为这些练习的距离短，并不会使用太多糖原或导致严重的乳酸中毒。

也可以用第二主项进行部分高强度耐力训练，与恢复训练相结合。这类训练会继续刺激呼吸和循环系统，同时还可让运动员主项泳式中所使用到的主要肌群有恢复时间。第二主项和主项泳式越不相似越好，因为当不同的肌纤维在承受负荷的同时，耗竭与受损的肌纤维在进行着修复。

游泳运动员在比赛后应进行恢复性训练，特别是在当天或第二天还有比赛项目时，恢复训练也要在比赛日的计划中有所安排。运动员在连续几天参加多个项目的大赛后，需要有 1—3 天的恢复性训练。

（三）恢复训练的执行

进行恢复性训练计划设计时，需注意的因素有以下几个：

1. 训练速度

恢复训练应以足够快的速度进行训练，只有这样才能显著提高血液流速而不会使肌糖原耗竭或引起乳酸的快速增加。进行有氧代谢（脂肪）训练时，适宜的游泳速度在最大摄氧量的50%—60%之间，以能够维持心输出量的增加又不会太快，否则会使过多的快肌纤维参与到运动中来。另外，肌肉收缩的主要来源是脂肪，而不是肌糖原，肌糖原的储备不会再下降，也极少产生乳酸。若进行无氧糖酵解训练时高强度训练太多，肌糖原的储备下降，会增加乳酸产生，便无法达到恢复的目的。

2. 重复的距离和组计划量

当运动员进行恢复训练时，持续使用一种或多种比赛泳式，效果会极为明显，运动员以此为出发点，可进行任何距离的重复训练。恢复游的最优长度是以参赛项目为主的恢复训练组数，或在10—20分钟间的训练重复强度，当训练重点以恢复游为主时，练习可以采用完整的比赛距离，也可以短冲和不同的泳式进行。

3. 间歇时间

运动员要想游得快，间歇时间就要足够长。但在既定训练时间内，恢复训练应以短间歇为主（在保证速度的前提下，尽可能减少间歇时间）。

第三节　游泳水上训练

澳大利亚名将伊恩索普曾说过：“训练中的我怎么游，比赛就怎么游。这并不需要复杂的数学运算，身体知道它该做什么。如果让身体像所训练的那样去游，你会发现一切变得自然起来。”这很好地诠释了一种训练理念——游泳针对性训练。游泳针对性训练是为了比赛而训练，包括针对比赛项目的速度分配、参与的肌肉群以及练习中的间歇与速度，它由一系列的能量分区所构成。

一、能量系统训练

竞技游泳的比赛距离从50米到1500米不等，铁人三项和公开水域的游泳比赛距离则有1.5—10公里。运动过程中，能量产生于三种供能系统中的一种，比如ATP的产生根据练习时间和强度而有所变化。即不同强度的项目练习中，以一种供能系统为主导，其他两者为辅助，三种供能系统叠加在一起形成一个能量集合体，为运动员提供全方位的动力供给（图11－8）。依据不同的比赛距离和强度，身体会在供能系统体的不同区域内运动，以不同的供能过程为运动提供能量（表11－15）。大多数ATP产生的过程称为糖酵解，即储藏在体内的糖和糖原的分解，它由无氧和有氧两部分构成。

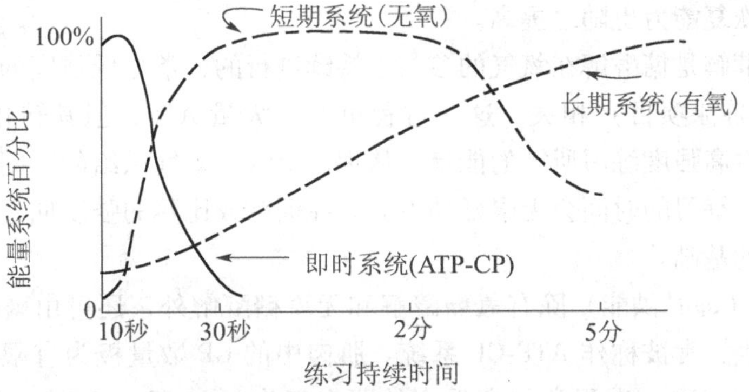

图 11－8　三种供能系统构成一个集合体，为人体运动提供动能

表 11－15　不同能量系统的特点

能量系统	特　点
ATP-CP	无氧——不需要氧气； 为高强度运动持续供能 0—20 秒； ATP 由肌肉中有限的磷酸肌酸所产生； 常与快肌纤维相结合
无氧糖酵解	无氧——不需要氧气； 为高强度运动持续供能不超过 3 分钟； 葡萄糖分子的分解供能——1 单位的葡萄糖分子产生 2 单位的 ATP； 常与快肌纤维相结合； 最终产物是乳酸（血液中的酸性物质）
有氧糖酵解	有氧——需要氧气； 为耐力性运动持续供能 3 分钟以上； 葡萄糖分子的分解供能——1 单位的葡萄糖分子能形成 36 单位的 ATP； 脂肪分解也有能量产生； 脂肪和碳水化合物所产生的能量百分比，由所处的运动强度决定——强度越大，葡萄糖分解占比越大； 常与慢肌纤维相结合

无氧糖酵解是糖酵解的第一阶段，是能量的产生不需要氧气参与的短期分解过程。进行中等时间的高强度训练（如 100 米或 200 游泳项目），无氧糖酵解能为肌肉供给大多数的能量。在无氧糖酵解产生能量的开始，肌肉也快速形成疲劳，并产生该能量系统的负面产物——乳酸，且随着高强度运动的进行而逐步增长。在持续的高强度游泳中，乳酸会改变肌肉内的酸碱度（pH 值），也导致疲劳并消减肌肉的收缩力。游泳计划中安排高强度训练的一个积极效果是让身体能更好地适应体内 pH 值的改变，进而让身体能在更长的时间内承受更高强度的训练

负荷，同时恢复能力也随之提高。

有氧糖酵解是糖酵解在氧气的参与下持续进行的，常与低强度的长时间练习（400米以上游泳项目）相关。这一过程可产生大量ATP，但其转化速度较慢，并不足以提供高强度练习所需的能量。从理论上看，氧气供给的时间越久，练习强度就越低，练习的时间会无限延伸下去。在训练或比赛的强度期过后，有氧糖酵解是恢复的基础。

ATP-CP（即时供能）除有氧糖酵解和无氧糖酵解外，还可由磷酸肌酸的即时分解所产生，常被称作ATP-CP系统。肌肉中的CP数量极为有限，随时可供肌肉收缩所用。这一进程常与高强度的肌肉工作（如50米爬泳）开始数秒钟相关。

ATP在每个强度水平以有氧和无氧方式共同产生，其在不同距离项目的参与程度有所不同。常见游泳项目的能量系统贡献率大致如下：

50米项目：ATP-CP占65%，无氧糖酵解占30%，有氧糖酵解占5%。

200米项目：ATP-CP占10%，无氧糖酵解占50%，有氧糖酵解占40%。

1500米项目：ATP-CP占2%—5%，无氧糖酵解占20%，有氧糖酵解占70%—80%。

公开水域或长距离项目几乎完全依靠有氧系统，但仍有少部分能量（5%）由无氧系统供能。

在训练中不断挑战不同的能量系统，使身体适应和优化产生能量的方式及将能量运送至肌肉的途径。在训练中循序渐进式地递增负荷，随着训练强度不断加大，低强度的游泳对供能系统形成的压力不足以产生预期结果；高强度的训练会增加生物化学反应的负担，进而促进神经系统与心肺系统的能力提高，从而对参赛项目进行有针对性训练。

二、能量系统训练的主要内容

游泳训练的目的是提高游泳运动员各方面的能力，为其今后比赛达到最佳竞技水平产生积极作用，不同类型的游泳训练对运动员产生的效果不同。游泳运动员的训练按照能量代谢可分为五种类型：有氧训练、无氧阈训练、高强度耐力训练、无氧训练（速度分配）、冲刺游训练。这也是教练员根据运动员成绩进行个性化训练设定训练强度的依据。

（一）有氧训练

有氧训练区域代表着低于无氧阈的游泳强度，此时肌肉中所产生的乳酸数量不会急剧增加，身体和肌肉容易承受。运动员在任何强度下练习都会产生乳酸。低强度的有氧训练所产生的乳酸水平较低；高强度的有氧训练所产生的乳酸水平则较高。

有氧训练的三种类型可平衡整个训练过程以及整体有氧能力的发展，具体如下：

1. 有氧1（A1）——低强度

运动员应在低于最大心率50—70次/分的强度下进行训练。建议把速度定为200米个人最好成绩除以2加上20秒。在此标准下，训练距离多为200—1500米，并且休息时间非常短，组内间歇一般为5—20秒。训练游距超过1500米时，该类型的有氧训练多适用于中、长距离选手。

2. 有氧2（A2）——有氧保持

运动员在应在低于最大心率40—50次/分的强度下进行训练。建议把速度定为200米个人最好成绩除以2加上15—20秒。计算方法因项目不同会有所不同，如爬泳、仰泳、蝶泳加15秒；蛙泳加20秒。此类训练的距离多为200—1500米之间；间歇应在10—20秒之间；距离超过1500米时，该类型的有氧训练适用于中、长距离选手。

3. 有氧3（A3）——有氧发展

训练时强度应低于最大心率30—40次/分。速度多为200米个人最好成绩除以2加上10—15秒。对有些运动员来说，此速度同无氧阈速度有一点重叠。此类的游距为50—400米，间歇10—20秒。

（二）无氧阈训练

乳酸水平开始急剧增加的那一拐点称作无氧阈。无氧阈训练的强度应在低于个人最大心率的20—30次/分的条件下进行，训练距离大多为50—400米，距离越短，间歇越短。50米项目，间歇10秒；100米、200米或400米项目，间歇10—20秒。

（三）高强度耐力训练

虽然该训练强度较高，但却仍在个体所能承受的范围内。需明确的是，在此训练初期，运动员的强度不可过大，若达到最大心率，不但无法实现整个计划的训练效果，还将影响所有速度训练的质量。

1. 临界速度

临界速度有时被认为是心率训练。心率应小于最大心率10—20次/分，应持续游30分钟。这类训练的最佳重复距离在50—200米之间。

游进与休息比约为1.5∶1。如24×100米爬泳1∶45包干，每个100米保持在65秒左右。可根据所完成数量的时间做适当调整，但建议总长度在1500—3000米之间。例如，一名运动员游30分钟，100米的临界速度是60秒，则应安排30×100米的重复游1∶40包干；一名运动员100米蛙泳的临界速度是1∶15，要完成30分钟的计划，则应安排24×100米蛙泳2∶05包干。

2. 乳酸消除

运动员在进行高强度耐力训练时，血液中会产生较高水平的乳酸，完成一组高乳酸水平的训练计划后，身体各系统会将乳酸消除并对训练深刻地产生适应性。

例如，安排一组典型的临界速度计划：24×100米，会导致运动员的乳酸在训练中不断堆积。此时，男子应在低于最大心率15—20次/分的条件下进行训练，女子应在低于最大心率10—15次/分的条件下进行训练。

3. 最大摄氧量

最大摄氧量的训练速度接近最大速度，在低于最大心率10次/分以下到最大心率之间。大多数的游泳选手在300—500米距离的最后100米才会达到最大摄氧量。

（四）无氧训练（速度分配）

无氧区域的训练通常被称作乳酸训练，由乳酸产生、乳酸耐受和乳酸峰值三种训练构成。这类训练多根据比赛速度进行针对性训练，也被称作质量训练，利于运动员发展所有项目的比赛能力和形成个人比赛策略。训练中应为比赛预设好目标时间、目标分段、划臂次数与划臂频率，此训练的强度远高于之前的，因此该训练距离应少于前面训练。

以分段游为例，一名200米蛙泳运动员的个人最好成绩为2:32，比赛数据如表11－16所示：

表11－16　某200米蛙泳选手的成绩数据

距　离	用　时	分段成绩	划臂次数	划臂频率
50米	0:35	35	20	35
100米	1:14	39	23	37
150米	1:53	39	24	39
200米	2:32	39	25	41

该名运动员的目标成绩是2:30，其改进的训练设计方案为：将1×200米分为50米、100米、150米和200米，间歇10秒，具体方案如表11－17所示：

表11－17　200米蛙泳选手的训练改进方案

距　离	用　时	分段成绩	划臂次数	划臂频率
50米	0:34.5	34.5	19	35
100米	1:13.0	38.5	22	37
150米	1:51.5	38.5	22	37
200米	2:30.0	38.5	22	47

年龄组队员执行此类计划应把成绩与划臂次数相结合。随着运动员水平的提高，划频也要考虑在内。

1. 乳酸产生训练

乳酸产生是备赛期乳酸训练的第一种类型，多采用50米和100米游，以平分游和分段游的方式进行。例如：

10×50米，2:30—3:00包干，以100米或200米的第2个50米为目标时间。

目标时间是1:00.00，平分为29秒和31秒，训练目标为31秒或更快。随着训练的进展，该类训练开始转为乳酸耐受训练。

2. 乳酸耐受训练

由于乳酸耐受训练的强度大于乳酸产生训练，所以训练中每组游进距离更短，例如：

3组3×100米，3分钟包干，以200米中第2个100米的分段成绩为目标速度，组间游1个200米。

8×100米，4:00—6:00包干，或5:00包干6×100米，以200米中第2个100米分段成绩为目标速度，或3:00包干保持400米的目标速度。

在进行耐乳酸训练时，最佳的重复距离在50—200米之间。乳酸水平会在游后达到峰值，肌肉中的乳酸会在练习中自始至终不断积累，这就是耐受效应。

训练计划的长度建议如下：100米选手，600—1200米；200米选手，600—1600米；400米选手，600—2000米。

3. 乳酸峰值训练

在进行乳酸峰值训练时，运动员每游一次都达到乳酸峰值或极度接近乳酸峰值，且需要休息的时间比耐受训练更久。以15:00包干4×100米为例，在间歇期间进行主动的恢复游，可按放松游的要求进行。

这类训练的距离在100—400米之间，可采用完整游或分段游的方式进行。例如，把3×200米中的200米分成4×50米，60秒包干。第1个50米跳出发，后面的3个50米蹬边游。游泳选手以比赛的目标成绩为速度标准。

（五）冲刺游训练

冲刺游是短时最高速度的训练，常被称为高速负荷。最佳的重复训练距离在25—50米间，并要有充足的休息，若休息不够，则是在进行乳酸产生训练。

例如1:30包干12×25米，分为15米最大速度的冲刺和10米的划距游。由于速度发展的重要性，所以必须有足够的速度训练，并且训练中要有目标时间。速度训练目标时间的计算方式如下。

100米运动员的速度训练时间应以如下为基础：

100米个人最好成绩减5秒，即60－5＝55秒；

25米的训练时间为55÷4＝13.75秒；

15米的训练时间为55÷100×15＝8.25秒；

12.5米的训练时间为55÷100×12.5≈6.88秒；

10米的训练时间为55÷100×10＝5.50秒。

200 米运动员的速度训练时间应以如下为基础：

200 米个人最好成绩减 10 秒，即 130 - 10 = 120 秒；

25 米的训练时间为 120 ÷ 8 = 15 秒。

当运动员能保持技术的有效性和速度时，应尽可能地以最长的距离进行训练。在每组之间应游 100—400 米不等的放松游，心率应比最大心率低 50 次/分。

二、游泳能量系统的水上训练基本方法

（一）间歇训练的类型

过去，游泳运动员在间歇训练中采用相对较慢的速度持续游较长距离。现在，这种方法已被取代，而是把练习的距离分解成相对较短的几部分，在练习间进行时间不等的休息，以获得更好的训练负荷。

间歇训练通过固定的间歇时间、指定的游速、特定的距离这三个因素来控制该训练内容的强度和时间。两个练习间的休息时间延长时，应随之增加练习的强度。一般情况下，一组间歇训练的强度越大，所能完成的重复数量越少。与此相反的是，当组内的休息时间变短而组间的间歇时间变长时，可更高质量地完成训练。持续时间长的训练会降低训练的强度。

简言之，间歇训练有两种类型：长间歇时间的质量游训练，可保证高速度地完成指定的距离，但持续时间会受到强度的限制；短间歇时间的数量游训练，速度的降低可以使运动的持续时间延长，以发展耐力。

采用不同的训练—休息比，产生的训练效果会不同，因此间歇训练可分为冲刺训练、重复训练、快速游间歇训练和慢速游间歇训练这四种基础类型。

1. 冲刺训练

冲刺训练是以最快的速度游较短的距离，以发展速度、肌肉力量和爆发力为目的。一般由 25 米、50 米、100 米的组合来构成 1 组计划。每游完 1 组后，心率应恢复到 100 次/分或以下。训练若以强化速度为主，则应保证充足的休息时间，此时训练—休息比可以为 1∶5 甚至达到 1∶10。

常见的冲刺训练计划如下：8 × 25 米（休息 2 分钟）、4 × 50 米（休息 5 分钟）、4 × 100 米（休息 10 分钟）。

2. 重复训练

与所要参加的比赛项目相比，重复训练以更快的速度完成更短的距离。只要在游下个计划之前，心率需要恢复至 110—100 次/分之间的训练基本都属于重复训练的类型。

当训练强度足够高时，重复训练使运动员适应无氧练习中逐渐增加的负氧债，以及使肌肉可耐受更高的乳酸水平。重复训练还能提高速度和肌肉的力量与爆发力。

训练—休息比至少在 1∶3，以保证运动员能以比赛速度的 90%—95% 完成训

练。若想发展更高的血乳酸水平，运动员需采用接近 100% 的全力游，此时心率接近最大值，范围在 190—200 次/分。

运动员要保持足够的训练强度，高乳酸的重复训练距离不应超过 250—300 米。这是因为高强度的重复游对人的心理造成的压力非常大，容易使游泳运动员失去对训练的适应，所以训练的总距离应在 1000 米以内，在每周的训练计划中不超过两次。

常见的重复训练计划如下：15 ×50 米（休息 3 分钟）、10 ×100 米（休息 5 分钟）、6 ×150 米（休息 5—10 分钟）、4 ×250 米（休息 10 分钟）。

3. 快速游间歇训练

快速游间歇训练要求在指定距离的练习中能以该游距的最快速度分配的 80% 进行，以发展速度能力以及心肌和骨骼肌对氧债的耐受能力，每次游完后的心率在 160—190 次/分之间，训练—休息比为 1∶1。从理论角度来看此比例，该类型可以在发展速度的同时发展耐力。

快速游间歇训练可以加入到任何持续性的练习中。因其对有氧耐力和无氧耐力的要求非常高，所以能加强运动员对将要参赛项目的心理适应能力。快速游间歇训练的休息时间虽然较冲刺训练和重复训练更短，但比慢速游的休息时间要长一些。

常见的快速游间歇训练计划如下：30 ×50 米（休息 30—60 秒）、15 ×100 米（休息 30—120 秒）、8 ×200 米（休息 30—120 秒）、8 ×400 米（休息 1—3 分钟）。

4. 慢速游间歇训练

慢速游间歇训练是通过所游距离最快配速的 60%—70% 来提高有氧耐力，随着训练水平的提升可不断增加游速。游速受限于休息时间，练习时间应在 20 分钟以上，以确保训练的强度保持在有氧水平。在训练初期打牢耐力基础时，可让运动员游 1—2 个小时。每次游后的心率在 160—170 次/分，但恢复后的心率范围在 150—160 次/分。

常见的慢速间歇游训练计划如下：30 ×50 米（休息 10—15 秒）、15 ×100 米（休息 10—15 秒）、8 ×200 米（休息 15—20 秒）、8 ×400 米（休息 15—30 秒）。

（二）间歇训练在实践中的应用

间歇训练可用在多种情况中，包括平游、速度递增游、分段游、金字塔游、非线性游、负分段游和模拟游。

1. 平游

平游是指以几乎同样的速度游完整个计划，例如 16 ×100 米（每个 100 米 62 秒，休息 30 秒）。

2. 速度递增游

速度递增游是在1组中每游一次都比前面一次快一点，如：20×50米（休息30秒），速度递增（第1个50米用时35秒，第20个50米用时28秒）。

执行20个50米（休息30秒）的计划，可变换为：第1—4个50米的速度递增，第5—8个50米按照前4个50米的标准游，直到游完20个50米。

3. 分段游

分段游是以短暂的间歇时间将整个距离分成若干等份，例如在游400米时，每个100米中间休息10秒，当游完400米时，从总时长中减去30秒（休息的总时长）就是实际用时。

分段游具有极强的激励性，在所有距离的练习中都可以使用。分段游可以在1组游完后，安排一段较长时间的休息，将重复训练与间歇训练结合在一起使用。分段游有一种较为有趣的变化方式：完成每1组所用的时间均少于前面1组。

例如：

8×400米，每个50米休息10秒，每游完400米休息5分钟；

8×200米混合泳，每个50米休息10秒，每游完200米休息5分钟；

先游2×150米再游2×50米（400米分段游间歇10秒），游完休息5分钟；

还可以将上面的计划合并成1组更大的计划，第1组到第3组的训练距离是递减的。

4. 金字塔游

金字塔游是指所游距离和休息是不均等的。运动员可以同样的速度游，也可以按照距离越短、速度越快的方式游。以两个典型计划为例：

例1：

游50米，休息10秒；

游100米，休息20秒；

游200米，休息40秒；

游400米，休息1分钟；

游200米，休息40秒；

游100米，休息20秒；

游50米，休息10秒。

例2：

游400米，休息3分钟；

游2×200米，休息2分钟；

游2×100米，休息1分钟；

游2×50米，休息30秒。

5. 非线性游

非线性游是将一整段距离分成不均等的若干部分进行练习。以在 50 米池进行 400 米非线性训练为例，每个 400 米由 8 个 50 米构成，游 4 × 400 米，每游完 400 米休息 5 分钟：

2—2—2—2（休息 10 秒）；4—2—1—1（休息 10 秒）；1—2—3—2（休息 10 秒）；4—1—1—1—1（休息 10 秒）。

应在 3—4 个分段中保持相同的速度，但在 1—2 个分段中把速度提上来。通过此种练习方式，运动员可有效提高调整配速的能力，掌握在比赛中的任何阶段进行加速的策略。或者，所有的部分都保持相同的速度。

6. 负分段游

所游项目的后半程比前半程更快（通常快 2—3 秒），即为负分段游。其目的是推迟氧债发生的时间，并让运动员体会到什么是平均配速。在某种程度上，比赛时的出发动作会提高前半程的游速，负分段游也是后半程保持游速的一种方式。

7. 模拟游

模拟游是为达到特定比赛距离所需的配速，用来重复训练目标游速的方法。总之，以目标游距的半程进行配速训练，中间进行短暂的休息仅稍微恢复心率；接着再游半程的一半，心率稍微恢复后继续游；直到无法再分为更短的距离，并完成比赛距离时结束练习。

以参赛距离为 400 米的训练为例，训练计划如下：游 200 米，休息 10 秒；游 100 米，休息 5 秒；游 25 米，休息 5 秒；游 25 米，休息 5 秒。

需要注意的是，在练习距离被分得更短时，间歇时间由 10 秒降至 5 秒。

第四节　游泳陆上训练

进行陆上训练能帮助运动员高效地、有充足能力地适应训练与竞赛压力、远离伤病。其目的是让人体在水环境中更有效率，在非水环境下做好充分准备。

对待陆上训练要像在水中训练一样，需与水中的动作高度关联，这样能使运动员建立练习间的联结。陆上训练要训练的是动作，而非肌肉，旨在强化整个动力链间的联结与应用。以神经学的角度分析，人体无法识别出单个肌肉，只能辨别肌肉的运动方式。要更高效地将陆上训练动作转化为游泳技术动作，重点在于训练动作及其联结的实现。

一、力量训练

（一）基础力量和专项力量

游泳中的力量训练是为使运动员能快速完成比赛而设计的针对性训练。以下对常见力量训练的概念进行界定，并以此为设计力量训练计划的依据。

基础力量是用来发展全身力量的基础。发展基础力量时，重点发展全身主要肌群的耐力与核心力量，同时避免运动损伤的发生。基础力量练习不以变得更强壮为目的，而是为了建立力量基础，为下一步发展爆发力和游泳针对性力量做好准备。

游泳专项力量是指完成4种竞技泳式所必备的肌肉力量基础。竞技泳式不同，用力方式不同，完成相应动作时用到的肌群也就不同。它与功能性力量（functional strength）意义相近，都是针对4种泳式的特点来发展运动员的水中力量。

若把力量训练看作金字塔，则金字塔的塔基由基础力量构成，塔尖则由肌肉爆发力和游泳专项力量构成。游泳时的效率和把力量训练的成果转换到水中运动的能力，是优秀游泳运动员的最大特点。两种力量类型相辅相成，坚实的基础力量如同楼房的地基，有助于形成更高水平的游泳专项力量。

（二）建立基础力量

形成基础力量的时间长短，视个人力量训练基础、练习频率等方面而不同。典型的计划安排是在一个训练周期的前4—8周，每周进行2—3次力量训练，以形成良好的力量基础。基础力量训练的目标是打造全身肌肉的力量与耐力基础；加强潜在薄弱区域的力量，以避免后期训练的损伤；发展核心力量与核心稳定性。

实现上述目标的最好方式是每个练习进行2—3组，每组15—25次。训练时，应有针对性地选取练习动作，在平衡全身肌肉与练习的同时，需注重腿部与背部肌肉的训练以及身体的对称性。陆上练习常采用循环力量练习：一个练习完成后，再进行下一个练习，整个练习组合循环2—3次。此类练习效果较高，在形成基础力量的同时，提高肌肉耐力。

1. 下肢基础力量练习

（1）深蹲。

练习要点：

发展臀部肌群力量的同时，训练全部下肢肌群。可先采用克服自重练习，之后借助负重器材或弹力带等，加大练习难度。

练习方法：

站在一条弹力带上，两脚与肩同宽或略宽。双手在肩膀位置抓紧弹力带两端，使弹力带处于拉紧状态，身体呈准备姿势。身体向下呈深蹲姿势，两膝弯曲至90°，双腿发力，回至准备姿势（图11－9）。脊柱保持自然弯曲，胸向外、上顶起，两膝向前不超脚趾。

动作变换：

为增加练习难度，可两手各持哑铃，或站在不稳定的支撑面（如平衡垫）

上进行练习。

（2）弓箭步。

练习要点：

发展下肢力量与核心稳定性。

练习方法：

两脚与肩同宽站立，右脚前跨，形成弓箭步姿势。右膝弯曲成90°时，躯干直立，右膝不超右脚趾，左膝不触地（图11－10）。前脚快速离地，回至起始姿势。左脚向前跨成弓箭步，重复右脚动作。

动作变换：

①哑铃弓箭步：以自重练习开始，为增大负荷，可在头后双手持哑铃或实心球。

②斜向弓箭步：当重点锻炼大腿内侧肌肉时，大腿45°角向外前方做弓箭步练习。

③侧向弓箭步：脚向左、右两侧做弓箭步时，可更大程度地锻炼大腿内侧的肌肉。

④平衡弓箭步：同伴站在练习者背后，拉紧绕在腰部的弹力带两端，促使练习者用核心完成动作，同时保持身体平衡。同伴还可左右移动，改变牵拉方向，从而增加练习难度。

图11－9　深蹲

图11－10　弓箭步

（3）侧划步。

练习要点：

发展髋部外侧肌肉的力量与稳定性。

练习方法：

两膝微屈不超脚趾，面向前方，躯干平直，两脚略宽于肩，弹力带绕在两脚踝关节位置，形成良好的运动姿势。右脚向外跨出8—15厘米。左脚上抬，迈向右脚的同时控制住弹力带（图 11－11）。以此动作走 15—20 步后，反方向做动作，回到起点。

（4）踝关节背屈。

练习要点：

提高小腿前方肌肉力量，增强脚踝稳定性，提高打腿时的爆发力。

练习方法：

将弹力带的一端固定在稳定的物体上。坐在垫子上，弹力带的另一端绕于脚趾。两膝微屈并在膝下放一条毛巾，便于小腿前方肌群发力。脚趾微前指，形成起始姿势，弹力带仍处于拉紧状态。脚趾向身体方向回拉弹力带，并缓缓回到起始姿势，重复练习（图 11－12）。

图 11－11　侧划步

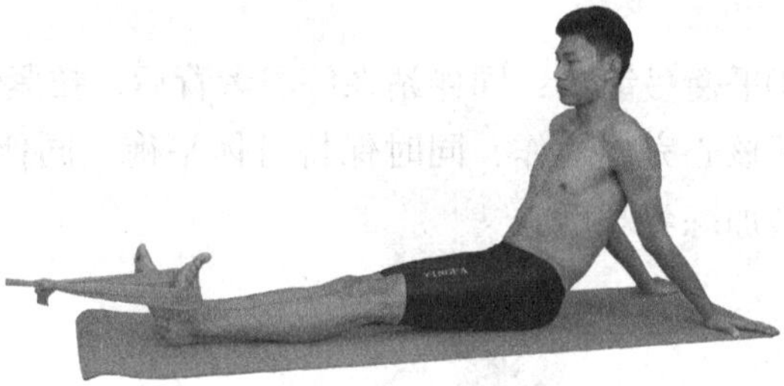

图 11－12　踝关节背屈

（5）提踵。

练习要点：

提高小腿的肌肉力量与打腿效率，以及出发离台和蹬边时的力量。

练习方法：

双脚前脚掌置于踏板边缘，脚跟向下低于踏板边缘。小腿肌肉发力将身体重心上移，脚跟上提至高于脚趾位置，保持 1—2 秒，缓慢放下，回到起始位置，重复练习（图 11－13）。

（6）上踏步。

练习要点：

发展髋、膝、踝三个关节的力量和稳定性。

练习方法：

站在约 38 厘米高的平台或凳前，右脚踩在平台上［图 11－14（a）］。右腿发力，直至膝关节伸直［图 11－14（b）］，左腿放松，并在下落前轻触踏板，右腿动作应缓慢，并控制好向下的踏步动作。右腿重复该动作 15 次，再换左腿进行 15 次。

动作变换：

可通过手持哑铃或实心球，增加练习难度。

图 11－13　提踵

（a）　　（b）

图 11－14　上踏步

（7）单腿硬拉。

练习要点：

通过发展臀部肌群、腰部肌群以及腘绳肌，提高核心力量和稳定性。

练习方法：

两脚分开约肩宽，胸前双手持适重的实心球，身体以平直姿势为起始姿势。用左腿保持平衡，右腿伸直上抬，身体前倾至上身和右腿与地面平行，臂与所持实心球垂直向下，保持数秒后还原，换右腿支撑，重复练习（图 11－15）。

2. 上肢基础力量练习

（1）引体向上。

练习要点：

加强背阔肌和肩部内收肌（如肱三头肌）的力量，利于推水时形成爆发力。

练习方法：

正手（手心向前）抓住横杠，两手微比肩宽，两臂伸直，双脚离地。以两臂和背部肌群上拉身体，直至下巴超过横杠（图 11－16）。保持该姿势，身体缓慢向下，回到起始姿势。整个过程保持身体稳定，上身收紧。

动作变换：

以反握手势（掌心面向自己）完成引体向上，重点练习上臂的肱二头肌。

图 11－15　单腿硬拉

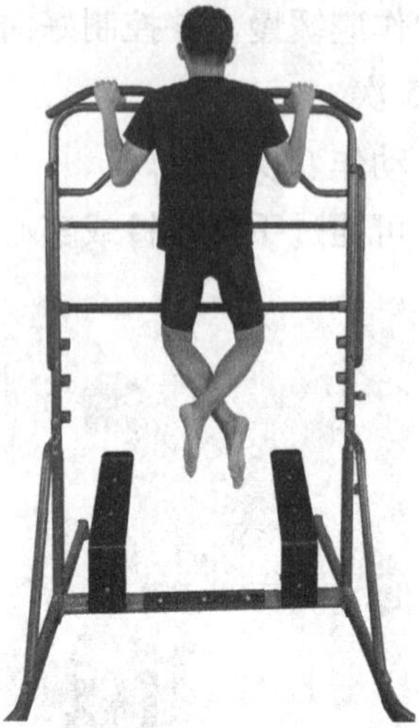

图 11－16　引体向上

（2）背部下拉。

练习要点：

发展背阔肌和背部肌群力量，利于推水时肌肉产生爆发力。

练习方法：

将弹力带一端固定在头上方，练习者坐在瑞士球或池边，当两臂在头上伸展开时，弹力带保持收紧［图 11－17（a）］，两侧肩胛骨同时内收，上臂向两侧下拉，直至双手与双耳齐平［图 11－17（b）］。整个动作过程中，两肘始终向外，肘弯曲至90°时动作结束。保持数秒后，再回到起始姿势。

（a）　（b）

图 11－17　背部下拉

(3) 核心胸前推。

练习要点：

在提高胸肌力量的同时，发展核心稳定性。

练习方法：

将弹力带一端固定在牢固物体上，且与肩齐高；练习者抓住另一端并背对栏杆站立，与固定端保持一定距离，使弹力带处于拉紧状态［图 11－18 (a)］。收紧核心肌肉以及腹部、腰部和臀部肌肉固定骨盆，保持身体姿势稳定，手向前平推［图 11－18 (b)］。随后，手轻轻回至起始姿势。

练习变换：

①练习时可双手同时做动作。

②可单脚站立，或站在非稳定的物体（如平衡半球）上，增加练习难度。

(a)　(b)

图 11－18　核心胸前推

(4) 反向飞鸟。

练习要点：

发展背部和肩膀后部肌群力量。

练习方法：

双脚着地，胸腹部俯卧在瑞士球上，身体与地面成 45°，两手微负重，屈肘 90°，臂与地面垂直［图 11－19 (a)］。肩胛骨内收，两臂上提至与地面平行［图 11－19 (b)］。练习时应始终保持屈肘姿势。

(5) 直立划船。

练习要点：

发展背部肌肉力量，特别是斜方肌，利于稳定肩胛骨。

练习方法：

（a） （b）

图 11－19　反向飞鸟

双脚站在弹力带上，两臂在体侧伸直，两手各抓一端，拉紧弹力带。肩胛骨向内收紧，双肩微向后拉。以肘带手，双肘外展，向肩部上拉，双手上拉至上臂与肩同高（图 11－20）。保持片刻后，缓缓回到起始姿势。

练习变换：

可使用哑铃或杠铃进行此练习。

（6）坐姿划船。

练习要点：

发展背部肌肉力量，包括稳定肩胛骨作用的肌肉。

练习方法：

将弹力带绕过栏杆或仰泳转身标志旗杆，与胸部齐高。练习者坐在瑞士球上，两手于胸前伸直，将弹力带拉紧。保持身体的平直姿势，肩胛骨向内收紧，双手向后平拉（图 11－21）。保持片刻后，两手缓缓回至起始位置，整个过程注意收紧核心。

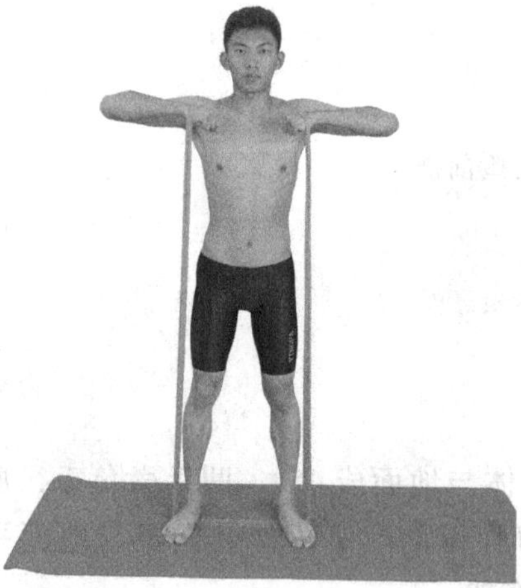

图 11－20　直立划船

图 11－21　坐姿划船

（7）站立臂内旋。

练习要点：

发展手臂内旋肌肉的力量，有利于强化大多数泳式的抓水动作，便于形成推进力。

练习方法：

将弹力带固定在栏杆等稳定的物体上，与腰齐高。站在栏杆的右侧方，保持适当距离。右手抓住弹力带的另一端，肘关节在身体外侧，前臂平行于地面，掌心向左，弹力带处于中等拉伸状态［图11－22（a）］；内旋肩膀，保持肘关节呈90°，直至右手划到身体左侧［图11－22（b）］，接着回到起始姿势。

练习变换：

可将上臂提至与肩齐高位置进行练习。将弹力带系在肩部的高度，上臂上提至90°，屈肘90°，保持该姿势前转。

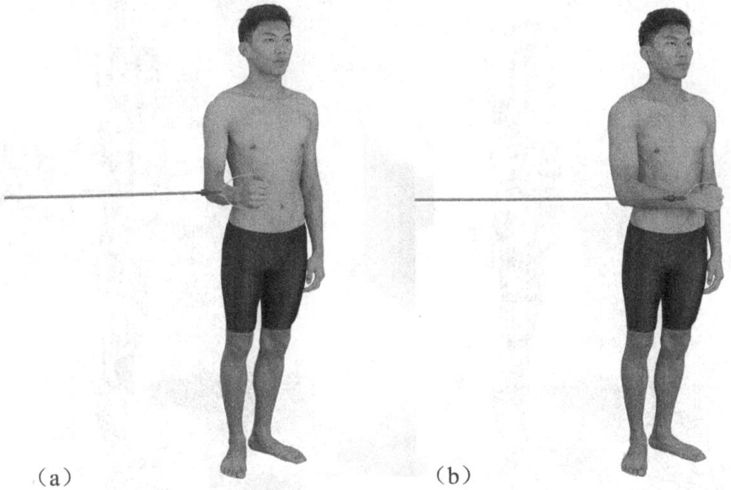

（a）　　（b）

图11－22　站立臂内旋

（8）后侧肌群练习。

练习要点：

发展腰部、肩部肌群的稳定性与肩胛带肌群的力量。

练习方法：

俯卧在垫子上，两臂伸直于头前，身体呈流线型姿势，左手持一个适合的重物，保持头、胸、双腿和双脚离地［图11－23（a）］。手臂直臂慢慢经体侧向后移动［图11－23（b）］，在腰、臀上方，将重物交于右手，两臂再慢慢由后沿两侧向前回到头前，在头前将重物交于左手。做5次后，换方向再做5次，整个过程中保持手臂、胸部、双腿和双脚离地姿势。

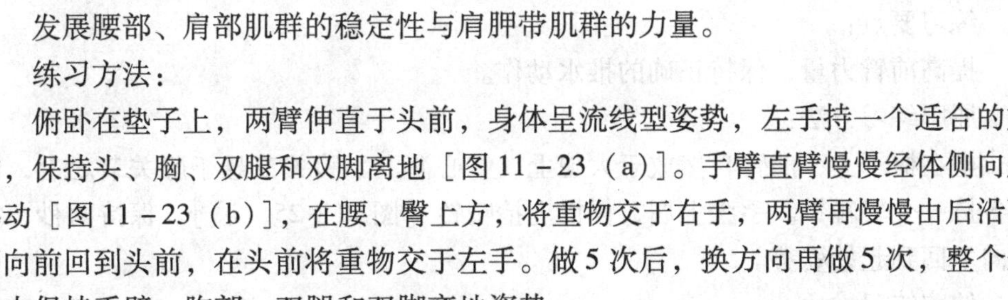

（a）　　（b）

图11－23　后侧肌群练习

（9）肱三头肌伸展。

练习要点：

加强上臂后部肌肉（肱三头肌）的力量，有助于划臂结束动作的完成。

练习方法：

双脚站在弹力带上，两手在头后抓住弹力带。两臂起始姿势为双臂上举并垂直于地面，两肘向上，两手置于头后，屈肘小于90°［图11－24（a）］；上臂不动，两肘伸直，双手向上［图11－24（b）］。双手缓慢放下，回到起始姿势。

（a）　　（b）

图11－24　肱三头肌伸展

（10）手腕屈伸。

练习要点：

提高前臂力量，保持正确的推水动作。

屈腕练习方法：

坐在椅子上，前臂自然放于大腿上。掌心向上，腕关节悬于膝关节之上，两手各持一个轻哑铃。手腕上屈，慢慢上抬哑铃［图11－25（a）］。保持两秒，缓缓向下回到起始姿势。

伸腕练习方法：

掌心转为向下，其他姿势不变。屈腕向上，手背向前臂方向运动［图11－25（b）］。

练习变换：

也可两手各持弹力带的一端，替代哑铃进行练习。

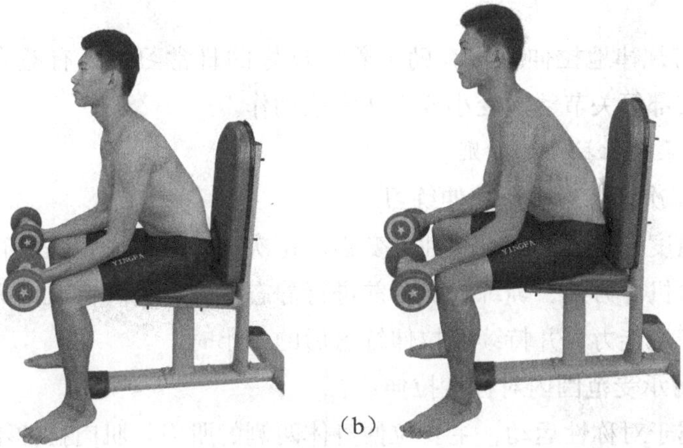

图 11－25　手腕屈伸

二、柔韧性训练

肌肉功能的基础是力量与柔韧间的平衡。人在水中游进时，会做一些极有难度的动作，比如游蝶泳时两臂的移动、游爬泳时高效地打腿，这些动作都需要极好的柔韧性。柔韧训练如力量训练一样重要，应把拉伸练习作为整体训练中的一部分，有计划且科学地进行训练。

（一）柔韧类型

柔韧性是指关节及关节周围组织的伸展性或弹性，有两种类型：

静态柔韧性是指关节在静止状态下的动作范围，即在不动的情况下，拉伸肌肉，并保持该姿势 20—30 秒；动态柔韧性是指在运动状态下的柔韧性，可理解为游泳过程中关节可达到的运动范围。

对游泳运动员来说，动态柔韧性更加重要。常规的静态拉伸是更好地发展动态柔韧性的基础，有助于运动员进一步提高游泳能力。

（二）柔韧性练习的作用

静态拉伸练习作为训练计划中的一部分，主要有以下几方面的作用：

（1）拉伸可保持并增加关节的运动范围，可延长划水路线，提高划水效果。当肌肉收缩频率增加时，肌肉弹性会下降并变得僵硬。如不及时解决，肌肉会变得更加僵硬，进而影响关节活动范围，使肌肉功能下降。

（2）拉伸练习能提高肌肉的发力能力，在做动作时更易发力。柔韧性是合理技术与有效动作的基础。柔韧性好，游进时能更好地发力。

（3）拉伸练习能提高肌肉的恢复能力。拉伸练习后，血液流速加快，加速训练或赛后恢复。

（4）拉伸练习有助于保持水上和陆上的身体姿势。肌肉发紧时，身体各部位姿势会改变。特别是骨盆前方髋关节屈肌，如果柔韧性不足，会增加腰部肌群的压力。

(5) 有规律地拉伸练习有助于养成良好的日常习惯，有益身心健康，可避免背部、腰部等关节活动变小或无法完成动作。

(三) 柔韧性拉伸的原则

1. 在每次训练后进行拉伸练习

肌肉温度升高后，其可塑性会变强。每次训练结束后，是进行柔韧性练习较为理想的时机。另外，训练或比赛前进行静态拉伸，会降低肌肉力量峰值和爆发力峰值的产生能力，并持续至拉伸练习后的1小时。

2. 在可承受范围内对称性拉伸

游泳属于对称性运动，主要拉伸身体两侧的肌肉。肌肉拉伸不要超出正常范围，或在拉伸时突然发力。拉伸应循序渐进，在感觉到中等拉紧状态即可。

3. 注意练习频率与时间

每个拉伸练习2—3次，每次20—30秒，肌肉有被牵拉的感觉，而非痛感。

(四) 柔韧性练习方法

1. 髋屈肌拉伸

练习要点：

提高髋前部屈肌的柔韧性。在水中保持良好的身体姿势时，髋屈肌的柔韧性起着重要作用，特别是蛙泳双脚向臀部收时。

练习方法：

由弓箭步姿势开始，右脚在前，左膝着地，保持上身直立（图11－26），身体重心逐渐向前下移动，髋部缓缓靠近地面，左腿前方有拉伸感。反复几次后，换左腿在前，右膝着地。

图11－26 髋屈肌拉伸

2. 小腿拉伸

练习要点：

提高小腿后侧肌肉的柔韧性，能有效提高打腿效果。

练习方法：

以屈体姿势开始，双脚脚尖着地。先两腿伸直，再一腿放松，并以身体自重将对侧膝关节压向地面［图11－27（a）］。微屈膝，使小腿较深层的肌肉处于拉伸状态［图11－27（b）］。换另一条腿，重复该拉伸动作。

练习变换：

可两腿同时进行拉伸，先两腿保持伸直，再同时向地面屈膝。

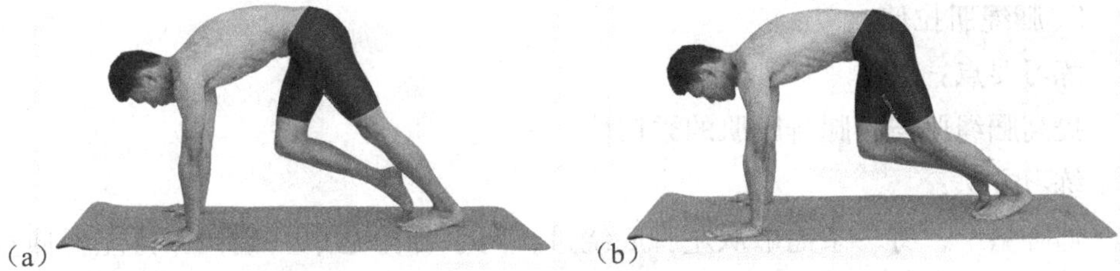

图 11-27 小腿拉伸

3. 踝关节拉伸

练习要点：

提高小腿前方肌肉的柔韧性，提高打腿效率。

练习方法：

自然站立，左脚稍在身体后方，脚背贴地面，脚背约在脚趾上方，腿微内转，形成拉伸姿势，轻轻将重心放在左脚，感受小腿前侧与外侧的牵拉感（图 11-28）。

4. 髋内收肌拉伸

练习要点：

提高大腿内侧肌肉的柔韧性，对强有力的蛙泳蹬腿以及髋关节的力量和动作范围均有积极作用。

练习方法：

两腿开立，两脚尖向前，两脚间距大于肩宽。双脚站稳，微屈左膝的同时将重心左移，髋部微向下，逐渐感受右大腿内侧的拉伸感（图 11-29）。可单侧重复 10 次后，再换另外一侧；也可左右交替连续练习。

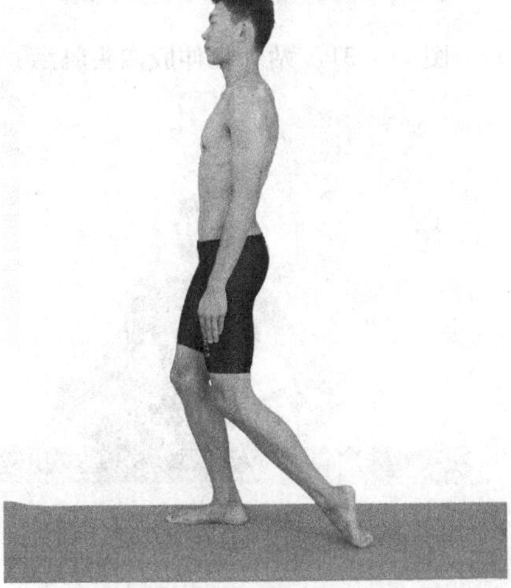

图 11-28 踝关节拉伸

图 11-29 髋内收肌拉伸

5. 腘绳肌拉伸

练习要点：

提高腘绳肌与小腿腓肠肌的柔韧性。

练习方法：

仰卧垫上，将一条毛巾从左脚底绕过，两手各持毛巾一端，保持左腿伸直，右腿平放在地面上。双手同时拉毛巾，将大腿向身体靠近，感受大腿后方的牵拉感（图 11－30）。保持该动作 10—20 秒后，换右腿进行。

6. 站立拉伸股四头肌

练习要点：

拉伸股四头肌和大腿前方的髋屈肌。

练习方法：

左腿站立，右腿屈膝，右手握右脚脚背，把右脚向臀部牵拉（图 11－31）。同时，保持良好的身体姿势，感受小腿前侧肌肉的拉伸感。左手可扶墙壁等固定物体，便于更好地维持身体直立姿势。

图 11－30　腘绳肌拉伸

图 11－31　站立拉伸股四头肌

7. 坐姿腹股沟拉伸

练习要点：

提高腹股沟与大腿内侧肌肉的柔韧性，对蛙泳腿更有益。

练习方法：

坐于垫上，脚底相对，双手握紧脚趾，两肘置于两膝之上（图 11－32）。胸部慢慢向两脚靠近，同时双肘下压两膝，感受拉伸感。

图 11－32　坐姿腹股沟拉伸

8. 胸前膝拉伸

练习要点：

提高腰部肌肉的柔韧性，利于身体在水中保持位置以及保护腰部健康。

练习方法：

仰卧垫上，两膝拉向胸前，双手抓紧两膝，在胸前拉紧［图 11－33（a)］，感受腰臀区域的拉伸感。

练习变换：

单腿进行拉伸。以右侧腰部为目标，保持左腿在地上伸直，同时双手抓紧右膝向胸前拉［图 11－33（b)］，换左腿重复练习。

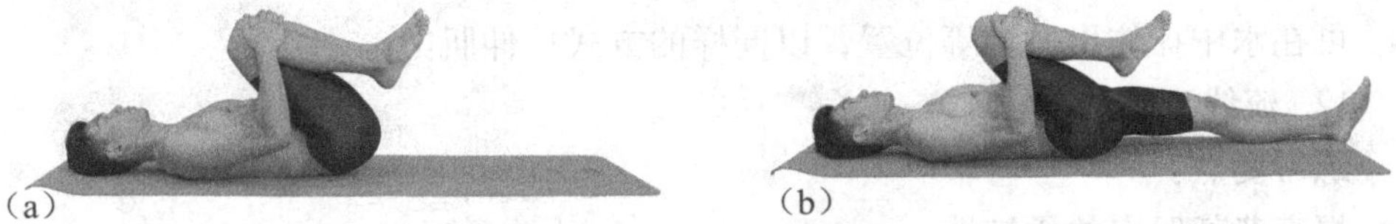

（a）　（b）

图 11－33　胸前膝拉伸

9. 脊柱旋转拉伸

练习要点：

发展髋与脊柱的转动能力。

练习方法：

左腿伸直，坐在垫上，屈右膝，将右脚放于左膝外侧，左肘置于右膝外侧。保持躯干姿势不变，右膝向左侧下压的同时身体右转，感受背部至腰到髋关节的牵拉感（图 11－34)。拉伸过程中，用右手维持身体平衡。保持数秒后，换腿练习。

10. 髋旋转拉伸

练习要点：

提高髋关节和腰部肌肉的柔韧性。

练习方法：

双脚平放，屈膝仰卧于垫上，两臂置于体侧（或两臂胸前交叉）以稳定背部，右脚踝穿过左膝，保持背部平躺，右腿将左腿向地面拉近，感受髋外侧与腰部的牵拉感（图 11－35)。保持数秒后，换腿练习。

图 11－34　脊柱旋转拉伸

图 11－35　髋旋转拉伸

11. 背部拉伸

练习要点：

提高背阔肌与背部肌肉的柔韧性，利于扩大肩关节的活动范围及优化推水效果。

练习方法：

在救生椅或门旁站立，用右臂抓住椅子或门框与肩齐高的位置。逐渐向后下方坐，利用身体的力量拉伸背部肌肉（图 11－36）。根据所需拉伸部位不同，可调整手的高低。

练习变换：

可在水中抓住出发台等位置，以同样的方式拉伸肌肉。

12. 流线型拉伸

练习要点：

提高背部肌肉的柔韧性。

练习方法：

双手叠放，两臂伸直并夹紧耳朵，以流线型姿势站立。腰髋部微向右弯，感受背部右侧肌肉的牵拉感（图 11－37）。保持数秒后，恢复起始站立姿势，腰转为向左弯，交替感受腰部两侧肌肉的牵拉。

图 11－36　背部拉伸

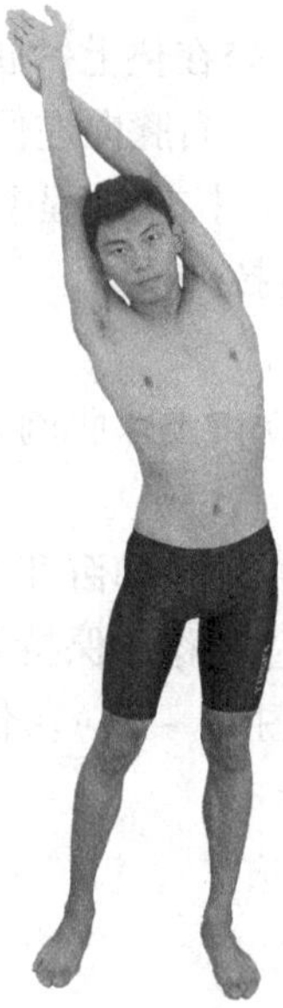

图 11－37　流线型拉伸

13. 肱三头肌拉伸

练习要点：

提高肱三头肌的柔韧性。肱三头肌控制着肘关节的屈伸运动，从而影响爬泳、蝶泳和仰泳在推水结束阶段中动作的有效性。

练习方法：

站立，右手在头后上方抓住左肘，左手指尖向下，放在背部中间位置，右手压左肘，使左手沿脊柱向下运动，感受左上臂后方肌肉的牵拉感（图 11－38）。

14. 胸肌拉伸

练习要点：

提高胸肌的柔韧性，减少训练中的紧绷感。

练习方法：

站立，将前臂放在池边的标志杆或门框上，指尖向上，肘与肩齐高。身体缓缓前倾，借助自重进行拉伸，感受由肩前方到胸部区域肌肉的牵拉感（图 11－39）。

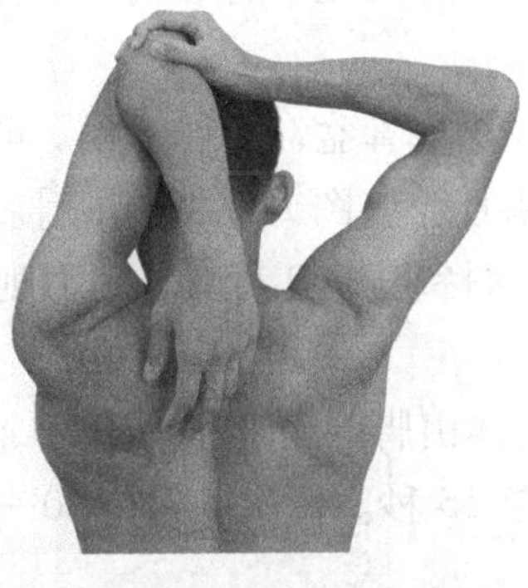

图 11－38　肱三头肌拉伸

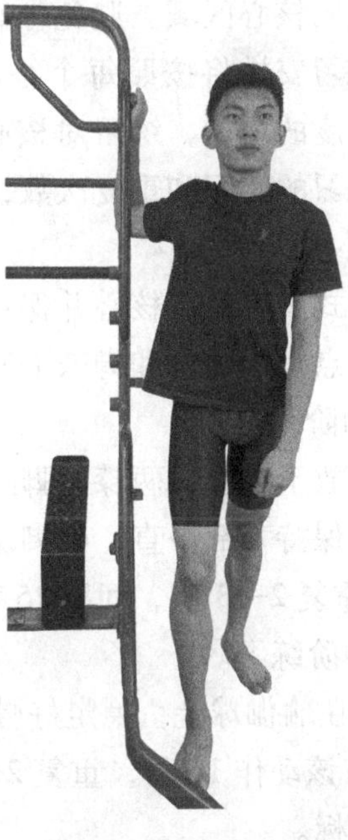

图 11－39　胸肌拉伸

三、核心稳定性训练

在游泳中，保持平衡与身体的流线型姿势至关重要。控制好身体能提高游进效率，减小阻力。要想保持这样的身体姿势，需要有一定的力量并能控制住身体的核心区域，才能完成爬泳和仰泳时身体的转动，蝶泳和蛙泳时身体的起伏。

本部分内容只针对核心稳定性，不包括核心力量。游泳核心稳定性训练是在发展力量的同时，提升个人对保持平衡及肌群的控制能力，这有助于将核心训练的内容转化为在水中运动的能力。以下陆上练习与水上练习内容，旨在提高核心稳定性，同时提升核心能力。

（一）核心区域

核心是指身体腰部、腹部和臀部的肌群，像束带一样包裹人体重心区域，涉及竖脊肌、腹内斜肌和腹外斜肌、腹横肌、腹直肌以及与骨盆和躯干相连的肌肉等。在这些肌肉的共同作用下，身体中间三分之一的部分在一定范围运动；同时，它们又起着稳定和固定脊柱的作用。最重要的是核心位于身体上半部分与下半部分的中枢。当身体上下两部分构成一个整体时，所形成的稳定的核心不仅减少游进时的阻力，还能形成更大的推进力，同时提高游速。

（二）核心区域的陆上训练

游泳与其他运动相比，需要更高的核心动态稳定性。游泳运动员应经常进行保持身体位置与姿势能力的练习，以建立核心力量对抗水阻。应有意识地激活核心肌群，稳固核心区域，避免骨盆随意移动。

以下练习安排将按照每个练习的初阶、中阶和高阶循序渐进地加以介绍说明。随着难度的增加，练习对核心的要求越高。在练习过程中，先从初阶开始，逐渐增加练习的时间和重复次数，注重练习质量。

1. 俯卧桥式练习

俯卧桥式具有控制核心并保持身体呈直线的作用，如同游泳时的身体姿势。该练习的重点是用前臂和脚来平衡身体，并从脚踝到髋、肩形成一条直线。

（1）初阶练习。

前臂平放于垫上，两膝与脚趾贴紧垫子，稳住骨盆，身体上提。前臂与脚趾支撑身体，保持背部平直，由脚踝至肩呈一条直线［图 11－40（a）］。保持该动作 15 秒，重复 2—3 次，间歇 15 秒。每次可保持 30—40 秒时，耐力则会提高。

（2）中阶练习。

前臂放在瑜伽球上，稳定好骨盆，保持身体由脚踝至肩呈一直线［图 11－40（b）］。保持该动作 15 秒，重复 2—3 次，间歇 15 秒。每次能保持 30—45 秒，即达到练习目标。

如要提高练习难度，身体稍前移，以肘支撑身体。当身体与球的接触面变小时，对核心的要求会更高。

（3）高阶练习。

高阶练习以中阶练习为起始动作，之后两脚交替上提，模仿打腿动作；或以手代替前臂保持身体平衡，需核心肌群与肩部稳定性协同工作。

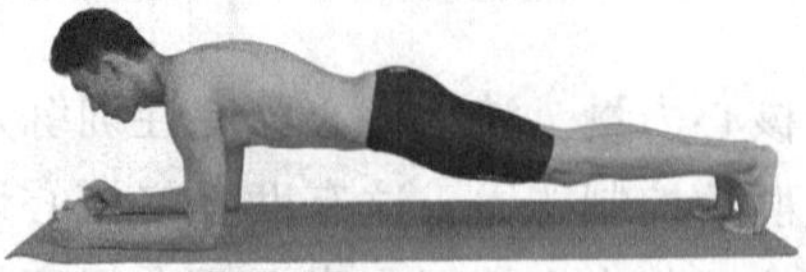
（a）

（b）

图 11－40　俯卧桥式练习

2. 仰卧桥式练习

进行仰卧桥式练习时要求身体始终保持由肩到髋、踝呈一条直线。

（1）初阶练习。

身体仰卧，屈膝，两脚平放靠近臀部，做好起始姿势。骨盆稳住，以核心与臀大肌将髋部上提，使肩至膝呈直线（图 11－41）。激活臀大肌，保持该动作 3 秒后，将髋放下。在臀部触到垫子时，马上把髋部再次上提。重复 15 次，2—3 组，组间休息 15 秒。随着能力的提升，髋上提的时间逐渐延长至 10 秒或以上，稳定性提高后每组可做 25 次。

（2）中阶练习。

中阶练习以减少身体与地面的接触面来提高动作难度。准备动作与初阶练习相同，右腿伸直，左腿支撑，稳定骨盆，用臀大肌将髋上提，由肩至髋到右脚踝呈一条直线，保持动作 3 秒。髋部向下，臀部触地后立刻再次上提，右腿始终伸直。每侧做 2 组，每组 15 次，各组间歇 15 秒。

（3）高阶练习。

保持仰卧姿势，将脚跟放在瑞士球上，保持 15 秒。或两手胸前交叉，或两脚交叉放在球上，或两脚在球上交替上提，强化核心动态稳定性。

3. 侧卧桥式练习

侧卧桥式练习主要发展体侧核心肌群，提高该区域肌肉发力和控制身体转动的能力。

（1）初阶练习。

左臂在躯干下方屈肘 90°，侧卧，收紧核心肌群，髋部上提。从脚、髋至头呈直线（图 11－42）。保持动作 15 秒，每侧 2 组，间歇 15 秒。

（2）中阶练习。

该练习提高了对动态稳定性的要求。起始动作与初阶练习相同，身体呈直线时，将右腿慢慢向上提 30—60 厘米，保持动作 3 秒，腿再慢慢放回原位。每侧做 2 组，每组 15 次，间歇 15 秒。

（3）高阶练习。

在初阶基础之上，保持身体平直的同时做划船动作，提高动态稳定性。

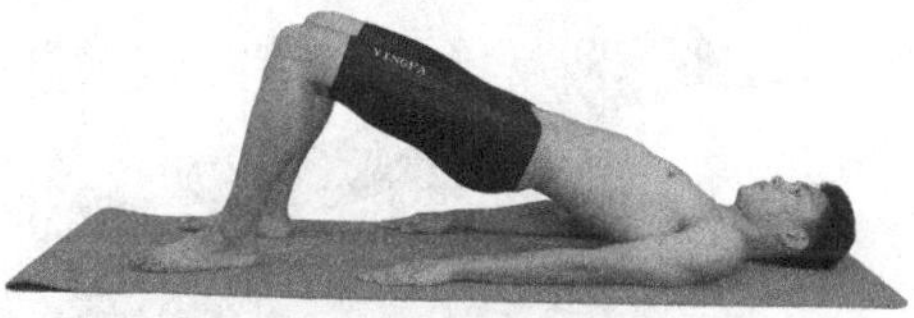

图 11－41　仰卧桥式初阶练习

图 11－42　侧卧桥式初阶练习

4. 背撑仰桥式练习

该练习需具备良好的动态稳定性基础，先将各部分练习好，在进入更高级的练习时再做完整动作。

（1）初阶练习。

仰卧，屈膝，两脚平放地面。激活核心稳住骨盆，右脚慢慢上抬 15—20 厘米，并保持骨盆不动，稳定 3 秒，右脚回原位，更换左脚完成同样动作。做 3—4 组，每组 15 次。

（2）中阶练习。

保持两腿始终离地，练习难度增加。以仰卧姿势开始，屈髋屈膝 90°，激活核心肌群稳住骨盆，确保腰部处于自然弯曲状态。左腿慢慢向下伸直，直到脚距地面 15 厘米左右处停止，左腿稍保持该姿势（图 11－43），再次回到起始动作。右腿做同样动作。每侧做 2 组，每组 5 次，间歇 30 秒。

图 11－43　背撑仰桥式中阶练习

（2）高阶练习。

加入手臂运动，增加核心动态控制的练习难度。在游爬泳和仰泳时，与该动作类似。交替做放低右臂、左腿，然后左臂、右腿向下的动作。

5. 两点支撑俯桥式练习

该练习主要提高核心肌群的力量与控制能力，特别是腰部肌群，同时提高臂、腿的动作控制能力。

（1）初阶练习。

起始动作，双手与两膝（脚）支撑身体，头与躯干呈一条直线。稳住骨盆，抬右臂、左腿至与地面平行［图 11－44（a）］，保持该动作 3 秒后，慢慢还原至起始动作，再换对侧臂腿练习。练习时，始终保持背部平直。

（2）中阶练习。

将瑞士球固定在躯干和髋区域，稳定好身体、骨盆，慢慢把右臂、左腿上抬直至与地面平行［图 11－44（b）］，保持动作 3 秒，慢慢还原至原位，更换对侧臂腿练习。

（a）　　　　（b）

图 11－44　两点支撑俯桥式练习

（3）高阶练习。

高阶练习时，需抬高同侧的臂腿，强化核心，避免身体倾斜。

（三）核心区域的水上训练

在游泳中，维持身体稳定与平衡，特别是保持身体的流线型姿势是非常关键的。控制好身体可提高游进效率，使前进时所受的阻力最小。所以为提高游泳水平，身体核心部位的肌肉要有力量的基础，只有这样才能控制好身体平衡与稳定。进行游泳核心区域的水上训练，在提高核心肌群力量的同时，对保持平衡和控制身体的能力也有益处，从而避免游泳技术变形，减少受伤的概率。这类练习有助于强化核心肌群的训练效果，从而提高游泳成绩。

1. 俯卧平衡练习

以俯卧姿势为基础，借助具有浮力的器材（如浮板），通过保持身体的流线型姿势，实现身体的平衡。

（1）初阶练习。

在水中，将一块或两块（叠放）浮板放在胸下以支撑身体形成流线型姿势。收紧骨盆并激活核心肌群以维持流线型姿势，两腿漂在水面位置。如果身体失去平衡，浮板会在浮力作用下，从身体下方飞出水面。保持动作15秒，需要呼吸时慢慢把头转向一侧吸气。

动作熟练后，可增加浮板数量，提高动作不稳定性，进一步提升核心训练效果。

（2）中阶练习。

俯卧平衡中阶练习主要加入各种臂腿移动的动作，从而增加练习难度。以流线型姿势开始，手臂由头前慢慢移至体侧（图11－45），两臂以相同路线回到原位，再次呈流线型姿势。保持两臂在头前不动，两腿慢慢分开，而后并拢回到起始姿势。最后，两臂、两腿同时完成。重复循环练习，尽可能控制好身体姿势。

（3）高阶练习。

用泡沫轴代替浮板，保持身体流线型姿势。

2. 仰卧平衡练习

与俯卧练习类似，借助有浮力的器材（如浮板），以仰卧姿势维持平衡与流线型姿势。

（1）初阶练习。

仰卧，将一块或两块浮板放在背部或躯干中间位置，稳定好骨盆。在浮板上呈流线型姿势，保持15秒，做3—4组。随着能力的提高，适当增加练习时间。

（2）中阶练习。

在浮板上保持平衡与流线型的同时，两臂在水面或空中完成运动（图11－46）。两臂移动与两腿开合动作的交替进行，这对平衡能力的要求更高。

（3）高阶练习。

在泡沫轴上做练习，保持身体平衡。

图 11－45　俯卧平衡中阶练习

图 11－46　仰卧平衡中阶练习

思考题

1. 为什么强调提高少年儿童的运动成绩首先应改进技术？

2. 在制定游泳训练计划时，如何考虑运动负荷？

3. 恢复训练包括哪些内容？如何在训练实践中进行恢复训练？

4. 能量系统训练包括哪些主要内容？如何在训练实践中运用？

5. 水上训练有哪些方法？在训练中怎样运用这些方法？

6. 针对一个已经学会了蛙泳技术的12岁儿童，为提高与巩固他的蛙泳技术，请列举3个蛙泳基本技术的训练手段并说明其目的、作用和注意事项。

7. 你认为哪两个关节的柔韧性最能影响运动员游泳技术动作和技术效果？为什么？请分别设计两个练习方法提高这两个关节的柔韧性。

8. 针对10岁左右的儿童游泳运动员，设计一个训练前陆上热身活动的计划，时间为10—15分钟，并说明目的、方法手段和练习作用。

第十二章　实用游泳与救护

学习导航：

本章简要介绍水中实用的游泳基本技术、直接赴救技术和心肺复苏，旨在使学生通过本章的学习和实训，具备在水中活动的安全意识，掌握水上救护的基本知识、技能与方法，提高水中自救、他人救护、现场急救的技能。

第一节　实用游泳基本技术

一、踩水

踩水也称“立泳”，是游泳救生实用技术之一。踩水采用立式蛙泳的动作技术，身体与水面构成的角度很大，接近于直立。踩水技术具有简单、方便、省力、持久等技术特点，但其缺点是移动速度较慢。

踩水时，身体直立于水中，上身稍向前倾，头露出水面，下颌接近水面；稍收髋，两腿微屈，勾脚；两臂于胸前平屈，掌心向下在体侧前做向外、向内的摸压水的动作，手臂动作幅度不宜过大，两手掌划压水的路线呈双弧形；踩水的腿部动作几乎和蛙泳腿一样，只是需要注意的是踩水的收蹬腿的幅度要小（图 12－1）。踩水游进时，可以采用身体的不同侧向以及蹬夹水和摸压水的方向来改变游进的方向。若要向前游进，即上身稍前倾，脚稍向侧后蹬夹水，两臂稍向后拨水，反之亦然。

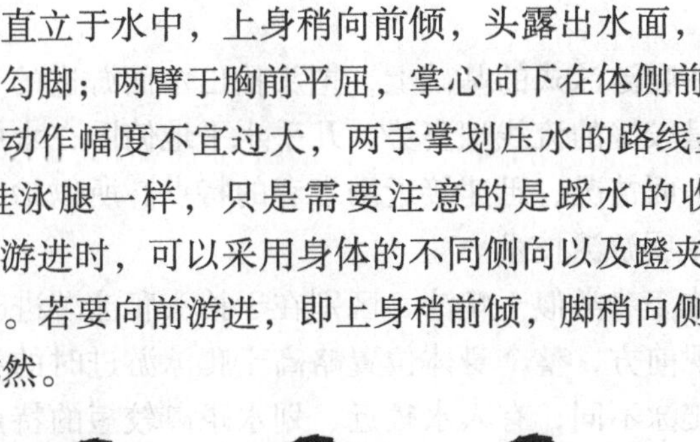

图 12－1　踩水——双腿同时向下蹬夹水

二、反蛙泳

反蛙泳即蛙式仰泳，由仰泳演变而来。反蛙泳游进时身体仰卧水中，两腿同时向后蹬夹水，两臂在体侧向后划水。反蛙泳技术是游泳救生中较为实用的技术之一。

图 12－2　反蛙泳

身体自然伸直仰卧水中，微收下颌，口鼻露出水面。两臂平伸置于体侧，自然伸直；两臂由体侧经空中前移在肩前入水，然后屈臂低肘，掌心向后对准划水方向，同时在体侧用力向后划水，划水结束后，两臂停留体侧，使身体向前滑行（图 12－2）。腿的动作类似于蛙泳腿，但是由于身体仰卧水中，所以收腿和蹬腿时膝关节不能露出水面。收腿时，膝关节向两侧边收边分、大腿微收，小腿向侧下方收得较多；收腿结束时两膝略宽于肩，脚和小腿内侧向后对准蹬水方向，然后大腿发力向侧后方蹬夹水。两臂前移的同时吸气，一边缓慢收腿；两臂入水时稍闭气，两腿同时蹬夹水，然后用口鼻均匀地呼气，两腿自然并拢，臂划水，划水结束身体伸直滑行。

三、抬头爬泳

抬头爬泳是指在爬泳泳式的基础上，把头抬出水面游进的一种泳姿。抬头爬泳技术能够使身体呈较好的流线型姿势，几乎水平地俯卧在水中，由于它具有速度快、能准确观察水面情况、迅速接近溺水者的特点，所以抬头爬泳技术已成为救生员常用的一种专项游泳技术。

抬头爬泳的身体姿势类似于爬泳，区别在于抬头爬泳游进时头部要始终保持在水面上，眼睛注视前方，整个身体位置略高于爬泳游进时的身体位置。抬头爬泳的手臂动作较与爬泳不同，有入水较近、划水距离较短的特点。手臂移臂做高肘动作，入水后手掌做划抱水动作。划水开始时，手臂自入水点划至腰部，要尽快进行划水、推水动作至结束。大腿带动小腿进行鞭打式打腿，腰部发力。双脚可向内，脚趾相对，呈内八状。双腿交替做打压水动作，注意频率要稍快于爬泳打水，以保持身体的稳定性和较高的位置。臂腿的动作配合要连贯、协调。双腿交替进行快速打水，手臂交替划水，呼吸在两臂交替划水时完成。整个配合动作要积极连贯，保持较高的动作频率。

四、潜泳

潜泳是指身体在水下一定的深度，不做呼吸游进的一种游泳技术。潜泳技术可分为潜深和潜远两种技术，潜深技术包括两腿朝下潜深法、头朝下潜深法，潜远技术包括蛙式潜泳、蛙式长划臂潜泳、爬式或海豚式潜泳。

（一）潜深技术

潜深的目的是向水下潜到一定的深度，主要用于游泳救生或水下打捞。潜深可以两脚朝下进行，也可两脚朝上进行。

1. 两腿朝下潜深法

在潜深之前，先做蛙式的踩水动作，使上体浮出水面，接着利用身体的重力以直体跳水的姿势下沉（图 12－3）；入水后，两臂做自下而上的推水动作，以增加下沉速度，到达水底或预定的深度后，立即团身，将头转向所需要的方向游进。

2. 头朝下潜深法

预备姿势与上述方法相同，只是两臂向后下方伸出，自下而上用力划水，头朝下，提臀举腿，两臂做蛙泳伸臂动作，向下伸直，借助重力作用，使身体没入水中；入水后，两腿向上做蛙泳蹬腿动作，以增加下沉速度；当达到需要的深度后，头部后仰以及胸部和腰部后屈的动作使身体由垂直姿势转为水平姿势（图 12－4）。

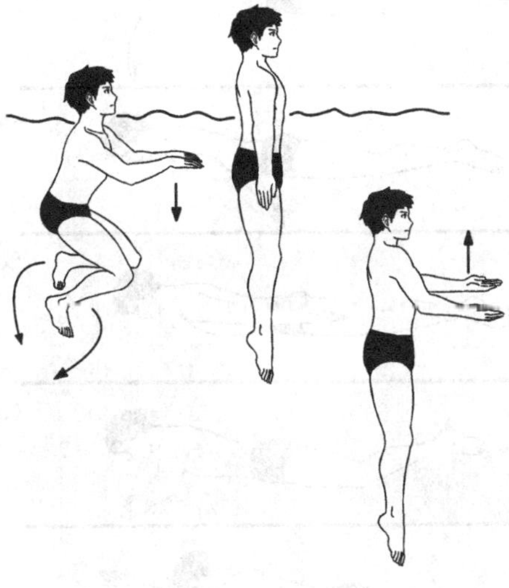

图 12－3　两腿朝下潜深法

图 12－4　头朝下潜深法

（二）潜远技术

潜远技术主要有蛙式潜泳、蛙式长划臂潜泳和爬式或海豚式潜泳。

1. 蛙式潜泳

蛙式潜泳是在水下用蛙泳的方式游进的技术。它的动作基本上与水面上蛙泳相同。在游进中为了避免身体上浮，头的位置应稍低于蛙泳，头与躯干呈一直线；臂划水的幅度要比蛙泳小，收腿时较少屈髋；配合动作与蛙泳相同，但滑行时间要稍长（图 12－5）。

2. 蛙式长划臂潜泳

蛙式长划臂潜泳要求躯干和头始终保持水平姿势，但是两臂开始划水时要稍低头，以避免身体上浮。

长划臂潜泳的动作与蛙泳摆动式转身后在水下潜游的长划臂和蹬腿动作基本相同。其臂、腿配合方式是两臂划水时，两腿自然伸直并拢；划水结束后两臂贴于大腿两侧，掌心朝上，身体伸直呈流线型姿势向前滑行；在收手前伸的同时做收腿、翻脚的动作；两臂向前接近伸直时两腿用力向后蹬夹；蹬夹结束后，可立即开始划臂，也可以保持臂、腿伸直姿势再次滑行（图 12－6）。

3. 爬式或海豚式潜泳

爬式或海豚式潜泳要求两臂伸直、夹紧头部，两手相叠，两腿做爬泳打腿或海豚泳打腿技术向前游进。

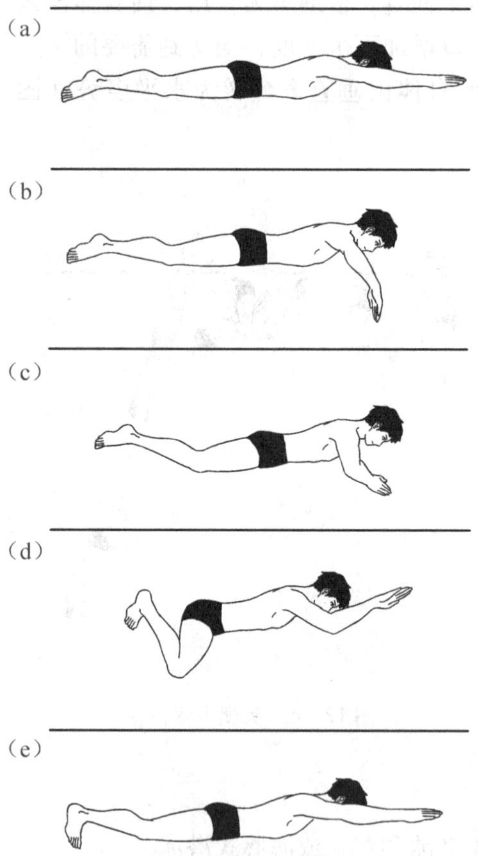

图 12－5　蛙式潜泳

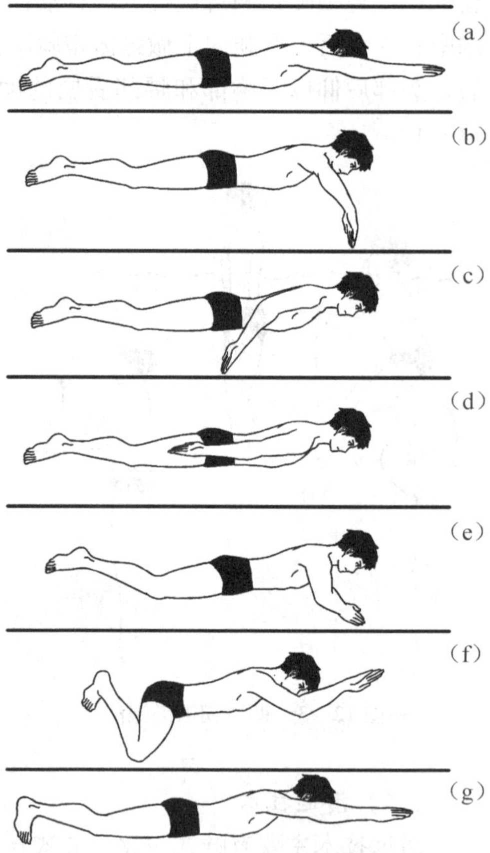

图 12－6　蛙式长划臂潜泳

五、侧泳

侧泳是指身体侧在水中，两臂交替划水，两脚做蹬剪水的泳式，其实用价值很大。在游泳救生工作中，侧泳是救生员拖带溺水者时所采用的一种主要游泳姿势。侧泳的方法有很多，大致可分为手出水和手不出水两种技术。

以手出水侧泳为例（图 12－7），身体侧卧水中，稍向胸侧倾斜，头的侧下部浸入水中（近似于爬泳的吸气动作），下臂前伸，上臂置于体侧，两腿并拢伸直，游进时有滑行动作；上臂经空中（或在水中接近水面）往前移至头的前方入水，入水后前伸下滑，高肘抱水使手和前臂对准水，然后沿着身体屈臂，加速用力向后划水至大腿外侧，其动作基本与爬泳臂划水相似；下臂在身体下部前伸抱水，屈臂划水至腹部下方，掌心向上，以小臂带动大臂，沿身体向前做边伸边外旋的动作，伸直时掌心向下；两臂配合时，下臂开始划水，上臂前移；上臂开始划水时，下臂开始做前伸动作，并稍做短暂的滑行，两臂在胸前交叉。

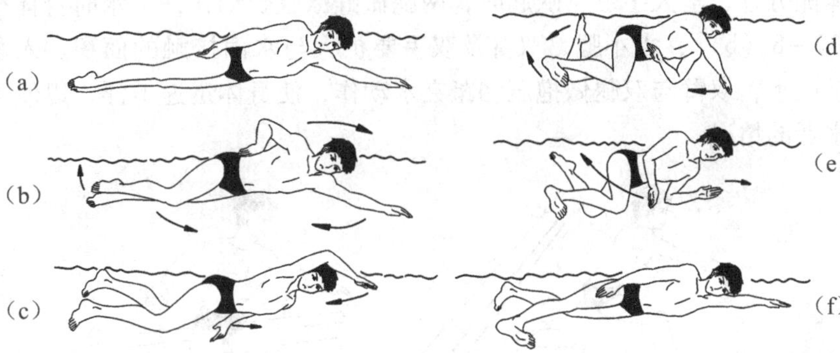

图 12－7　侧泳

侧泳的腿部动作分为收腿、翻脚和蹬剪腿三部分。

（1）收腿：上腿向前收，下腿向后收，注意尽量少收大腿，特别是下面的腿，大腿几乎不动。

（2）翻脚：收腿后，上腿勾脚尖以脚掌向后对准水；下腿将脚尖绷直，以脚背和小腿前面向后对准水。

（3）蹬剪腿：上腿用大腿带动小腿稍向前伸，以脚掌对准前侧方之后加速蹬夹水；下腿以脚背和小腿对准侧后方伸膝踢水，与上腿形成剪水的动作。

在做完整配合动作时，上臂入水，下臂前伸，当上臂划至腹下时，腿用力向后蹬剪水。侧泳的呼吸和爬泳的呼吸基本相似，只是不用把头埋入水中呼气。为了保证呼吸舒畅，一般是一次腿、两臂各划水一次、呼吸一次。

第二节　直接赴救技术

一、入水

入水技术是指救生员发现溺水事故时，迅速跳入水中施救的一项专门技术。

入水技术包括跨步式入水、蛙腿式入水、鱼跃浅跳式入水和直立式入水。

(一) 跨步式入水

跨步式入水适用于救生员距离溺水者较近，但救生器材救助不到，水质比较浑浊，救生员对水下情况不了解的情形，特别是在室外公开水域中。救生员应双眼盯住目标，两腿跨步式地前后分开，身体稍向前倾，使重心落在身体前方；踝关节自然伸直，两臂在体侧平伸（侧平举），掌心向下［图 12－8（a）］。臂与腿分开，在身体入水的瞬间，双臂与双腿做抱压和剪夹水动作，保持口鼻露出水面，便于观察溺水者情况。

(二) 蛙腿式入水

蛙腿式入水的适用条件与跨步式入水相同。救生员应双眼盯住目标，两腿及两臂在体侧分开，呈大字形；跃起时，两腿做蛙泳收腿动作，下水时身体稍向前倾［图 12－8（b）］，大小腿、双臂及双手要扩大与水面接触的面积。入水瞬间用力向下压水，双臂与双腿做抱压和蹬夹水动作，使身体迅速上浮，以便于时刻观察溺水者的情况。

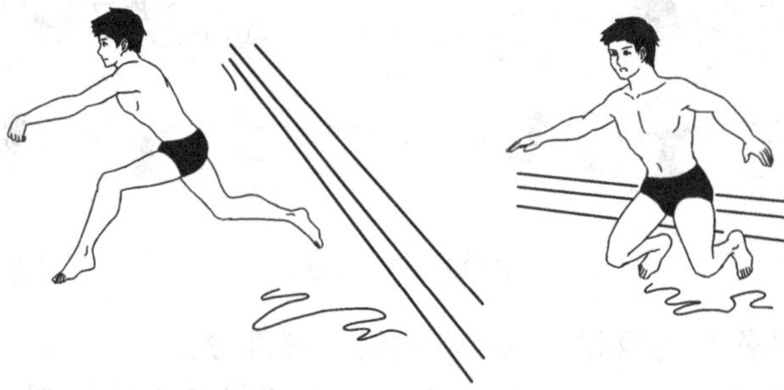

(a) 跨步式　　(b) 蛙腿式

图 12－8　跨步式入水、蛙腿式入水

(三) 鱼跃浅跳式入水

当距离溺水者较远时，救生员可采用此方法入水。救生员应根据实际情况选择起跳点，可在救生台上、池（岸）边或跑动中起跳。起跳时靠腿蹬离池岸，躯干同时用力伸直，两臂由下而上摆动入水。入水要浅，头部尽快出水面以观察赴救目标。

(四) 直立式入水

当救生台较高时，救生员明确池水有足够的深度时，可采用脚先入水的跳水方式。救生员入水时，全身与水面保持垂直，脚趾向下，一手捏鼻，一手护下腹。如身穿救生衣，则两手肘部紧压救生衣。入水后，双手及时向下压水，两脚做蹬夹动作，力求尽快上浮捕捉施救目标。

二、接近

接近技术是指救生员接近溺水者时最常用的一种技术，它具有很大的危险性，因此在接近溺水者时，救生员应与其保持一定的安全距离，并在接近后尽可能地从其背后做动作，以确保自身的安全。接近技术包括正面接近、背面接近、侧面接近三种。

（一）正面接近

正面接近技术是指在救助溺水者时，正面接近溺水者的一种接近技术（图12－9）。正面接近技术是比较危险的接近技术，是在救生员无法采用背面和侧面接近时所用的一种接近方法。救生员入水后，游至离溺水者3米左右处急停，下潜至溺水者髋部以下，然后双手扶溺水者髋部，将溺水者转体180°，然后右手托溺水者的腋下，另一手从溺水者的左肩处夹胸拖带，或双手托溺水者的腋下。

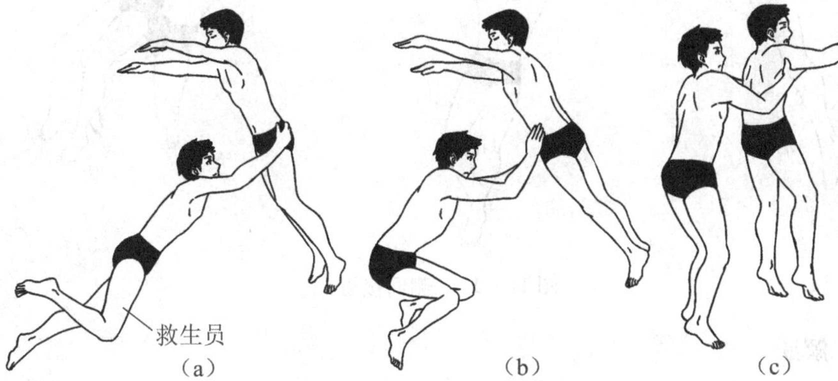

图12－9　正面接近

（二）背面接近

背面接近技术是救生员最常用也是最安全的一种接近方法（图12－10），指救生员从溺水者背面接近并施救。救生员游至距溺水者1—2米处急停，然后右手托溺水者的腋下，另一只手从溺水者的左肩处夹胸拖带或双手托溺水者的腋下，有效控制溺水者。

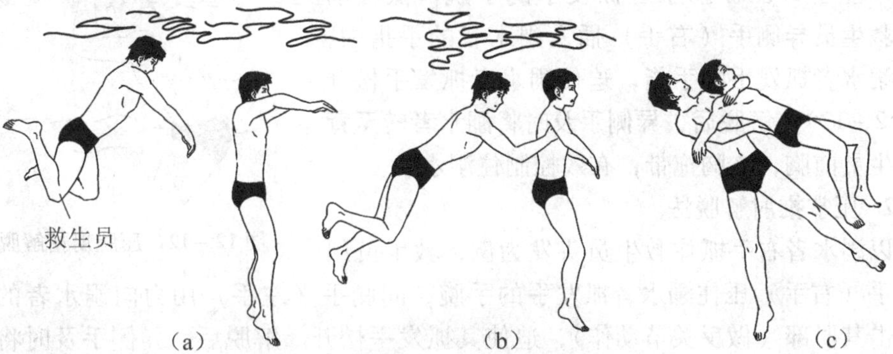

图12－10　背面接近

（三）侧面接近

侧面接近技术是当溺水者尚未下沉，特别是其两手在水面上挥舞挣扎时较适合采用的接近技术（图 12－11）。救生员游至距溺水者 3 米处，有意识地游向溺水者侧面，看准时机并果断、迅速地用同侧手抓握住溺水者近侧手腕部，将溺水者拉向自己的胸前。然后用异侧手从溺水者的肩上处夹胸拖带，或双手托其腋下，控制溺水者或双手托其腋下。

（a）　　（b）

图 12－11　侧面接近

三、解脱

解脱是指救生员在水中施救溺水者时，被头脑不清醒或正在挣扎的溺水者抓住或抱住后，救生员采取合理的技术动作及时解除溺水者的抓抱，有效控制溺水者。下面针对头发被抓、颈部被抱持、手部被抱持、腰被抓握等情况，介绍几种常用的解脱方法。

（一）头发被溺水者抓握的解脱方法

1. 压腕掰指解脱法

以溺水者右手抓住救生员头发为例，救生员同侧手（左手）压住溺水者抓发手的手腕，低头前顶，救生员异侧手（右手）插入溺水者的手指中，掰推溺水者抓发手的手指，迫使溺水者抓发手松开（图 12－12）。解脱后，异侧手及时将溺水者转至背贴救生员前胸，夹胸拖带，有效控制住溺水者。

图 12－12　压腕掰指解脱法

2. 压掌推肘解脱法

以溺水者右手抓住救生员头发为例，救生员用异侧手（右手）压住溺水者抓发手的手腕，同侧手（左手）用力向溺水者的头部推击其肘部（做反关节动作），迫使其抓发手松开。解脱后，异侧手及时将溺水者转至背贴救生员前胸，夹胸拖带，有效控制住溺水者。

（二）颈部被溺水者抱持的解脱方法

1. 上推双肘解脱法（适用于正面被抱持的情况）

当救生员被溺水者正面抱住颈部时（图 12－13），要及时内收下颌，以防止呼吸道被夹住。救生员下沉，双手上推溺水者的双肘关节，同时迅速下蹲，将溺水者转推，趁势抓握溺水者的一手腕，将溺水者转至背贴救生员前胸，然后夹胸控制。

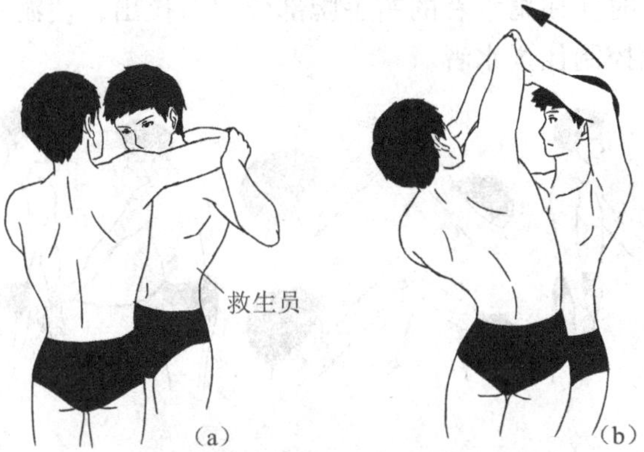

图 12－13　上推双肘解脱法

2. 压腕上推单肘解脱法（适用于背面被抱持的情况）

以背面颈部被抱持为例（图 12－14），救生员应内收下颌，保护好呼吸道，防止被卡住，同时分清溺水者哪只手在上。如溺水者右手在上时，救生员用左手紧压溺水者的右手腕，右手上推溺水者右肘部，做反关节运动，同时转出自己的头部。然后救生员用右手抓紧溺水者的右手肘部，将其拉向救生员胸前，及时夹胸，控制住溺水者。

图 12－14　压腕上推单肘解脱法

（三）手部被溺水者抱持的解脱方法

1. 推击解脱方法（适用于单手被溺水者同侧手抓的情况）

以救生员左手被抓为例：当救生员左手被溺水者的右手抓住时，救生员可用右手虎口推击溺水者的右手腕部，撞击时要迅速、有力，使其手松开。救生员解脱后，立即紧握溺水者的右手腕部，并及时把溺水者的右手向救生员右侧拉出，并转动其身体，使溺水者背贴救生员前胸，另一只手夹胸控制住溺水者。

2. 转腕解脱法（适用于单手或双手同时被溺水者抓住的情况）

以救生员右手被抓为例：当救生员右手被溺水者的右手抓住时（图 12－15），救生员可将被抓的右手上提，向溺水者右手虎口的相反方向转腕外翻下压解脱，并用右手及时抓住溺水者的右手腕部位向右拉出，使溺水者背贴救生员前胸，另一只手夹胸控制住溺水者。

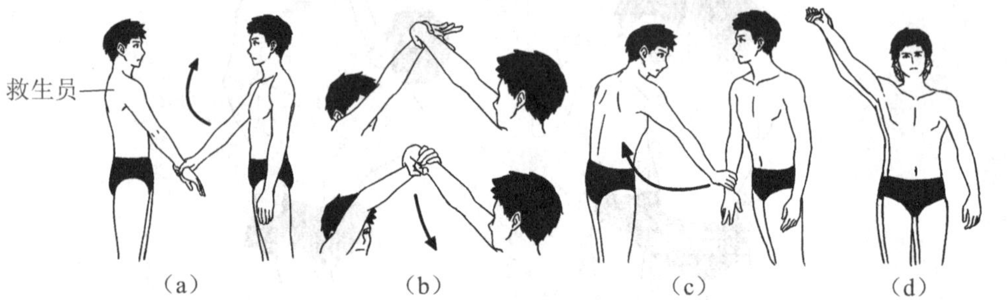

图 12－15　转腕解脱法

3. 双手被抓解脱法

当救生员双手被溺水者抓住时（图 12－16），救生员应迅速将溺水者的双臂上提至其头部以上，向救生员手虎口方向做转腕下压动作。解脱后放开一侧手臂，同时抓持溺水者另一侧手臂，向异侧手方向拉转溺水者，使其背后紧贴救生员前胸，并进行有效控制，夹胸拖带。

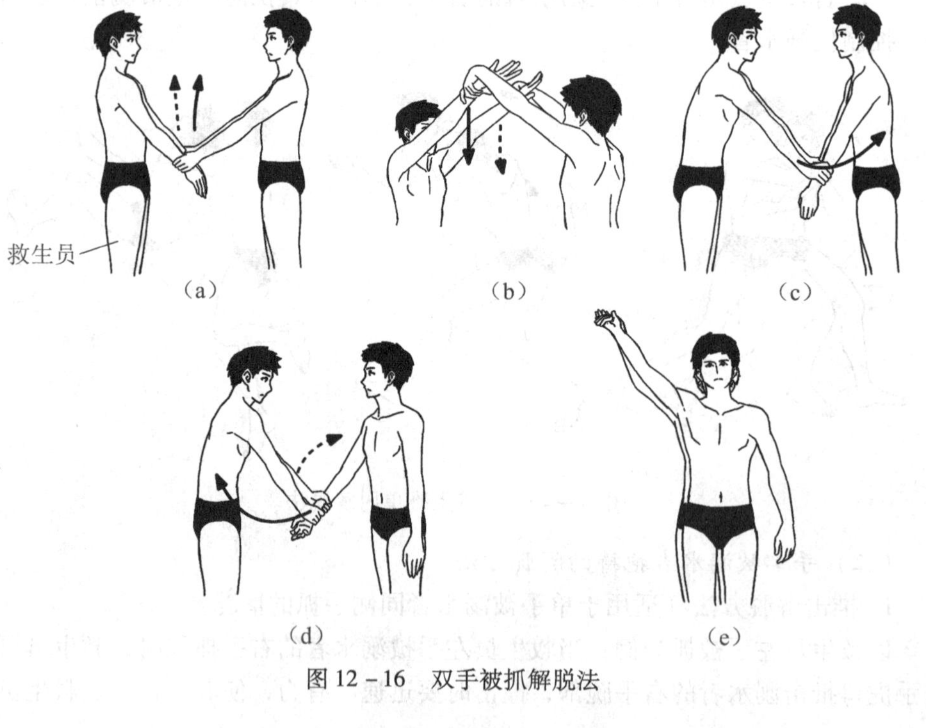

图 12－16　双手被抓解脱法

4. 单手被双手抓解脱法

同侧手在上的抓握解脱法（以救生员左手被抓为例）：救生员的左臂被溺水者双手抓握时（溺水者右手在上，左手在下）（图 12－17），救生员右手虎口向下用力撞击溺水者的右手腕部，使溺水者松开右手，随后紧握溺水者右手腕，救生员上身前倾，以右臂肘部回击溺水者左手腕部，致使其左手解脱，并趁势将溺水者的右手向救生员右侧拉出，并将溺水者转体 180°，背贴救生员前胸，然后夹胸控制。

异侧手在上的抓握解脱法（以救生员左手被抓为例）：救生员的左臂被溺水者双手抓握时（溺水者左手在上，右手在下），救生员先用右手臂肘部击溺水者左手腕部，再用右手虎口推击溺水者右腕部，并顺势将溺水者右手腕控制，并趁势将溺水者的右手向救生员自己的右侧拉出，并将溺水者转体 180°，使背贴救生员前胸，然后夹胸控制。

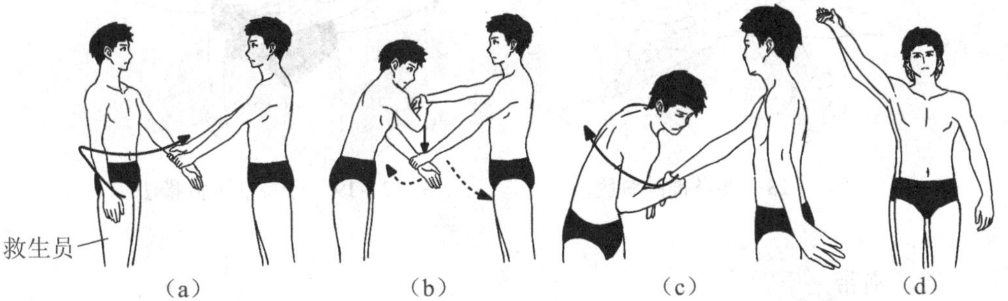

图 12－17 单手被双手抓解脱法

5. 交叉手腕部被溺水者双手抓握解脱法

以溺水者右臂在上为例。救生员采用转腕法解脱上臂被抓持手腕，先解脱救生员的右手，然后用右手臂肘击溺水者左手腕，解脱救生员左手臂，趁势将溺水者向右面拉出，转体连 180°后，左手臂穿过溺水者前胸托住其右腋，控制住溺水者。

（四）腰和手部被溺水者抱持的解脱法

1. 夹鼻推颌解脱法

当救生员正面双臂肘部关节以下和躯干同时被溺水者抱持时（图 12－18），救生员低头分清溺水者面部的朝向，然后弓身收腹含胸、臀部后顶、两臂内旋。救生员抽出右手，用食指、中指夹紧溺水者的鼻子，掌心盖住溺水者的嘴，并用掌根托住其下颌，用力向前方推出，迫使溺水者头部后仰。同时，救生员用左手抱住溺水者腰部，并用力将溺水者的身体朝向自己挤压，迫使溺水者松开双手。之后及时将溺水者转体，令其背部贴近救生员的前胸，有效控制溺水者。

2. 弓身抽手扳指解脱法

当救生员背面双臂肘部关节以下和躯干同时被溺水者抱持时（图 12－19），

救生员低头分清溺水者哪只手在上，然后弓身收腹含胸，臀部后顶，两臂内旋、前推，抽出同侧手压住溺水者手背，再抽出异侧手压住溺水者另一只手的手背。先扳开溺水者在外侧手掌的中指，使之松开后用力向外展开，然后再掰开另一手掌的中指，松开后用力向外展开，使两臂往侧上方举起。救生员下蹲至溺水者腹部下，放开溺水者一只手，同时撤移至其后，将溺水者贴紧救生员前胸，夹胸拖带，有效控制溺水者。

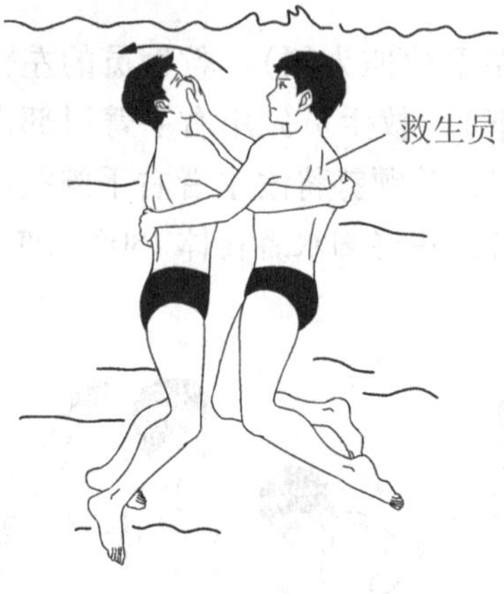

图 12－18　夹鼻推颌解脱法

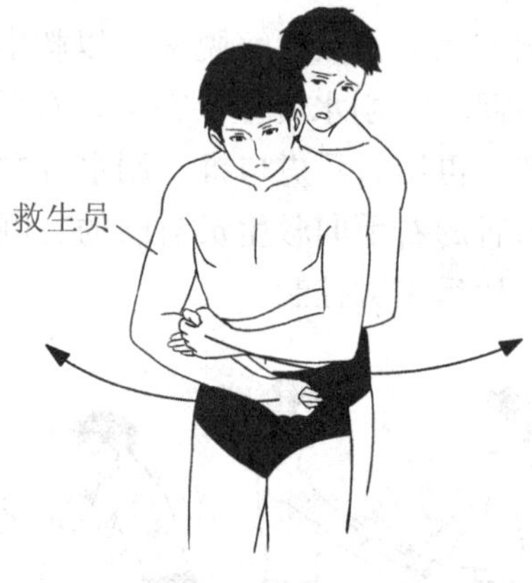

图 12－19　弓身抽手扳指法

四、拖带

拖带是指救生员在水中采用侧泳、反蛙泳等不同的游泳技术，将溺水者拖带到池边的一种技术。拖带技术主要包括夹胸拖带技术（图 12－20，a）、双手托腋拖带技术（图 12－20，b）、托枕拖带技术（图 12－20，c）、托颌拖带技术（图 12－20，d）、双人拖带技术（图 12－20，e）等。

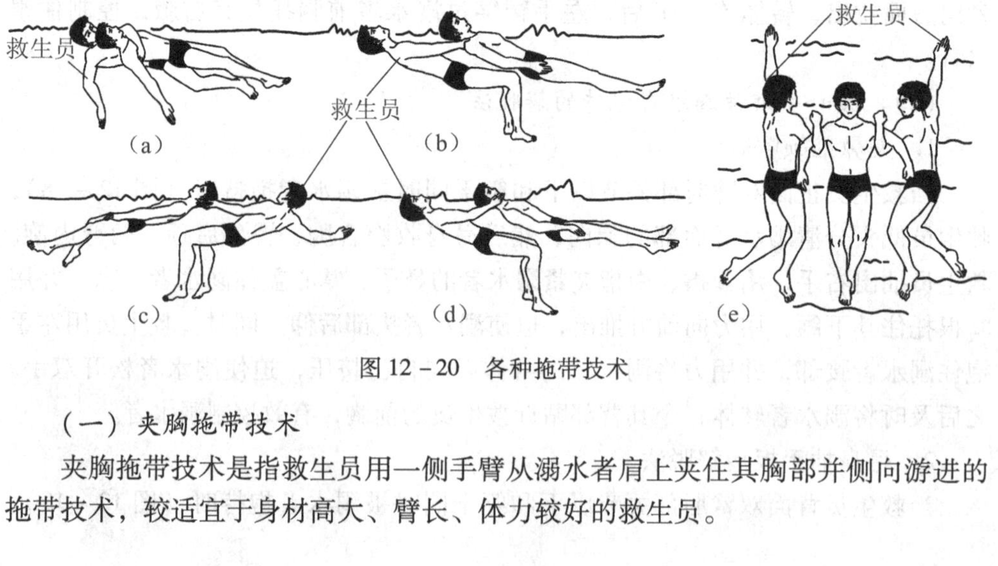

图 12－20　各种拖带技术

（一）夹胸拖带技术

夹胸拖带技术是指救生员用一侧手臂从溺水者肩上夹住其胸部并侧向游进的拖带技术，较适宜于身材高大、臂长、体力较好的救生员。

以左臂为例，救生员左臂由溺水者的左肩上穿过，上臂和肘紧贴溺水者胸部，左腋紧贴溺水者左肩，左手抱于溺水者的右肋部，并将此作为拖带的用力点。在运送过程中，救生员的左髋顶住溺水者的腰背部，保持水平位置，便于拖带。救生员根据自己的技术特长，可采用蛙泳腿或侧泳腿游进。

（二）双手托腋拖带技术

双手托腋是指救生员使用双手托腋拖带溺水者的一种方法，易于控制溺水者。救生员双手托在溺水者的两侧腋下，以拇指分别紧握溺水者上臂两侧，四指分开托住腋下，用反蛙泳蹬腿动作进行拖带，这种方法适用于昏迷或有些骚动的溺水者。

（三）双人拖带技术

两名救生员拖带一名溺水者时，两名救生员用靠近溺水者一侧的手臂托住溺水者的腋下，用侧泳技术游进。

五、上岸

上岸是指救生员将溺水者从水中送上池岸的一种救助方法。由于游泳场所池边的建筑结构和溺水者的受伤情况不同，上岸的方法也各有区别，常用的方法有深水无阶梯双人上岸技术、深水无阶梯单人上岸技术、浅水无阶梯单人上岸技术等。根据救生原则，团队救生优于个人救生，因此双人上岸技术优于单人上岸技术。

（一）深水无阶梯双人上岸技术

以左手到边、右手夹胸为例（图 12－21）。水中救生员将溺水者夹胸拖带至

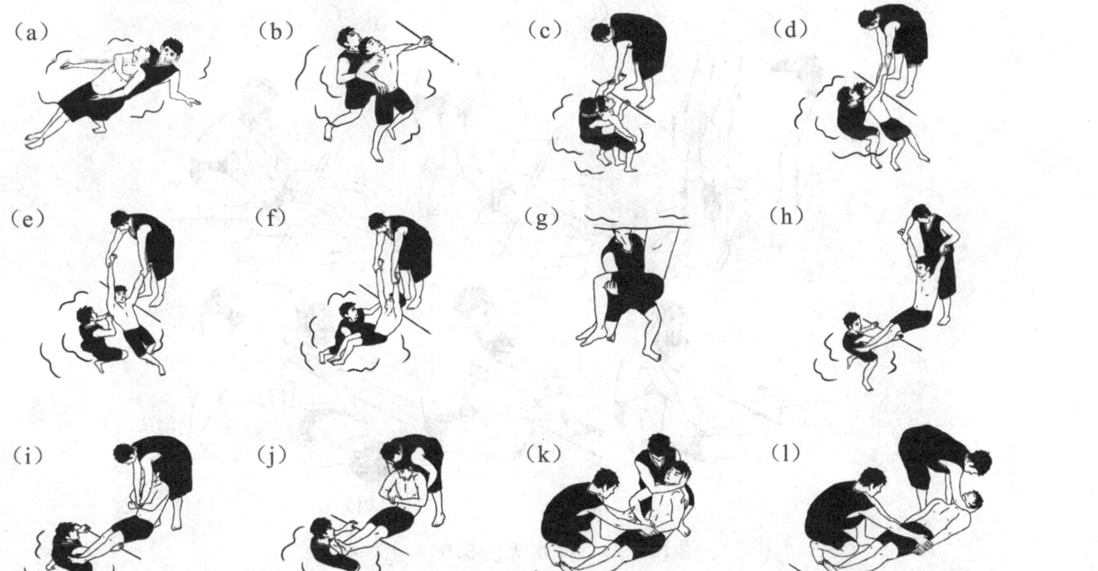

图 12－21　深水无阶梯双人上岸技术

池边后，划水手（左手）、右手依次穿过溺水者同侧腋下后抓住池边，水中两人面对池壁。随后，水中救生员用划水手（左手）将溺水者的左手臂递给岸上救生员。岸上救生员用左手反握抓住溺水者的腕部，将其右前臂上举，再用右手抓握并将溺水者转体180°，使其背对岸边。然后，水中救生员左手抓住池边，右手向上托起溺水者的大腿，协同岸上救生员将溺水者向上提出水面，使其坐于岸边。之后，岸上救生员将溺水者的双手交叉并固定于其上腹部，两手穿过溺水者腋下固定其双手，将其向后拖至安全区域，并注意保护其头、颈、腰，缓慢将其放平，使其呈仰卧姿势。

（二）深水无阶梯单人上岸技术

在游泳池的深水区，将溺水者拖带至池边时，若水面距离池边平台较高或只有一名救生员在场，则可以采用深水无阶梯单人上岸技术（图12－22）。

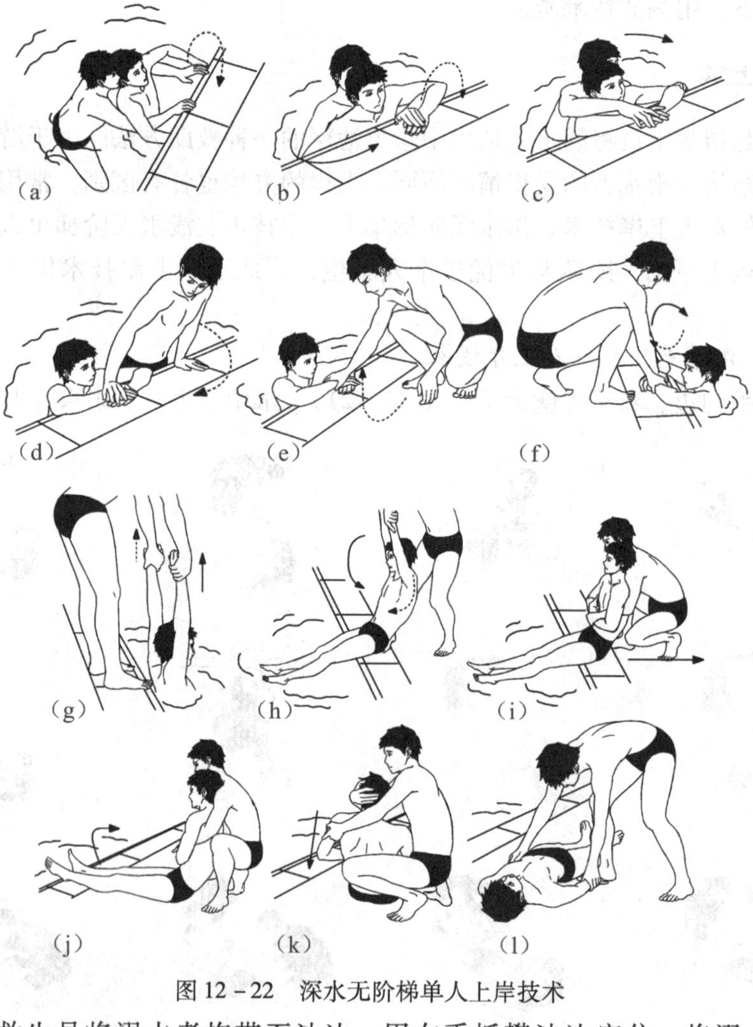

图12－22　深水无阶梯单人上岸技术

（1）救生员将溺水者拖带至池边，用右手抓攀池边定位，将溺水者移近岸边。

（2）救生员用左手将溺水者的左手压在池边，然后右手移压在溺水者的右手背上，腾出左手。

（3）救生员用左手抓住溺水者的左手，移至溺水者的右手背上重叠，并用右手将溺水者重叠的双手紧压在岸边，左手紧压溺水者重叠的双手背上，右手抓攀岸边。救生员在溺水者的左侧上岸，上岸时用蛙泳腿脚蹬夹，双手用力撑起。

（4）救生员上岸后，右手不能离开溺水者重叠的双手，右转成面对溺水者，然后用左手紧抓溺水者的左腕，右手抓住溺水者的右腕。

（5）救生员紧抓溺水者双手腕，稍提起将溺水者转体180°，使其背对池边。

（6）救生员双脚前后开立。双手先将溺水者向上预提一下（利用水的浮力），然后用力将溺水者上提，使其臀部高于池面，之后将其移至池岸。

（7）救生员将溺水者的双手交叉固定于其上腹部，两手穿过溺水者腋下固定其双手，将溺水者向后拖至安全区域。

（8）救生员左腿内侧紧靠溺水者背部，右手将溺水者的双腿原地旋转90°，保护其头部和脊柱，慢慢将其放平，使其呈仰卧姿势。

（三）浅水无阶梯单人上岸技术

在浅水区上岸一般采用马鞍式上岸技术。救生员将溺水者拖至水深及腰部的浅水区，单腿站立在溺水者一侧（以右侧为例），另一腿屈膝顶着溺水者腰部，使溺水者仰卧在水中。用靠近溺水者头部的手（左手）在溺水者身体上方抓住其外侧手腕（左手腕），使其掌心向上。随后救生员向溺水者头部的方向转体180°，将溺水者外侧手臂（左手臂）挂在救生员肩上，使溺水者横跨置于救生员的腰部，救生员另一手则横过溺水者的后背，托住其头部。此时，救生员抓手腕的手（左手）改为抱住溺水者两膝关节，两手固定溺水者，将其搬运至岸边。救生员转体108°后背对岸边，右手垫在溺水者头部下方，后仰时左手将溺水者向后推出，使溺水者仰卧在岸边。

第三节　心肺复苏

现场心肺复苏是针对心跳、呼吸骤停的溺水者所采取的最初级、最基本的急救技术，是最基础的生命支持和挽救生命的重要手段。溺水的本质是窒息引起急性呼吸衰竭。窒息时间延长会导致心搏骤停。因此，要对呼吸停止和心脏停搏的溺水者迅速进行呼吸支持和使用心脏按压方法形成暂时的人工循环，以令其尽快恢复心脏自主搏动。对于溺水者现场心肺复苏应遵循A—B—C—D顺序，即开放气道—人工通气—胸外按压—早期除颤。

一、心肺复苏的方法与流程

在游泳场所对成年溺水者心肺复苏应按照如下步骤进行操作（单人操作）。

1. 观察环境

救生员将溺水者施救上岸后，应将其放置在急救板或者硬地上，不可将溺水者安置在柔软的物体上，以免影响胸外心脏按压的效果。同时要确认周围安全，并保持四周通风。

2. 判断意识

救生员双膝跪于地面，轻拍溺水者双肩，同时俯身在溺水者脸一侧高声呼叫："先生/小姐，你怎么了?"救生员迅速判断溺水者有无意识，若其无意识，呼叫人员帮忙拨打120急救电话，启动应急预案并准备AED（自动体外除颤仪）。

3. 判断呼吸和颈动脉搏动

救生员侧脸，观察溺水者胸腹部是否有起伏，用面颊感觉其是否有呼吸，同时用食指和中指指尖触及溺水者气管正中部（相当于喉结的部位），向侧方滑动2—3厘米至胸锁乳突肌前缘凹陷处，判断其有无颈动脉搏动，判断时间为5—10秒。

4. 摆放急救体位

救生员将溺水者放置于仰卧位。溺水者头部不能高于心脏位置，双手放于躯干两侧。救生员靠近溺水者右侧肩部跪地，双膝与肩同宽。如溺水者存在自主有效呼吸，应将其置于稳定的侧卧位，以免发生气道窒息。

5. 清理口腔异物

救生员观察溺水者口腔有无异物，先查明口腔中有无血液、呕吐物或其他分泌物，若有这些液体、异物，应先尽量消除掉。可一手按压开溺水者下颌，另一手用食指中指将固体异物勾出，或用手指缠绕纱布清除口腔中的液体分泌物。

6. 开放气道

救生员常用仰头抬颌法开放气道。救生员将左手的小鱼际部位（手掌外侧缘）置于溺水者前额，下压使其头部后仰。同时，将右手的食指及中指放在下颌部的颏骨体上，旁开中点2厘米左右，将颏部向前上方抬起帮助头部后仰，打开气道。如怀疑溺水者有颈椎损伤，可用推举下颌法开放气道。

7. 人工呼吸

救生员用按于溺水者前额的手（左手）的食指与拇指，捏闭溺水者鼻翼。深吸一口气后，张开口贴紧并完全包住溺水者的嘴。向溺水者口内平稳地吹气，确保溺水者胸廓隆起。每次吹气完毕后，应立即与溺水者口部脱离，放松捏鼻翼的手，以使溺水者从鼻孔呼气。

人工呼吸的注意事项：

①连续吹气2次，吹气时暂停按压胸部；

②每次吹入气量为500—600毫升；

③有脉搏无呼吸者，应每5—6秒对其吹气1次（呼吸10—12次/分钟）；

④溺水者的口不能张开（牙关紧闭）或口部严重损伤时，可以用口对鼻人工呼吸对其进行救助。

8. 胸外按压

（1）按压部位：右手中指沿溺水者的胸廓下部肋缘向上滑动，摸到肋弓和剑突焦点处为胸骨下切迹，之后食指并拢中指。左手掌根部沿胸骨下滑一直碰到左手食指，左手掌中心部位应是胸骨下1/3段的中点，即为按压部位（图12－23）。

对成年男性可采用十字交叉法定位：救生员右手食指沿溺水者胸骨向剑突方向划一横线，然后沿着溺水者两乳头连线中点再划一竖线，救生员右手食指平放于两线交叉点；救生员右手掌根部内凹处放置于左手手背上，双手掌根重叠，此时左手掌中心部位即为按压部位。

（2）按压动作：双手叠加，十指相扣，以下方一手掌根部接触按压部位，双臂位于溺水者胸骨的正上方，双肘关节伸直。以髋关节为支点，身体重量垂直下压，抬起时手掌根不能离开按压部位（图12－24）。按压时观察溺水者的面部反应。

胸外按压的注意事项：

①每按压胸部30次后，口对口吹气2次，按压与吹气的比例为30∶2；

②按压频率为100—120次/分钟；

③按压深度至少为5厘米，但不超过6厘米；

④大声计数按压次数；

⑤每次按压后胸廓完全弹回，保证按压与抬起的时间基本相同。

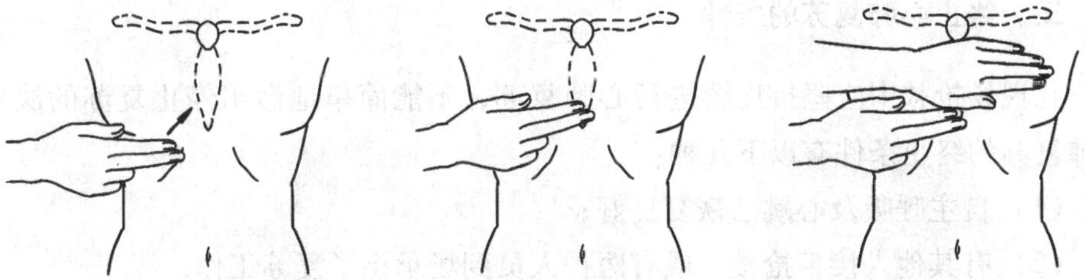

图12－23　寻找按压部位

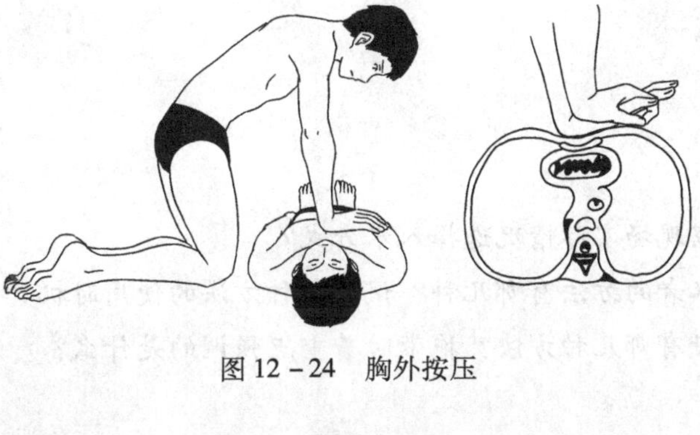

图12－24　胸外按压

9. 重新评估

救生员首轮做5组30∶2的按压和吹气后（约2分钟），复检溺水者的呼吸、颈动脉搏动。无循环迹象可使用AED。如果检查到心率不可电击则继续做心肺复苏；如果检查到心率可电击则进行电击，电击后继续做心肺复苏。

特别提醒：当溺水者经抢救苏醒后，必须将其送到医院观察或治疗。

二、心肺复苏的有效指标

心肺复苏操作是否正确，主要靠平时严格操练，掌握正确的方法。心肺复苏的有效标志是，除可触摸到大动脉开始搏动外，同时也应出现脑复苏的征象。而在急救中判断复苏是否有效，可根据以下四个方面综合考虑。

（1）瞳孔：复苏有效时，可见瞳孔由大变小。如瞳孔由小变大、固定且角膜浑浊，则说明复苏无效。

（2）面色：复苏有效时，可见面色由紫绀转为红润，手足温度略有回升。如溺水者面色变为灰白，则说明复苏无效。

（3）颈动脉搏动：按压有效时，每一次按压可摸到一次搏动；如停止按压，搏动亦消失，应继续进行心脏按压。如停止按压后，脉搏仍然跳动，则说明溺水者心跳已恢复。按压时，如有条件可检测血压，一般在60/40mmHg左右。

（4）神态：复苏有效时，可见溺水者有眼球活动，睫毛反射与对光反射出现，甚至手脚开始抽动，肌张力增加。

三、终止心肺复苏的条件

在现场抢救中应坚持连续进行心肺复苏，不能简单地做出停止复苏的决定。心肺复苏的终止条件有以下几种：

（1）自主呼吸及心跳已恢复良好；

（2）有其他人接替抢救，或有医护人员到场承担了复苏工作；

（3）有医护人员到场，确定溺水者已死亡。

将溺水者用救护车运送到医院途中，也必须持续不断地做心肺复苏，并保证心肺复苏的质量。

思考题

1. 如何根据现场实际情况选择入水方式？

2. 接近溺水者的方法有哪几种？试述各种方法的使用时机。

3. 拖带一般有哪几种方法？拖带时着重点强调的是什么？

4. 最常见的水中解脱方法有哪几种？解脱动作是利用什么原理完成的？请举例说明。

5. 试述心肺复苏的操作顺序。

6. 进行心肺复苏时，如何进行现场诊断？

7. 进行心肺复苏时，如何开放气道？

8. 进行心肺复苏时，如何进行口对口人工呼吸？

9. 进行心肺复苏时，如何进行胸外按压？

10. 如何判断心肺复苏是否有效？

参考文献

［1］徐莉．游泳［M］．广州：华南理工大学出版社，2008．
［2］李仲明．游泳与实用水上运动［M］．广州：中山大学出版社，2004．
［3］陈武山．游泳运动教程［M］．北京：人民体育出版社，2007．
［4］梅雪雄．游泳（第四版）［M］．北京：高等教育出版社，2016．
［5］游泳运动教程编写组．游泳运动教程［M］．北京：北京体育大学出版社，2013．
［6］Atkinson J, Sweetenham B. Championship Swim Training［M］. Champaign：Human Kinetics，2003．
［7］朱笛，温宇红．游泳运动教程［M］．北京：高等教育出版社，2015．
［8］全国体育院校教材委员会．游泳运动［M］．北京：人民体育出版社，2001．
［9］国家体育总局职业技能鉴定指导中心．游泳（修订版）［M］．北京：高等教育出版社，2011．
［10］国家体育总局职业技能鉴定指导中心．游泳［M］．北京：高等教育出版社，2005．
［11］吴河海，等．爬泳技术与练习［M］．北京：人民体育出版社，2001．
［12］吴河海，等．仰泳技术与练习［M］．北京：人民体育出版社，2001．
［13］吴河海，等．蛙泳技术与练习［M］．北京：人民体育出版社，2001．
［14］吴河海，等．蝶泳技术与练习［M］．北京：人民体育出版社，2001．
［15］陆一帆．游泳训练理论创新与实践［M］．北京：北京体育大学出版社，2013．
［16］中国青少年游泳训练教学大纲编委会．中国青少年游泳训练教学大纲［M］．北京：北京体育大学出版社，2016．
［17］中国游泳协会．游泳年龄组教学训练大纲［M］．北京：人民体育出版社，2005．
［18］国家体育总局职业技能鉴定指导中心，中国救生协会．游泳救生员：游泳池救生［M］．北京：高等教育出版社，2010．
［19］中国游泳协会裁判委员会．游泳竞赛组织与裁判方法［M］．北京：人民体育出版社，2015．
［20］中国游泳协会．游泳竞赛规则．2014～2018［M］．北京：人民体育出版社，2014．
［21］翁颖．游泳健身科学化体系的构建研究［M］．北京：中央编译出版社，2015．
［22］尹军，袁守龙．身体运动功能训练［M］．北京：高等教育出版社，2015．
［23］张明飞．我国优秀游泳运动员身体形态和水感指标研究与分析［J］．中国体育科技，2006，42（5）：85－88．
［24］王丹．对我国国家游泳队陆上训练现状与对策的研究［D］．北京：北京体育大学，2008．
［25］王保臣．功能性训练视角下提高游泳运动员身体平衡能力的实验研究［D］．天津：天津体育学院，2013．
［26］今冬梅，燕铁斌．平衡功能临床评定研究进展［J］．中华物理医学与康复杂志，2002，24（3）：187－189．
［27］魏春蕊．核心稳定性对中学生身体平衡能力发展的实验研究［D］．北京：北京体育大学，

2015.

[28] 张明飞，章一华，程燕. 优秀游泳运动员选材现状与模式研究 [J]. 北京体育大学学报，2007，30（7）：998－1000.

[29] 黄波. 短距离游泳项目速度力量训练理论与方法的研究 [J]. 西安体育学院学报，2001，18（4）：73－74.

[30] 陈武山，甘清瑛. 我国竞技游泳训练几个问题的调查研究 [J]. 北京体育大学学报，2005，28（11）：1157－1159.

[31] 郝军龙，刘铮. 根据少年儿童心理特点进行游泳教学 [J]. 少年体育训练，2008（10）：94－95.

附录一　初级游泳救生员国家职业技能鉴定考核实施说明

游泳场所开放必须配备一定数量的、取得国家职业资格证书的游泳救生员。游泳救生员直接关系到游泳者的生命安全。为保证游泳救生员考核鉴定工作质量，提高鉴定工作水平，根据《游泳救生员操作技能考核标准》，游泳救生员职业技能鉴定包括理论考试和操作技能考核两部分，为两项成绩均合格者颁发《游泳救生员国家职业资格证书》。获得各级证书者，方可有资格申报参加相应级别的职业技能鉴定考试。

（一）初级游泳救生员技能考核内容（表1－1）

表1－1　初级游泳救生员技能考核内容

达标项目	实操部分	理论部分
◎25米速度游 ◎潜泳20米	◎现场赴救 ◎现场急救	详见考核说明

（二）初级游泳救生员实操考核标准（表1－2、表1－3）

表1－2　初级游泳救生员实操考核标准（徒手救生）

	现场赴救（徒手救生）						现场急救	合计
	入水	接近	拖带	上岸	解脱	合计	心肺复苏	
选考方式	必考					—	必考	
鉴定比重（%）	10	10	10	10	20	60	40	100
考试时间（分钟）	15						5	20
考核形式	水中操作				陆上操作	—	实操	—

注：（1）游泳池最浅区不低于1.35米；（2）徒手救生项目从公布之日起至2020年2月29日执行。

表1－3　初级游泳救生员实操考核标准（浮标救生）

	现场赴救（浮标救生）						现场急救	合计
	入水	接近	拖带	上岸	解脱	合计	心肺复苏	
选考方式	必考					—	必考	
鉴定比重（%）	10	10	10	10	20	60	40	100
考试时间（分钟）	15						5	20
考核形式	水中操作				陆上操作	—	实操	

注：（1）游泳池最浅区不低于1.35米；（2）从2020年3月1日起，徒手救生和浮标救生抽考一项。

（三）初级游泳救生员技能考核说明

1. 总体要求

（1）考生必须通过达标项目的测试，否则不能参加技能考试。

（2）考核形式：理论考试采取闭卷笔试，总分为 100 分。实操考核在陆上或水上操作，总分为 100 分。在考核内容中，理论考试或实操考核如有一项未达到 60 分，即视为不合格。

（3）考试时间：理论考试为 60 分钟，实操考核为 20 分钟。

（4）考试内容：职业道德（包括道德概念和职业守则）、救生游泳基本技术、赴救技术、现场急救技术等。

2. 达标测试

（1）25 米速度游：男子≤20 秒，女子≤22 秒为达标。

（2）20 米潜泳：蹬边出发，在 20 米潜泳距离内，躯体未露出水面且方向准确为达标。

未达标者不能参加其他技能项目的考核。

3. 实操考核

（1）现场赴救。

①徒手救生：入水、接近、拖带、上岸技术。

◎鉴定比重：总分的 40%。

◎考核时间：10 分钟。

◎考核形式：水中操作。学员假扮溺水者，游至距岸边 15 米处正面、侧面或背面原地等候。考评员给考生发出信号，考生入水、接近溺水者，将其拖带至岸边并上岸。

注：考生不允许戴游泳镜参加考核。

②浮标救生：入水、接近、拖带、上岸技术。

◎鉴定比重：总分的 40%。

◎考核时间：10 分钟。

◎考核形式：水中操作。学员假扮溺水者，游至距岸边 15 米处正面、侧面或背面原地等候。考评员给考生发出信号，考生携带救生浮标入水、接近溺水者，和接应救生员将其拖带至岸边并和接应救生员完成上岸。

注：考生不允许戴游泳镜参加考核。接应救生员指在岸上配合救援的救生员。

③解脱：头发被抓解脱、手被抓解脱、颈部被抱解脱、腰部被抱解脱等解脱技术。

◎鉴定比重：总分的 20%。

◎考核时间：5 分钟。

◎考核形式：陆上操作。

（2）现场急救。

心肺复苏：开放呼吸道、呼吸支持、心脏按压等。

◎鉴定比重：总分的40%。

◎考核时间：5分钟。

◎考核形式：对模拟人进行心肺复苏的操作。

注：心肺复苏是初级游泳救生员实操考核中的否定项目，如果心肺复苏操作程序错误或其该项目总分不足24分，即该项目考核不合格。心肺复苏项目考核不合格者，初级游泳救生员实操考核即为不合格。

附录二 游泳社会体育指导员国家职业技能鉴定考核说明

游泳社会体育指导员是在游泳运动中，对参与者进行科学指导和安全保护的专业人员。游泳运动技术复杂、专业性强，且容易发生运动损伤，目前已被国家正式列为高危险性体育项目。按照《全民健身条例》等法律法规的要求，在游泳经营场所从事游泳运动指导的人员必须取得国家职业资格证书。

为保证游泳社会体育指导员考核鉴定工作质量，提高鉴定工作水平，经修订游泳社会体育指导员国家职业技能鉴定考核标准和实施细则，游泳社会体育指导员职业技能鉴定包括理论考试和实操考核两部分，为两项成绩均合格者颁发《游泳社会体育指导员国家职业资格证书》。

（一）初级游泳社会体育指导员技能考核内容（表2－1）

表2－1 初级游泳社会体育指导员技能考核内容结构表

实操部分	理论部分
◎基本技术 ◇100米混合游：50米蛙泳＋50米爬泳或仰泳 ◇达标时间要求：男子2分05秒；女子2分30秒 ◎教学指导能力 ◇熟悉水性 ◇蛙泳教学	详见考核说明

（二）初级游泳社会体育指导员实操考核标准（表2－2）

表2－2 初级游泳社会体育指导员实操考核标准

考核内容	基本技术			教学指导能力					合计
	蛙泳	爬泳或仰泳	合计	教学准备	安全保障	教学组织	教法运用	合计	
鉴定比重（%）	30	20	50	3	15	17	15	50	100
考核时间（分钟）	5			10					15
考核形式	达标，技评			现场教学，提问					－

（三）初级游泳社会体育指导员技能考核说明

表2-2中列出了本职业等级的考核内容、鉴定比重、考核时间、考核形式等内容。依据考核内容结构表，本职业初级考核要求如下：

（1）理论考试形式为闭卷笔试，总分为100分；实操考核形式为实践操作，总分为100分。在考核内容中，理论或实操如有一项未达到60分，即视为不合格。

（2）理论部分考核时间为120分钟，实操部分考核时间为15分钟。

（3）理论考试内容："社会体育指导员公共理论"和"游泳专项理论"。

（4）实操考核内容：

①基本技术：考生在达标时间内完成每种泳姿50米，共100米的混合游泳，考评员根据考生各泳姿的动作技术表现给予评定。考生100米的混合游泳时间超出达标时间，视为基本技术不达标，裁定本次实操考核不合格，不得进入下一阶段的考核。

在"基本技术"考核中，考生某一泳姿如因"否定项"被裁定为不合格，只扣除对应泳姿的比重分值；两种泳姿如因"否定项"被同时裁定为不合格，则裁定本次实操考核不合格。

②教学指导能力：考生抽取考题展开现场教学，考评员根据考生的现场教学给予必要的提问，对考生"教学准备、安全保障、教学组织、教法运用"等教学表现给予评定。

"教学指导能力"环节考核为封闭考核，考生根据抽题，面向教学对象（由鉴定站安排）展开教学。考生于考核前5分钟抽取考题，独立准备，不得查阅相关资料，除扮演教学对象以外，其他考生不得观望。

注："教学指导能力"的考核为50分，及格为30分，"教学指导能力"考核不及格者，整个实操考核成绩为不及格。

附录三 游泳运动员技术等级标准

表 3－1 男子游泳运动员技术等级标准

男子	国际级运动健将		运动健将		一级运动员		二级运动员		三级运动员	
	50 米池	25 米池	50 米池	25 米池	50 米池	25 米池	50 米池	25 米池	50 米池	25 米池
50 米自由泳	21.95	20.95	23.28	22.28	24.50	23.50	27.50	26.50	34.50	33.50
100 米自由泳	48.39	46.89	51.50	50.00	55.50	54.00	1:05.00	1:03.50	1:22.00	1:20.50
200 米自由泳	1:46.88	1:43.38	1:51.55	1:48.05	2:03.00	1:59.50	2:23.00	2:19.50	2:56.00	2:52.50
400 米自由泳	3:47.79	3:40.79	3:58.60	3:51.60	4:21.00	4:14.00	5:06.00	4:59.00	6:16.00	6:11.50
800 米自由泳	8:00.09	7:46.09	8:24.00	8:10.00	9:02.00	8:48.00	10:32.00	10:18.00	13:12.00	12:58.00
1500 米自由泳	15:12.08	14:47.08	16:00.30	15:35.30	17:20.00	16:54.00	20:15.00	19:50.00	24:45.00	24:20.00
50 米仰泳	25.24	24.24	27.43	26.43	30.50	29.50	35.50	34.50	43.00	42.00
100 米仰泳	53.92	52.92	58.45	57.45	1:04.00	1:03.00	1:14.00	1:13.00	1:30.00	1:29.00
200 米仰泳	1:57.90	1:55.90	2:06.45	2:04.45	2:18.00	2:16.00	2:41.00	2:39.00	3:16.00	3:13.00
50 米蛙泳	27.47	26.47	28.75	27.75	32.50	31.50	37.00	36.00	44.00	43.00
100 米蛙泳	1:00.23	58.23	1:08.30	1:01.80	1:11.00	1:09.00	1:20.00	1:18.00	1:34.00	1:32.00
200 米蛙泳	2:11.75	2:07.75	2:21.90	2:17.90	2:35.00	2:31.00	2:54.00	2:50.00	3:23.00	3:19.00
50 米蝶泳	23.51	22.51	24.89	23.89	27.00	26.00	32.50	31.50	41.50	40.50
100 米蝶泳	51.92	50.42	55.45	53.95	1:00.00	58.50	1:11.00	1:09.50	1:29.00	1:27.50
200 米蝶泳	1:56.59	1:53.59	2:02.70	1:59.70	2:14.00	2:11.00	2:38.00	2:35.00	3:18.00	3:15.00
200 米混合泳	1:59.83	1:56.83	2:08.20	2:05.20	2:19.00	2:16.00	2:40.00	2:37.00	3:15.00	3:12.00
400 米混合泳	4:18.06	4:12.05	4:31.20	4:25.20	4:58.30	4:52.00	5:31.00	5:25.00	6:56.00	6:50.00

表 3－2　女子游泳运动员技术等级标准

女子	国际级运动健将		运动健将		一级运动员		二级运动员		三级运动员	
	50 米池	25 米池	50 米池	25 米池	50 米池	25 米池	50 米池	25 米池	50 米池	25 米池
50 米自由泳	24.90	23.90	25.85	24.85	27.20	26.20	31.50	30.50	38.50	37.50
100 米自由泳	54.35	52.85	56.30	54.80	1:02.50	1:01.00	1:13.00	1:11.00	1:34.00	1:33.00
200 米自由泳	1:57.84	1:54.34	2:01.20	1:57.70	2:15.00	2:11.50	2:39.00	2:35.50	3:23.00	3:19.50
400 米自由泳	4:09.17	4:02.17	4:15.80	4:08.80	4:44.00	4:37.00	5:46.00	5:39.00	7:06.00	6:59.00
800 米自由泳	8:33.95	8:19.95	8:53.40	8:39.40	9:42.00	9:28.00	12:02.00	11:48.00	15:02.00	14:48.00
1500 米自由泳	16:37.40	16:12.46	17:14.00	16:49.00	18:35.00	18:10.00	23:45.00	23:20.00	27:45.00	27:20.00
50 米仰泳	28.61	27.61	30.55	29.55	33.00	32.00	38.50	37.50	46.50	45.50
100 米仰泳	1:00.69	59.69	1:04.30	1:03.30	1:09.00	1:08.00	1:21.00	1:20.00	1:41.00	1:40.00
200 米仰泳	2:10.10	2:08.10	2:18.30	2:16.30	2:29.50	2:27.00	2:53.00	2:51.00	3:38.50	3:36.50
50 米蛙泳	31.23	30.23	31.70	30.70	36.00	35.00	41.00	40.00	48.00	47.00
100 米蛙泳	1:07.41	1:05.41	1:10.75	1:08.75	1:18.00	1:16.00	1:29.00	1:27.00	1:44.00	1:42.00
200 米蛙泳	2:25.19	2:21.19	2:36.60	2:32.60	2:51.00	2:47.00	3:13.00	3:09.00	3:48.00	3:44.00
50 米蝶泳	26.47	25.47	27.50	26.50	30.50	29.50	36.50	35.50	45.50	44.50
100 米蝶泳	58.11	56.61	1:00.50	59.00	1:08.00	1:06.50	1:20.00	1:18.50	1:39.00	1:37.50
200 米蝶泳	2:08.75	2:05.75	2:14.20	2:11.20	2:25.00	2:22.00	2:54.50	2:51.50	3:38.00	3:35.00
200 米混合泳	2:12.84	2:09.84	2:18.40	2:15.40	2:30.00	2:27.00	2:58.00	2:55.00	3:48.00	3:45.00
400 米混合泳	4:41.61	4:35.61	4:56.80	4:50.80	5:18.00	5:12.00	6:21.00	6:15.00	8:06.00	8:00.00

注：(1) 上述国际和全国比赛各小项须至少有 8 人、省级和地市级比赛各小项须至少有 6 人上场比赛，方可授予等级称号；(2) 以参加全国体育传统学校联赛获得的成绩申请等级称号者，必须为中国游泳协会注册运动员，相关证明由中国游泳协会提供。